U0453257

教育部人文社会科学研究青年基金项目资助
项目批准号：**10YJC820074**

清代买卖契约研究
——基于法制史角度的解读

刘高勇 著

中国社会科学出版社

图书在版编目（CIP）数据

清代买卖契约研究：基于法制史角度的解读 / 刘高勇著 . —北京：中国社会科学出版社，2016.8
ISBN 978 - 7 - 5161 - 6528 - 7

Ⅰ.①清⋯　Ⅱ.①刘⋯　Ⅲ.①买卖合同—法制史—研究—中国—清代　Ⅳ.①D929.49

中国版本图书馆 CIP 数据核字（2015）第 159989 号

出 版 人	赵剑英	
责任编辑	吴丽平	
责任校对	邓雨婷	
责任印制	李寡寡	

出　　版	中国社会科学出版社	
社　　址	北京鼓楼西大街甲 158 号	
邮　　编	100720	
网　　址	http://www.csspw.cn	
发 行 部	010 - 84083685	
门 市 部	010 - 84029450	
经　　销	新华书店及其他书店	

印　　刷	北京明恒达印务有限公司	
装　　订	廊坊市广阳区广增装订厂	
版　　次	2016 年 8 月第 1 版	
印　　次	2016 年 8 月第 1 次印刷	

开　　本	710×1000　1/16	
印　　张	18.75	
插　　页	2	
字　　数	308 千字	
定　　价	62.00 元	

凡购买中国社会科学出版社图书，如有质量问题请与本社营销中心联系调换
电话：010 - 84083683
版权所有　侵权必究

目　录

导论 …………………………………………………………… (1)

第一章　清代买卖契约概述 ………………………………… (15)
　第一节　中国古代买卖契约的历史 ………………………… (15)
　第二节　清代买卖契约的主要特点 ………………………… (18)
　第三节　清代买卖契约的主要类型 ………………………… (19)

第二章　清代田宅买卖契约的国家规制 …………………… (24)
　第一节　国家法对买卖契约主客体的法律限制 …………… (24)
　第二节　对买卖契约的书面规范 …………………………… (32)
　第三节　契税制度对买卖契约的影响 ……………………… (37)
　第四节　税粮过割与买卖契约的法律规范 ………………… (46)
　第五节　官牙：国家对民间买卖契约干预的途径 ………… (50)

第三章　田宅买卖的启动 …………………………………… (60)
　第一节　田宅买卖契约订立的主体资格 …………………… (60)
　第二节　"草约"与田宅买卖契约的发起 ………………… (87)
　第三节　田宅买卖中的先买权 ……………………………… (92)
　第四节　契约订立中的第三方群体：功能及其意义 ……… (108)

第四章　订立的田宅买卖契约：格式与内容 ……………… (120)
　第一节　形式变异与内容自治 ……………………………… (120)
　第二节　并不清晰的"四至"："形式主义"及其功能 …… (133)

第三节　契约内容的片面性:功能要求下的"合谋" ………… (139)
　　第四节　"无重复典挂"的含义:兼论存在权利负担的买卖契约 … (148)

第五章　契约订立之后:不易完成的交易 ………………………… (156)
　　第一节　标的的交付与契约的效力确定 …………………… (156)
　　第二节　"画字银":看似不合理的"理性"存在 …………… (169)
　　第三节　契税:影响民间立契方式的重要因素 …………… (181)
　　第四节　税粮过割程序对民间买卖契约的影响 ………… (184)
　　第五节　难了的"纠缠":田宅买卖后的找价和回赎 …… (191)

第六章　"另类"的交易:"一田两主"下的"田皮"买卖契约 …… (211)
　　第一节　"一田两主"的内涵 ………………………………… (211)
　　第二节　官方对"田皮"的立场与清代"田皮"的流行 …… (212)
　　第三节　"田皮"买卖契约的特点 …………………………… (216)

第七章　清代田宅"活卖"契约的性质:与典的比较 …………… (221)
　　第一节　典的基本内涵 ……………………………………… (222)
　　第二节　"典非活卖":差异性分析 ………………………… (223)

第八章　清代奴婢和子女买卖契约 ……………………………… (238)
　　第一节　奴婢买卖契约的源流概述 ………………………… (238)
　　第二节　奴婢买卖契约概念的"定型化" …………………… (239)
　　第三节　奴婢买卖契约的形式特点:重在担保 …………… (241)
　　第四节　"凸显"的母亲:以子女为标的买卖契约的
　　　　　　主体特点 …………………………………………… (251)

第九章　清代的畜产买卖契约 …………………………………… (256)
　　第一节　国家成文法对畜产买卖契约的形式要求 ……… (256)
　　第二节　民间畜产买卖契约的程序和一般内容 ………… (257)

第十章　清代的其他财产买卖契约 ……………………………… (261)
　　第一节　国家法对买卖标的的种类限制 ………………… (261)

第二节　民间的契约实践 …………………………………（264）

第十一章　余论：变化尚未真正发生
　　——清末修律背景下的买卖契约 ………………………（268）

结语 ……………………………………………………………（274）

参考文献 ………………………………………………………（282）

后记 ……………………………………………………………（292）

导 论

契约，在中国古代民事法律史上具有比西方更重要的意义。因为在西方法律史上，法律家们充当了重要的角色，民事法律领域更是如此。因此，西方民法史的研究往往就是围绕着法学家的著作展开的。中国古代虽然没有成熟的民法理论和独立的民事法典，但并不意味着古代中国没有民事法律规范，这一点已经基本成为学术界的共识①。对中国古代的民事法律研究，除了要关注分散在国家的律典以及律令条例中的条文外，大量的民间契约文书的发现也为我们研究中国古代的民事法律实践提供了丰富的素材，甚至有很多学者认为中国古代的民事法更多的是以民事习惯和习惯法构成的，而这些显然不能通过对国家的成文法研究来认识，因此对中国古代的民事法律就不能也根本无法绕开对契约文书的研究。稍稍留心中国古代民事法律的学术研究史，我们就会发现，中国古代民事法律研究的全面展开和法律史学界进入契约研究领域是同步的。

一 关于契约概念的辨析

"契约"是我们在进行中国古代的民事法律研究中所使用的一个耳熟能详的词汇。不过，这并非今天汉语中的习惯用法，在西方法律体系传入中国以前，要表达本文所说的"契约"，一般用"契"或"约"来表达，

---

① 张晋藩：《清代民法综论》绪论，中国政法大学出版社1998年版，第1—2页。当然，中国古代民事法律的存在状态和西方不同，就法典体系来看，具有"诸法合体，民刑不分"的特点，但正如张先生所指出的"不能从主要法典编纂形式上的民刑不分得出中国古代没有民法的结论"。

因为"契"和"约"本来就是同义词①,"契""约"连用的情况十分少见②。在中国古代,"契"的本意为刻③,"约"的本意为绳索,引申有约束之意④。作为一种包含和传达一定信息的载体,它们都是指人们在日常的各类交往中所记录下来的,对约定人具有一定的约束力的信物或者凭证。在中国古代的历史文献中,对这类凭证的称谓除了"契"和"约"以外,还有判书、质剂、傅别、书契、约契、约剂等⑤。在清代社会,从文本信息来看,对这类凭证的称呼还有"书""字""据""票"等。日本学者岸本美绪认为,"明清时期所说的'契''契据'尽管是日常生活中种种约定及记载约定的文书的泛指,但实际上往往意味着不动产买卖中由卖主提交给买主的证书,该证书在证明不动产归属的文件中占有最为重要的地位"⑥。因此,从信物和凭证的作用来看,我们也可以说清代具有证明持有人的产权归属的文书都可以视为契约。事实上,就买卖交易而言,这个界定不仅适用于不动产买卖,也同样适用于一般的财产买卖以及奴婢买卖。因此,本书所研究的买卖交易领域的"契约"概念,包括所有的在各类买卖交易中出现的"契""约""书""字""据"等具有凭证特征的文书。同时,为了行文的方便,本书中的"契约"一词有时候也用来指代整个形成"凭证"文书的过程。

二 清代契约及相关制度研究的概况

中国使用契约的历史十分悠久,有学者认为可追溯至原始社会末期⑦。至明清社会,契约已经渐臻成熟。契约的广泛使用已经成为一种十分普遍的社会现象。只要稍稍翻阅明清契约文书,我们就会发现契约文书

---

① 不过,日本学者岸本美绪认为,尽管"契"与"约"的用法因地域和时期的不同有较大差异,但"契"字似乎多用于重要而且正式的文书,"约"和"字"则给人一种略式文书的印象。(载《明清时期的民事审判和民间契约》,法律出版社1998年版,第281页)即使如此,它们之间也没有什么实质的差别,其含义是基本相同的。

② 俞江:《契约与合同之辩》,《中国社会科学》2006年第3期。

③ 《说文》:契,刻也。

④ 《说文》:约,缠束也。

⑤ 李倩:《民国时期契约制度研究》,北京大学出版社2005年版,第5页。

⑥ [日]岸本美绪:《明清契约文书》,载《明清时期的民事审判和民间契约》,法律出版社1998年版,第282页。

⑦ 张传玺:《中国历代契约汇编考释》导言,北京大学出版社1995年版,第22页。

的使用已经渗透到社会经济生活的方方面面，举凡买卖、借贷、租佃、典当、雇佣、合伙，乃至婚娶、分家、立嗣、继承等活动无一不借助于契约来完成。正因为如此，对清代契约的收集整理和研究很早就引起了学术界的关注。

在历代学人的不懈努力之下，清代契约文书的收集整理工作已经取得了巨大的成绩。规模较大并具有广泛影响的契约文书资料主要包括如下几种：安徽省博物馆编、中国社会科学出版社1988年出版的《明清徽州社会经济资料丛编》（第一辑）；中国社会科学院编、中国社会科学出版社1990年版的《明清徽州社会经济资料丛编》（第二辑）；周绍泉、王钰欣主编，花山出版社1992年版《徽州千年契约文书》；田涛、宋格文、郑秦等主编，中华书局2001年出版《田藏契约文书粹编》；四川新都县档案史料组编《清代地契史料》；张传玺等主编，北京大学出版社1995年出版《中国历代契约汇编考释》；福建师范大学历史系整理编辑，人民出版社1997年出版《福建明清经济契约文书选辑》；谭棣华、冼剑民编，暨南大学出版社2000年出版《广东土地契约文书》等。关于日本等国外的清代契约文书的收集整理及研究情况，日本学者岸本美绪有比较详细的介绍①，在此我们不再重复。

在中国古代契约研究史上，最早进入这一领域的是国学大师王国维先生②。而对明清以来的契约文书进行着力研究首先是从经济史领域开始的。20世纪40年代，傅衣凌先生利用他所收集的契约文书原件，开展了对明清福建地区的土地价格以及地主佃户的关系的研究。此后，杨国祯、叶显恩、章有义、周远廉、谢肇华、韦庆远等都利用契约文书资料对明清时期的经济问题进行了深入研究。③ 法学界介入这一领域的研究是20世纪80年代以后的事情。不过，在法学界学者的持续努力下，这一领域也日益走向深入和细致化。以下我们可以从研究的内容特点入手对法学界在清代契约及相关研究领域的大致情况进行简单的归纳和总结。

---

① ［日］岸本美绪：《明清契约文书》，载《明清时期的民事审判和契约文书》，法律出版社1998年版，第283—290页；岸本美绪：《东京大学东洋文化研究所契约文书研究会的30年》，《史学月刊》2005年第12期。

② 李力：《清代民间契约中的法律》，博士学位论文，中国人民大学，2003年，第13页。

③ 参见《清代清水江下游村寨社会的契约规范与秩序》，博士学位论文，西南政法大学，2007年，第6—8页。

（一）立足于契约的各个要素所作的综合性宏观式研究

中国的法律史研究长期以来受梅因"古代中国无民法"观点的影响，而将"民刑不分"视为中华法系的最重要特征的观点也是根深蒂固，因而从契约入手研究中国古代的民事立法也是比较晚近的事。直到20世纪80年代初期，张晋藩先生率先打破了这一迷信，提出了"诸法并用，民刑有分"的观点①，并得到部分学者的认同。自此以后，对中国古代的民事法律研究迅速在学术界展开。早期的民事法律研究以一批通史性或断代性的民法史专著为代表。如李志敏的《中国古代民法》②、叶孝信教授主编的《中国民法史》③以及孔庆明教授主编的《中国民法史》等。这些民法史专著中对各类契约及其各要素都进行了初步梳理，为我们展现了中国古代契约发展的基本轨迹。断代性质的民法史著作中有代表性的如张晋藩先生的《清代民法综论》④以及郭东旭的《宋代民法史》。另外，郭建的《中国财产法史稿》对中国古代契约的基本问题也都进行了简略的考察，其所涉及的范围除了契约要素自身以外，还包括国家制定法以及一些民间的财产交易习惯。⑤当然，这里也包括一些史学界尤其是经济史学界和法学界对中国古代契约所作的全面考察。如杨国桢的《明清土地契约文书研究》⑥、张传玺的《秦汉问题研究》⑦（增订本）、刘云生的《中国古代契约法》⑧等。

（二）对特定类型的契约所作的微观研究

这类研究涉及内容广泛，研究问题也比较细致，涵盖了大部分的契约类型。代表性论文有宓公干的《典当论》⑨、周远廉的《清代租佃制研

---

① 首届中国法律史年会秘书组：《中国法律史学会首届年会简报七》，1983年8月17日印发。在此也感谢张晋藩先生惠赐该简报的复印件。
② 李志敏主编：《中国民法史》，法律出版社1988年版。
③ 叶孝信等主编：《中国民法史》，上海人民出版社1993年版。
④ 张晋藩：《清代民法综论》，中国政法大学出版社1998年版。
⑤ 郭建：《中国财产法史稿》，中国政法大学出版社2005年版。需要说明的是，该书虽然出版于2005年，但正如作者在后记中所言，该书的缘起及很多内容都和早年参加叶孝信的《中国民法史》直接相关。详情可参阅该书后记。
⑥ 杨国桢：《明清土地契约文书研究》，人民出版社1988年版。
⑦ 张传玺：《秦汉问题研究》（增订本），北京大学出版社1995年版，第140—227页。
⑧ 刘云生：《中国古代契约法》，西南政法大学出版社2000年版。
⑨ 宓公干：《典当论》，商务印书馆1936年版。该书以质权制度为主要研究对象，运用了少量的契约文本。

究》①、霍存福和王宏庆的《吐鲁番回鹘文买卖契约分析》②、霍存福的《唐代不动产买卖程序考述》③、加藤繁的《唐代不动产的"质"》④、苏亦工的《发现中国的普通法——清代借贷契约的成立》⑤、郭建和姚少杰的《倚当、抵当考》⑥、刘斌的《敦煌七十四件买卖、借贷契约考述》⑦，日本学者池田温的《中国古代租佃契》⑧，以及仁井田陞的《中国买卖法的沿革》⑨，仁井氏的论文论述了公元前2世纪至近代买卖法的发展概况。不过，该文的研究以国家制定法为重点，对与民间买卖契约实践相关的论述不是太多。而新近赵晓耕、刘涛的《论"典"》则以国家成文法为主线，对中国历史上的"典"作了比较详细的论述⑩。就单一的契约类型来说，引起研究者广泛兴趣的首推典契，论著颇丰。

（三）对中国古代契约的特定内容和订立契约过程中的某些现象特征的研究

这些研究涉及了契约的很多细节问题。如李祝环的《中国传统民事契约成立的要件》及其《中国传统民事契约中的中人现象》⑪，吕志兴的《中国古代不动产优先购买权制度研究》⑫、王德庆的《清代土地买卖中的

---

① 周远廉：《清代租佃制研究》，辽宁教育出版社1986年版。
② 该文从国家制定法的条文入手，对唐代吐鲁番地区的买卖契约进行了实证式的分析。载《当代法学》2004年第1期。
③ 载杨一凡总主编《中国法制史考证》甲编·第五卷·历代法制考·宋辽金元法制考，中国社会科学出版社2003年版，第554—568页。
④ 加藤繁：《唐代不动产的"质"》，载《中国经济史考证》卷一，华世出版社1981年版，第248—257页。
⑤ 苏亦工：《发现中国的普通法——清代借贷契约的成立》，《法学研究》1997年第4期。
⑥ 载杨一凡总主编《中国法制史考证》甲编·第五卷·历代法制考·宋辽金元法制考，中国社会科学出版社2003年版，第192—225页。
⑦ 刘斌：《敦煌七十四件买卖、借贷契约考述》，《中国古代法律文献研究》第一辑，巴蜀书社1999年版，第127—144页。
⑧ ［日］池田温：《中国古代租佃契》，日本东京大学出版会1979年出版，龚泽铣节译本，中华书局1984年版。
⑨ 载杨一凡总主编《中国法制史考证》丙编第四卷《日本学者考证中国法制史重要成果选译·通代先秦秦汉卷》，中国社会科学出版社2003年版，第1—72页。
⑩ 赵晓耕、刘涛：《论"典"》，《法学家》2004年第4期。
⑪ 李祝环：《中国传统民事契约成立的要件》，《政法论坛》1997年第6期；《中国传统民事契约中的中人现象》，《法学研究》1997年第6期。
⑫ 吕志兴：《中国古代不动产优先购买权制度研究》，《现代法学》2000年第1期。该文主要以国家法律制度为主线，基本没有结合契约订立中的实际情形。

陋规习惯——以陕南地区为例》①，卞利《清前期土地税契制度和投税过割办法研究》②，霍存福的《唐代不动产买卖程序考述》③，戴建国的《宋代的田宅交易投税凭由和官印田宅契》④，日本学者岸本美绪的《明清时代的"找价回赎"问题》⑤ 等。

（四）对相关概念的辨析式的研究

最近还有学者立足于当今中国民法领域的法律概念展开了对中国古代"契约"及相关概念的辨析。这些研究不仅为我们廓清了契约的准确内涵，也为我们进行深入的契约研究提供了有力的理论启发。其中具有广泛影响的包括贺卫方的《"契约"与"合同"的辨析》⑥、王志强的《试析晚清至民初房地交易契约的概念——民事习惯地区性差异的初步研究》⑦、俞江的《"契约"与"合同"之辨》⑧ 等。

（五）近年来学术界研究的新趋势

近年来，法学界对契约的研究已经逐步走出了仅仅立足于契约本身而展开的国家契约制度的分析以及民间契约订立程序及具体内容的构建，将契约、习惯和社会秩序相结合，运用法学、社会学等方法进行的立体研究已经成为一个热点。较早展露出这种学术旨趣的是美国人宋格文的《天人之间：汉代的契约与国家》⑨ 和日本学者寺田浩明的《关于清代土地法秩序"惯例"的结构》⑩。此后，学术界的目光主要聚焦于清代及近代以

---

① 王德庆：《清代土地买卖中的陋规习惯——以陕南地区为例》，《历史档案》2006 年第 3 期。
② 卞利：《清前期土地税契制度和投税过割办法研究》《安徽史学》1995 年第 2 期。
③ 霍存福：《唐代不动产买卖程序考述》，载杨一凡总主编《中国法制史考证》甲编·第五卷·历代法制考·宋辽金元法制考，中国社会科学出版社 2003 年版，第 554—568 页。
④ 戴建国：《宋代的田宅交易投税凭由和官印田宅契》，《中国史研究》2001 年第 3 期。
⑤ ［日］岸本美绪：《明清时代的"找价回赎"问题》，载杨一凡总主编《中国法制史考证》丙编·第四卷·日本学者考证中国法制史重要成果选译·明清卷，中国社会科学出版社 2003 年版，第 423—459 页。
⑥ 贺卫方：《"契约"与"合同"的辨析》，《法学研究》1992 年第 2 期。
⑦ 王志强：《试析晚清至民初房地交易契约的概念——民事习惯地区性差异的初步研究》，载《北大法律评论》第 4 卷第 1 辑，法律出版社 2001 年版，第 46—81 页。
⑧ 俞江：《"契约"与"合同"之辨》，《中国社会科学》2006 年第 3 期。
⑨ 高道蕴等编：《美国学者论中国法律传统》，中国政法大学出版社 1994 年版，第 154—211 页。
⑩ ［日］寺田浩明：《关于清代土地法秩序"惯例"的结构》，载刘俊文主编《日本中青年学者论中国史》宋元明清卷，上海古籍出版社 1995 年版，第 651—678 页。

来的民间契约秩序，力图构建和阐述民间契约秩序的结构及其运行机制。其切入点或为习惯，或为契约。因这方面的研究和本书具有较紧密的联系，因此我们在此对有代表性的作品作一简要介绍和评论。

　　国内较早进入这一领域并取得重大影响成果的学者首推梁治平。其《清代习惯法：社会与国家》①虽然是以民间习惯为重点的，对民间契约文本内容涉及不多，但该书对习惯、习惯法的概念所进行的专门的讨论，以及对习惯法的起源、习惯法制度、习惯法与国家法的关系等问题所作的一些简要但却极富启发性的思考，都为后来的研究者提供了一个可资借鉴的基本理路。赵晓力的《中国近代农村土地交易中的契约、习惯和国家法》也是较早讨论民间习惯和国家法的关系的专著具有重要影响的作品。该文以《中国民事习惯大全》②为主要材料，对近代民间社会土地交易的过程以及土地产权中"一田两主"及其交易习惯进行了比较集中的描述，在此基础上，作者对近代以来土地交易中民间契约和习惯结成的非正式制度与前现代国家以及法制现代化以后国家法的关系进行了极具启发性的思考。不过，对于习惯法和国家法之间的关系，作者主要落脚于在包括确立近代所有权在内的法制近代化运动开始以后，民间习惯和官方正式法之间的微妙关系。对于在清代社会就一直存在的亲邻先买权、上手业权、活卖、找价、回赎等习惯，作者认为正是这些非正式制度支持着中国社会自清代以来的快速的土地流动。虽然作者的着眼点在于近代以来中国农村的土地交易状况，但由于在土地交易中，很多习惯事实上早已沿袭很久，因而其对清代土地买卖过程中民间习惯和官方法的关系的探讨具有很大的参考价值。本书也从该研究中获益良多。不过，该文和其他大多数研究者一样，是以民间习惯和官方法基本对立为出发点的，这在其关于法制近代化开始以后，关于"大传统"和"小传统"之间的关系结论中表现得尤为突出③。罗海山的博士论文《传统中国的契约、法律与社会》④以传统契约的一个重要类别——土地交易契约——为研究对象，利用契约文献和民事习惯调查等原始资料，力图对契约在传统中国的功能作出解释，揭示传统契约在中国社会中起到了什么作用。这和赵文有一定的相似之处，不过

---

①　梁治平：《清代习惯法：社会与国家》，中国政法大学出版社1996年版。
②　法政学社编：《中国民事习惯大全》，台北进学书局1969年影印本。
③　赵晓力：《北大法律评论》第1卷第2辑，法律出版社1999年版，第495页。
④　罗海山：《传统中国的契约、法律与社会》，博士学位论文，吉林大学，2005年。

罗文涉及的时间跨度更大，宏观性特征更明显。王德庆的硕士论文《契约、习惯与社会秩序》①也是如此。李倩的《民国时期契约制度研究》一书重点是将中国长久以来的契约实践放在民国法律近代化的角度下进行考察，以期揭示在中国法律近代化的过程中国家法和民间契约习惯的关系。但该书的第二章也对中国传统契约制度中的国家法和民间契约习惯的关系进行了一个简单的总结性说明，并对梁治平所强调的"习惯法与国家法之间的'分工'，实具有'断裂'性质"说法提出了质疑，并将文章的落脚点放在了"在于探讨由国家法与民间契约实践共同'配合'下，所形成的中国契约制度的传统"②。当然如其标题所示，其论述的中心是民国时期的契约制度及相关问题。

在海外学者中，近年在清代法律史研究领域引起重大反响的是美籍华人学者黄宗智。其代表作是《清代的法律、社会与文化：民法的表达与实践》和《法典、习俗与司法实践：清代与民国的比较》③。前者以司法档案为基本研究材料，对清代法律的表达与实践之间的关系进行了独到的考察，认为清代的法律制度一方面具有高度道德化的理想和话语，另一方面它在操作中又比较实际，能够适应社会实践和风俗。④ 体现出"表达"和"实践"的背离。后者将法律放在习俗的背景之下，对清代和国民党民国法律之间的差异进行了局部的比较，以揭示两个不同时期法律与习俗之间的逻辑并为其对司法实践的研究提供背景。英国学者斯普林克尔的《清代法制导论：从社会角度加以分析》从社会学的角度出发，试图对整个中国清代的法律结构作出复合性的分析和架构，"以便使中国在法律制度的类型学方面的位置得以评估"⑤。这些研究虽然并没有证明涉及清代契约的相关问题，但其研究中所贯穿的多学科研究方法的综合运用却给人很多启发。

而李力的博士论文《清代契约中法律》⑥则试图通过对清代契约中的

---

① 王德庆：《契约、习惯与社会秩序》，硕士学位论文，陕西师范大学，2003年。
② 李倩：《民国时期契约制度研究》，北京大学出版社2005年版，第25页。
③ 黄宗智：《法典、习俗与司法实践：清代与民国的比较》，上海书店出版社2003年版。
④ 黄宗智：《清代的法律、社会与文化：民法的表达与实践》，上海书店2007年版，第9页。
⑤ [英]斯普林克尔：《清代法制导论：从社会角度加以分析》，中国政法大学出版社2000年版，第1页，引论。
⑥ 李力：《清代契约中法律》，博士学位论文，中国人民大学，2003年。

几个关键概念术语的阐述来构建清代的民事法律体系。这种力图克服在运用现代西方法律话语体系解释和研究中国传统民事法律的"水土不服"的努力尤其值得关注。虽然清代民间社会是否存在一套在某种程度上具有一定独立性的民事法律体系还是一个充满争议并需要进一步探讨的问题。但这种以清代的话语构建当时的民事法律体系的尝试还是值得让人尊敬的。

三　选题意义

本书的研究首先缘于学界对清代买卖契约专题研究的缺乏。上述对清代契约（有的不是以清代契约为重点的，但内容上有关联性）研究概况的论述虽因笔者接触所限而可能不够全面，但大体上可以涵盖学术界在契约研究（尤其是清代的契约研究）方面的基本内容和研究范式类型。从研究内容上看，各类民法史的专著由于涉及的内容广泛，时间跨度大，因此不可能对特定时期的特定契约类型给予笔墨。对于清代的契约进行专门研究的是张晋藩先生，他的《清代民法综论》债编章节中，专门有"买卖契约"一项，对清代买卖契约从国家法中的一般规定到民间契约文本的基本特点作了一些总结性的论述。① 其篇幅虽然不多，但对本书从材料到思路都具有一定的启发作用。而在其主编的另一部洋洋一百万余言的《中国民法通史》② 一书中，也根据契约文本对田地买卖的相关条款进行了初步整理。从专题研究所涉及的类型来看，无论是对清代还是其他时期，研究者用力最勤的是典当契约。这从大量的关于典当契约的论文尤其是硕士博士论文可以看出来。这主要是因为"典"在中国传统法律制度中具有特殊的地位，而且也和今天的民法立法中对"典权"所展开的大讨论有关。而对于清代社会最广泛的买卖契约却没有吸引研究者太多的目光，对于清代的买卖契约进行全面细致研究的论文也没有看到。当然，一些对买卖交易和买卖契约的个别独立问题的研究还是比较多的。这些都为本书的研究提供了一个深入的平台。

就买卖契约的研究而言，目前学术界的研究还主要以静态的描述式的研究为主，对立体的、动态的尤其是解释性研究还相对比较薄弱。这主要

---

①　张晋藩：《清代民法综论》，中国政法大学出版社1998年版，第136—141页。
②　张晋藩：《中国民法通史》，福建人民出版社2003年版。

表现在研究大体上还是停留在对不同类型的契约的主体、契约的主要内容、契约的成立要件等方面的描述上。其研究模式主要是以现代西方的契约概念和构成要素对传统买卖契约进行归纳和分析。虽然有学者强烈批评以现代民法的相关概念去对应中国传统契约中的诸要素,例如关于对"典"的性质的争论就是一个经常被用来批评这种方法的例子。但我们也不能因噎废食,因为这种方法的确有助于对事物性质的发现和揭示①,而且我们也不能否认这种方法在剖析传统契约的同时能够实现和现代民法理论进行对话的可能性的努力。起码就买卖契约的研究来讲,我们其实也可以在借鉴现代民法理论的同时,尽量避免在传统契约研究中简单套用现代民法概念,用当时的词汇和概念去分析和展现传统的契约实践可以使我们稍稍避开概念上的纠缠。因此,本书对清代契约的研究不是静态的,虽然静态的内容也是其中必不可少的一部分。笔者力图在一个立体的空间里对清代的买卖契约进行展现和分析,将契约文本以及围绕契约订立所展现的种种民间交易习惯放在国家法的背景下进行考察。而这一考察角度的提出,直接也是源于当前清代契约研究中所出现的"国家缺席"的所谓"民间契约秩序"研究的现状。

从上述对清代契约研究的新趋势和热点中可以看出,通过契约研究构建清代的民事法律秩序(或者说民间契约规范)或者借以论证民间习惯(有的称之为习惯法)存在的法学意义及其合理性成为一种新的契约研究思路。这种研究范式不是将契约研究局限于契约自身,而是将契约研究作为通向建构传统民事法律秩序的桥梁,希望以此建立清代完整的民事法律体系。但正如李倩所质疑的梁治平的"习惯法与国家法之间的'分工',实具有'断裂'性质"的判断那样,这些研究大多着眼于契约中的习惯,将这些习惯作为一个独立于国家法的存在的、具有自洽性的研究对象。其理论预设就是:由于国家法中的民事法律微乎其微,因此民间自生一套民事法律规范。其理论前提和分析框架是20世纪80年代以来自西方传入的在中国社会科学研究领域具有广泛影响的国家与社会的二元关系理论。这也是我们看到很多以契约为对象的研究几乎完全抛开国家法而试图建构清代民事法律体系的反映。其情形如邓建鹏所总结的那样,"在近十几年来诸多关于古代民间契约、家庭及财产状况、民事审判、'民事习惯法'或

---

① 李力:《清代民间契约中的法律》,第18页。

民事规范、法律的'文化解释'、公案小说等的研究表明，民事法似乎只是涉及私人利益之间利益和纠纷的私人性法与秩序"，"在这些研究中，王朝利益很少被提及，民事法似乎独立存在与运行，相应案件或是在官方裁决下使私人利益得到保护，而很少受到王朝自身利益倾向的影响，王朝甚至成为没有自身利益而超然于'民事法'之外的实体"①。但是，我们必须清醒地认识到，中国传统思想文化的主体是政治思想和政治文化，主旨则是王权主义，而思想文化的王权主义根源于"王权支配社会"这一历史事实。在一个靠武力为基础形成的王权统治的社会，就总体而言，不是经济力量决定权力分配，而是权力分配决定着社会经济分配，社会经济关系的主体是权力分配的产物，在社会结构诸多元素中，王权体系在社会的诸种结构中居于主导地位。② 而缘于市民社会兴起的国家和社会关系的理论是否符合中国的历史现实近年来也开始得到反思。

因此，在进行中国传统民事法的研究时，忽略甚至排斥国家利益的取向，显然也是不可思议的。在以买卖契约为研究对象时，这一点尤其值得警醒。因为买卖契约，特别是田宅等买卖契约对国家的财政收入有着重要的意义。由于这类交易的成交金额比一般物品要高，其契税收入在清代国家财政中占有重要的地位，因而就不能不受到重视。

最后，在当代中国法律文本频出的情况下，本书的研究还具有重要的现实意义。通过对清代国家法背景之下的买卖契约考察，一方面我们可以看到国家法本身所应该具有的逻辑上的一致性、系统性及其定位的适当性对其实际法律效果所具有的决定性意义。这在当下新法迭出的背景下具有的警示意义是不言而喻的。聊举一例，以在新颁布的《物权法》中关于不动产物权变动中登记的性质来说，在进行相应的司法解释时，将其定性为行政行为还是民事行为存在很大争议，而不同的定性绝对有可能在实践中产生重大影响。审视一下清代的田宅买卖交易中国家法的立场及其实践效果当对我们有所启示。而清代国家法对民间交易习惯的姿态及其干预效果，也会让我们看到在制定国家法律时了解并对习惯采取恰当的处理，对保证国家法预期效力的重要性和改变民间习惯所必需的系统性。

---

① 邓建鹏：《财产权利的贫困》，法律出版社2006年版，第7页。
② 刘泽华：《中国的王权主义》，上海人民出版社2000年版，第2—4页。

四 基本思路和研究方法

（一）基本思路

和大多数研究者将国家法和习惯（或者说习惯法）视为相互独立的系统，并以此为出发点，研究二者之间的关系的立场不同，本书立足于中国古代强大的王权主义这一为目前大多数民法史研究领域学者所不太重视的"常识"为背景来展开对清代买卖契约的研究。因此，对体现王权意志的国家法的论述不仅是本书的重要内容，而且还是我们进一步考察清代民间买卖契约实践的起点和分析与之相关的这种现象要考虑的重要因素。

本书的立足点就是在全面归纳和总结分散在清代各类成文法规中和买卖契约相关的法律规范，同时结合民间契约文本内容中透露出来的国家法律规范的信息，力图勾画出清代国家政权对清代买卖契约规范的大致框架。当然，本书中所指的国家法乃是广义上的，"并不只是律典，而且也不尽是立法的产物，它也包括国家各级机构订立的规则、发布之告示和通过之判决"[①]。并以此为参照，对民间的买卖契约实践进行比较细致的比较分析，在此基础上，展现二者之间的双向互动影响，但侧重于学术界此前较少论述的国家法对民间买卖契约习惯的影响。简而言之，就是在对清代买卖契约研究的过程中力图全面而深入地展现国家法或隐或显、或正面或反面的影子，具体考察在国家法的实施过程中，对民间买卖交易所产生的影响，尤其是民间在国家法的"刺激"之下所形成的具有规避法律色彩的种种契约习惯以及在国家相关制度阙如或者导致交易成本上升的情况下，民间交易保障秩序的自我生成。当然，通过对比的方式彰显清代不同类型的买卖契约的特点，揭示清代契约作为中国古代社会契约发展最后阶段的特征，并将其纳入国家法——民间契约习惯——的视角之下进行深入的分析，也是本书主题中应有的内容。

瞿同祖先生在谈到法律史的研究时曾说，"我们不能像分析法学派那样将法律看成一种孤立的存在，而忽略其与社会的关系"[②]。从广义的"法"概念上讲，法的范畴包括国家法和习惯，因此，在国家法的背景下考察和清代的买卖契约相关的种种现象（包括同一性质的现象的差异性）

[①] 梁治平：《清代习惯法：社会和国家》，第128页。
[②] 瞿同祖：《瞿同祖法学论著集》，中国政法大学出版社2004年版，导论。

时，将其置于其所产生的社会环境之下去解读，以期达到知其所以然。这既是本书的特点，也是本书的重要内容之一。

（二）研究方法

研究方法的选择和运用首先和一个人的理论素养有关，但它同时和研究的对象以及研究者的思维进路密切相关。当然这两者之间同样有不可分割的关系。而研究者研究问题的出发点以及研究的目的在某种程度上也决定了其研究方法的运用。

本书的视角就是在国家法的背景下展开对清代买卖契约的全面考察。因此，运用历史文献学的基本方法，在广泛收集整理相关史料的基础上勾画清代国家成文的契约法是本书的重要内容，也是展开全面研究的起点。同时，不仅仅拘泥于成文法的规范，更注重在国家法的实施实践中观察其对民间契约行为的影响。

上述研究视角也决定了比较的研究方法这也将成为本书贯穿始终的方法。本书所展开的比较是多方位的。既有国家成文法和国家司法实践中的法的比较，也有作为国家上位法中的律典及帝王诏示和地方法规告示的比较。同时还包括对不同类型的契约之间的比较并兼及汉族文化区和边远少数民族文化区的契约的比较等。总之，比较的研究方法是本书得以展开的最基本方法。

同时，本书力图对清代买卖契约展开综合的、多层次的考察，将民间契约文书和司法实践结合起来，通过司法实践中对契约习惯的处理展示清代国家法和民间契约尤其是契约习惯之间的关系。因此，本书还将通过大量的案例分析展现动态中的国家法对民间契约及契约习惯的影响。

最后，由于清代的买卖契约不仅仅是一个经济问题和法律问题，它还具有社会文化意义，尤其是最核心的田宅买卖更是如此。因此，结合法律社会史和文化人类学以及民俗学的研究方法，对国家法背景下的清代买卖契约及其习惯进行细致的分析和解释也是本书的重要研究内容之一。

五　对材料使用的一点说明

由于本书试对清代的买卖契约进行一个综合、立体的考察，因此涉及的材料除了和国家法相关的清代各级各类和买卖契约相关的直接和间接法律法规、司法实例外，还包括大量的契约文本以及习惯调查报告。契约文本毫无疑问以清代为主，但也有少数明代和民国初年的契约文本作为必要的补充。但就本书的研究对象来说,这并没有太多的不妥之处。因为正如所有接触过明清以来的契约文书的学者所看到的那样,明代以来的契约文书已经非常形式化,不仅地域上的差别很小,时间上的差别也微不足道。[1] 民事习惯材料也以修订补充后的《中国民事习惯调查报告》为主,因为这些民事习惯报告"虽以民初的调查为依据,但基本上反映了清代地方民事习惯的概貌"[2]。

---

[1] 李倩:《民国时期契约制度研究》,北京大学出版社2005年版。
[2] 张晋藩:《清代民法综论》,中国政法大学出版社1998年版,第24页。

第一章

清代买卖契约概述

第一节 中国古代买卖契约的历史

在人类的发展历史上，买卖的前身是人们基于彼此之间物品的互补性而发生的交换，而当一定区域内的人们认同某种具有一定价值的货物具有可以和其他任何物品交换的时候，这种物品就充当了货币的功能，买卖也就因此而生。在中国历史上，根据目前能得到的史料来看，最迟到西周时期，人们已经开始将买卖交易的相关事宜以一定的方法和载体记录下来作为交易凭证，这可以说是我们目前所能见到的最早的"书面"买卖契约。在西周时期，国家还专设职官——质人——来管理市场和制发买卖契券。《周礼·质人》："质人掌成市之货贿，人民（奴隶）、牛马、兵器、珍异，凡卖价者质剂焉。"可见，质人是指在集市为买卖者制发契约之人。不过，这一时期人们对买卖交易是否订立契约应该是完全自愿的，国家并没有任何强制性规定，即使是奴隶买卖，也可只以口头约定的方式进行。而买卖契约只依当事人的意愿转移所有为前提，未反映当事人在民事法律关系上的权利、义务等的规定。① 土地买卖契约的出现则显然要晚一些。一般认为，中国古代合法的土地买卖始于商鞅变法以后②，因为西周实行的是完全的土地国有制度。③ 不过，也有学者指出，虽然西周法律禁止土地买卖，但到西周中后期，土地的完全国有制已经开始动摇，"奴隶主贵族之间由于种种原因的需要，已开始了土地买卖活动"④。而且从青铜铭文

---

① 胡留元、冯卓慧：《长安文物与古代法制》，法律出版社1985年版，第9—10页。
② 《汉书·食货志》：秦"用商鞅之法，改帝王之制，除井田，民得买卖"。
③ 《礼记·王制》："田里不鬻"，即土地不许买卖。
④ 赵云旗：《中国土地买卖起源问题再探讨》，《学术月刊》1999年第1期。

的少量记载来看,这个时期的土地贸易还有很明显的以物易物的色彩(赵文中所举的几例土地贸易也均带有明显的以物易物的色彩)。但由于这类土地交易活动不受国家法律保护,且发生的概率也很小,因此我们还没有发现关于土地买卖的典型契约存世。直到战国以后,土地私有制产生,土地买卖才成为一种普遍的社会现象①。

秦汉以后,在法律上,包括土地在内的财产都成为可自由买卖的对象。但由于这时的买卖契约和国家的关系并不是太密切,因此,国家法律对此采取的是完全的放任态度。所谓"民有私约如律令"就是这个意思。也就是说,官方对民间的买卖交易是否需要订立契约,订立何种形式的契约都没有硬性规定。这大概也是我们在现今发现的所有史料中都还没有看到国家法律对于买卖契约所作出的任何规定。② 从目前出土的汉代买卖契约材料来看,这一时期的买卖契约一般都十分简略,也没有固定的格式,买卖契约的内容一般包括出卖人、交易时间、交易价格、在旁证人等。③ 从契约内容来看,这个时期的买卖契约已经有了一些后世"片面义务制"的痕迹。东汉时期民间土地买卖契约已经有了较大的发展,从后世出土的买地券来看,有的买卖契约除了记载有交易的时间、出卖人、买受人、交易价格等内容外,还包括标的的四至及出卖人的担保责任等。④ 不过这些契约之间形制差别还很大,内容也是繁简各不相同。

东晋以后是中国古代买卖契约发生巨大变化的时期,其主要特征就是国家力量开始越来越强地干预民间的买卖契约,其典型体现就是要求买卖交易订立经过官府批准的契约——市券,也就是买卖契约订立后经过缴纳税契盖有官印的契约。此制度自东晋诞生以后,历宋、齐、梁、陈,至唐代而更有发展,"市券不仅盖有官印,还要有官府的批示,其文字、格式也要按官府规定"⑤。要求订立书面契约的对象包括奴婢、各种畜产等。

---

① 张传玺主编:《中国历代契约汇编考释》导言,第22页。
② 赵云旗认为,土地"民得买卖"在商鞅变法后虽然没有通过法律的形式加以肯定,但承认了土地私有,国家无权干涉,所以在《秦简》上很难找到和买卖契约相关的规定。从《九朝律考》和目前出土的汉代法律史料来看,这种情形也一直延续到了汉代。
③ 相关契约可见《汉长乐里奴卖田券》、《西汉地节二年巴州杨童买山刻石》,《中国历代契约汇编考释》,北京大学出版社1995年版,第40、32页。(以下简称《汇编考释》,不再详注)
④ 这方面的实例可见《东汉建宁四年雒阳县孙成买田铅券》,载《汇编考释》,第48页。
⑤ 《汇编考释》导言,第15页。

但官方的目的显然是为了契税的征收，因而在契约实践中只要交易双方缴纳了契税，官方对契约的形式和内容也是不大过问的，只是对一般的买卖制定了一些原则性规定，如"合同"原则、"瑕疵担保"等，所以唐《杂令》又云："任依私契，官不为理。"对于土地买卖，因为唐代实行的是均田制，"禁买卖世业、口分田"①，对土地买卖受到了严格的限制，并规定了烦琐的"投状申牒"程序。② 因而土地买卖契约的发展也渐趋缓慢。这种情形自唐末两税法的实行后才有所转变。

宋代是中国古代买卖契约发展史上的一个高峰，它对后世的买卖契约产生了深远的影响。其直接原因是宋代国家政权全面介入了民间的买卖契约订立。在宋代商品经济空前发展的情况下，买卖交易也空前繁荣，为了稳定社会秩序和保障国家的契税征收，官府从买卖契约的内容到形式屡屡进行干预。前者侧重于对契约的文字内容的干预，其结果是促使契约文字逐步规范化，后者偏重于对契约的形制的干预，其结果就是造成了契约形制的复杂化，最重要的特征就是"红契"、"白契"的产生以及"契尾"制度实行。③ 宋代法律规定必须订立书面买卖契约的范围很广，主要包括"牲畜、车船等大型生产资料及私家雇佣的女使和人力之类"，并且经官印押和缴纳税契钱之后才能成为合法有效的交易。④ 而宋代"不抑田制"的政策大大促进了这一时期的土地买卖，也直接促进了土地买卖契约及相关制度的大发展。这体现在以下几个方面：一是宋代国家法律全面完善了土地买卖过程中的"先买权"；二是推行了土地买卖契约的"规范化"和"标准化"，详细规定了买卖契约所应涵盖的内容，并以统一的官印契纸颁行全国，供民间制作买卖契约之用；三是建立了完备的契税制度和过割离业规定，以此规范土地买卖契约的程序。⑤ 经过宋代的发展，自元明清以后以至民初，从契约文本的格式和内容来看，中国古代的买卖契约尤其是田宅买卖契约已经基本定型，不再有什么大的变化。但是我们也应该看到，由于宋代在民间买卖契约中全面贯穿国家政权的意志，国家法律不仅绝对地否定了所有"白契"的效力，而且在司法实践中，即使是"红

---

① 《新唐书》卷五一《食货志》，中华书局1975年标点本，第1428页。
② 张晋藩：《中国民法通史》，福建人民出版社2005年版，第329—349页。
③ 《汇编考释》导言，第28页。
④ 郭东旭：《宋代买卖契约制度的发展》，《河北大学学报》1997年第3期。
⑤ 同上。

契"，如果"不依格式，不用官版契纸，或未入砧基簿，视为违法"①，法律将否认其效力，持契者将丧失田产所有权。对不依格式的"红契"的效力的否定和对"白契"效力的绝对否定，这种"以形害意"的作法不仅损害了国家的信用，而且破坏了中国古代契约领域长久以来的"官有政法，民从私契"的传统，也违背了民间契约最核心的本质——诚信和合意原则。

第二节 清代买卖契约的主要特点

在宋代以来的契约推广和"标准化"的促进之下，以及元明时期坊间广泛流行的各种日用杂书的影响下，明清时代俨然成为一个"契约"社会，"只要是接触过明清时期民间文书史料集的人，对于当时的一般民众在日常生活中如何大量地写下和交换称为'契'和'约'的书面材料，对于大部分日常生活或日常的社会关系是如何靠这些相互性契约来支撑的，必定会得到深刻的印象"②。体现在买卖契约领域，那就是各类买卖契约的格式都基本定型，而且契约用语也大致固定，在国家最重视的田宅买卖契约领域如此，在奴婢、畜产及其他民间的财产买卖契约中也有体现，这种情形甚至一直延续到民初。大体来看，明清时期的买卖契约尤其是清代的买卖契约呈现出以下几个特点。

首先，相同类型买卖契约所用的概念已经出现了初步的统一趋势。在国家法律有强制订立书面契约要求的田宅、奴婢、畜产买卖契约中，奴婢买卖契约一般都使用"书"，已经很少使用"契"或者"约"了。而田宅和畜产买卖契约绝大多数都使用"契"，国家法律没有强制要求的其他财产买卖契约也一般都使用"契"。

其次，就田宅买卖契约而言，清代不仅继承和巩固了元明以来契约格式固定化的成果，而且通过研究我们还会发现，清代买卖契约在内容用语上也出现了明显的固定化甚至是"虚置化"的迹象。也就是说，很多契约中的内容用语并不一定真实反映客观的事实情况，有的契约内容也纯属

---

① 郭东旭：《宋代买卖契约制度的发展》，《河北大学学报》1997年第3期。
② ［日］寺田浩明：《明清时期法秩序中"约"的性质》，载滋贺秀三等主编《明清时期的民间审判和民间契约》，法律出版社1998年版，第140页。

多余，给人的印象是这些买卖契约似乎是在依一种固定的模式"制作"而成的。从这点来看，只要买卖双方交易达成了一致的合意，买卖双方的权利能够得到顺利实现，契约中一些不太重要的内容即使不真实，也不会影响契约的有效。例如关于标的的来源的说明，只要具备正当性已足，至于在契约中说是祖遗的还是自置的已经无关紧要。这说明，在清代社会已经大致明了哪些是契约的最关键因素，哪些不是。

再次，从国家政权对买卖契约的干预强度而言，和宋代相比，清代体现出了一定程度上的理性回归。一方面，由于契税收入在清代国家财政收入中的地位已经举足轻重，因此买卖交易中官颁契纸的使用和契税直接相关的契尾制度以及和赋税征收密切相关的税粮过割制度都比前代进一步完善；另一方面，在司法实践中我们也看到，不是严格符合国家规定的买卖契约的效力并没有被彻底"否决"。换言之，经过向官方缴纳契税而成为"红契"的民间在合意基础上以自己的形式订立的任何书面买卖契约都得到官方的当然肯定，而通过各种不法手段买得的田宅，即使持有"红契"，也不会得到官方的保护。买卖契约，就其本质应该是买卖双方在诚信合意的基础上达成的一种合意。清代官方抛弃了宋代那种完全以契约是否严格符合国家规定为其有效性的标准的做法，可以说是对契约本质的小幅度的理性回归。

最后，从买卖契约的订立程序和整个买卖交易过程来看，清代呈现出一种国家规定简单化和民间买卖交易复杂化的特点。清代作为中国封建社会的最后发展阶段，社会经济关系的高度发展，在中国固有的血缘、地缘社会结构下，先买权的广泛存在、找价找赎行为的盛行、"田皮"买卖的普遍化等，使得最重要的田宅买卖交易出现了前所未有的复杂局面。与此不相适应的是，清代国家基于保障契税收入和赋税征收的买卖契约法律也显现出其简单化、非系统化甚至是自相矛盾。这既是民间习惯（习惯法）得以产生存在的重要动力，也为以习惯为主要形成方式的社会经济秩序提供了广阔的空间。

第三节 清代买卖契约的主要类型

对清代买卖契约的研究首先就是涉及清代买卖契约的类型。从买卖中标的物的移转和价金的支付在时间上的距离来看，买卖可以分为即时买卖、预买卖和赊买卖三种情形。这种划分方式有利于我们分析不同的买卖类型中双方权利义务安排的异同，但现有的契约文本内容还不足以支持我们采取此种分类方式。因此，以契约所涉及的标的物的类型为划分契约类型的标准相对比较易行。当然这里可能涉及清代社会生活中和契约相关联的财产分类问题。

　　郭建先生也认为"中国古代法学没有从形形色色的财产形态中提炼'物'这个法律概念，也没有对于各类财产状态提炼出诸如'动产'、'不动产'以及'可分物'、'不可分物'之类的抽象概念。但是古代法律显然已经注意到财产的不同性质以及形态，在法律上一般将可以移动的财产称为'财物'，而将不可移动的财产称为'物业'、'产业'。在规定财产的转移、处分等程序时，一般将财产区分为田宅、奴婢、畜产，以及一般财物这样几个大类进行分别规范"[1]。笔者认为这种划分方式虽然简单直接，但却是符合清代社会生活的实情的。因此，本书对清代买卖契约的分类也基本上是以此为准的。的确，国家的法律规定和民间的契约实践来看，田宅、奴婢、畜产买卖都要订立书面契约的要求，除此之外的财产买卖则是十分灵活的。因此，相应地，我们将清代的买卖契约也可以分为四类，即田宅买卖契约、奴婢买卖契约、畜产买卖契约、一般财产买卖契约。从国家成文法律的角度看，对这四类契约要求的繁杂程度也是逐步递减的。

　　众所周知，买卖契约行为的实质应该就是标的物"所有权"在买卖双方之间发生转移。现代民法一般认为，所有权"作为财产归属关系在法律上的表现，其最本质的东西，是权利人在法律上排除他人，将某项财产据为己有，由自己享有独占性的归属和支配"[2]。然而，对清代的社会与经济稍有了解的人都知道，"一田两主"甚至"一田三主"的现象普遍存在。所谓"一田两主是一种习惯上的权利关系，就是把一块土地分为上下两层，上面的上地（称为田皮、田面等）与下面的底地（称为田根、田骨等）分别为不同的人所有。这是上地的权利与底地的权利持久并存的一个独立的物权的权利。底地所有者具有每年向拥有土地使用收益权的上地所有者收租（规定的利益）的权利，但租的滞纳一般不能成为废除

---

[1] 郭建：《中国财产法史稿》，中国政法大学出版社 2005 年版，第 31 页。
[2] 马俊驹、余延满：《民法原论》，法律出版社 2005 年版，第 319 页。

合同的原因。另外，上地和底地的权利者处理各自的土地，通常不互相牵制。就是说，上地所有者可任意转让出租，底地所有者的同意并非转让出租的要件。而且，上地底地各自所有者的并更也对令一方所有者的权益不构成影响"①。这和现代民法中的所有权概念显然有很大的不同。就田宅买卖契约而言，清人一般都将其所转移的对象称为"业"。无论是官方法律用语还是民间的契约用语均如此。而对于"业"的内涵，有学者指出"在清代民间契约中，'业'的概念具有广泛的包容性，所表达的内容是以收益权为核心的一种权利，在清代官方语言中也有类似的表达"，这种权利和物有关，但并不必然表现为对物的权利②。对于清代社会的田宅交易，日本学者寺田浩明认为，"依据契据而被交易的对象，与其说是完整无负担的'物'，还不如说是在不言而喻地负有税粮义务的土地上自由进行经营收益（当时称'管业'）的一种地位。所谓'土地的买卖'，指的是现在对某土地进行'管业'的人把这一地位出让给他人，而且今后永远允许后者对该地进行'管业'；所谓'土地所有'，指的是自己现在享有的'管业'地位能够通过前一管业者交付的契据以及正当地取得该地位的前后经过（当时总称为'来历'。具体表现为前一管业者写下并交付的'绝卖契'）来向社会表明的状态"③。从这一角度来理解，就同一块土地而言，田骨是向田面主收租的权利，而田面（田皮）则是对土地加以占有和使用以获得收益的权利。这两种权利可以为一个人所拥有，也可以为两个甚至更多的人所拥有。因而，它们可以被分开买卖也就是顺理成章的事了。这是我们在考察清代的土地买卖契约时必须注意的一点。和现代民法中的概念相对比，田骨和田皮大体上可以看作是对土地的所有权和用益物权（占有、使用和收益的权利）相分离的状态④。由于清代官方制定法并不承认田皮的合法性，然而它又是在清代社会广泛存在的现象，因此，我们无法把它剔除出土地买卖契约之外。

在清代社会，从实质上来看，婚姻关系也具有一定的买卖性质，民间

---

① ［日］仁井田陞：《明清时代的一田两主习惯及其成立》，载《日本学者研究中国史论著选译》第八卷，"法律制度"，中华书局1992年版。
② 李力：《清代语境中"业"的表达及其意义》，《历史研究》2005年第4期。
③ ［日］寺田浩明：《权利与冤抑——清代的听讼和民众的民事法秩序》，载滋贺秀三等《明清时期的民事审判和民间契约》，王亚新、梁治平等编，法律出版社1998年版，第199页。
④ 李力：《清代民间契约中的法律》，第40页。

在凶年之际，常有卖妻鬻子之举。但是，这些一般毕竟是在非正常情况下的无奈之举，而且从国家的角度来看，妻子儿女显然主要是以亲属的身份出现在国家法律之中的，而不是视为家庭财产，这一点也是毋庸置疑的。不过，对于妻子和儿女，我们也应该分开来看。《大清律例刑律犯奸》："若用财买休、卖休（因而）和（同）娶人妻者，本夫、本妇及买休人，各杖一百；妇人离异归宗，财礼入官。若买休人与妇人用计逼勒本夫休妻，其夫别无卖休之情者，不坐；买休人及本妇，各杖六十、徒一年；妇人余罪收赎，给付本夫，从其嫁卖。"可见，除非妇女有犯奸等行为，否则请其出卖是非法的。在清代的司法实践中也曾引起了一场旷日持久的关于民间卖妻行为的争论①。一般官吏也往往视卖妻行为为非正常的丑陋现象，如湖北按察使德文在乾隆十五年的奏折中就说，"楚北愚民，廉耻道丧，因贫卖妻，恬不为怪"②，湖南、湖北、江西等地的地方官也对当地的此类现象屡屡发文痛斥③。不过，对于子女能被出卖的问题，清代的法律没有做出明确的规定。由于清代社会强大的家长权的存在，人们对于在特殊时期将子女卖为奴婢以求渡过难关的行为也少有非议。其情形的确如瞿同祖先生所说的那样，"不但家财是属于父或家长的，便是他的子孙也被认为财产，严格说来，父母实是子女的所有者，他可以将他们典质或出卖于人。几千年来许多子女都这样成为人家的奴婢，永远失去独立的人格，子女对自己的人格是无法自主或保护的，法律除少数例外，也不曾否认父母在这方面的权力"④。因此，在一定程度上，子女是可以被尊长当作标的物出卖的，但其和奴婢买卖具有一定的同一性，所以这类买卖契约基本可以划入奴婢买卖契约的范畴之中。

最后，在清代社会，对于一般财物基本上都是实现即时的一手交钱一手交货的交易方式，官方除了要求缴纳货物交易税以外，对契约的订立并没有什么要求，而在民间交易实践中，也很少有一般财物买卖契约存留于

---

① 具体讨论可参阅岸本美绪《妻可卖否？——明清时代的卖妻、典妻习俗》，载陈秋坤、洪丽完主编《契约文书与社会生活》，"中央研究院"台湾史研究所筹备处2001年版，第225—257页。

② 中国人民大学清史研究所等编：《康雍乾时期城乡人民反抗斗争史料》，中华书局1979年版，第376页。

③ 具体情况可查阅《湖南省例成案》，"户律婚姻"卷，国家图书馆古籍库藏本。

④ 瞿同祖：《中国法律与中国社会》，载《瞿同祖法学论著集》，中国政法大学出版社2004年版，第27页。

世。同时，中国古代社会长期以来对一些重要物资实行专卖政策，主要包括盐、铁、酒、茶等日用商品，清代专卖的范围有所缩小，主要限于食盐和茶叶两大项。由于各类买卖契约主要是以在经济上具有相对平等地位的人之间所达成的转移物之所有的协议，因此专卖领域自然也不存在订立契约的问题，而各类禁止或者限制流通的物品就更不说了。因此，本书主要涉及的契约类型为田宅买卖契约（包括田皮买卖契约），虽然奴婢买卖契约、牛马等畜产买卖契约和除此之外的国家法律没有任何规定的其他财产买卖契约也是交易秩序的组成部分，但无论是对清代国家政权还是对民间交易者来说，田宅买卖的重要性更是其他类型的财产所无法比拟的，因而其在本书中自然居于核心地位。

第二章

清代田宅买卖契约的国家规制

中国古代的田宅买卖具有悠久的历史，一般认为至迟在春秋战国时期私人间的土地买卖已经比较常见，有的学者甚至认为我国田宅买卖的历史甚至可以推至西周时期。① 在漫长的历史发展过程中，国家政权对于土地房屋的买卖的法律规范也逐渐完善。尤其是自西晋以后，由于国家开始对民间的买卖契约征收契税，而田宅买卖契约的契税无疑是其中的大宗，因而也日益受到国家的重视。特别是宋代以来，随着商品经济的发展，民间的田宅流转的速度和频率越来越高，而契税在国家财政税收中的重要性也日益明显。因此，宋代关于田宅买卖契约的国家规范已经达到了比较完备的地步。田宅买卖过程中买卖契约的订立程序、契纸制度、过税离业制度、契税制度、印押制度等都得到了比较系统的规定。清代国家关于田宅买卖契约的规定虽然不及宋代那么系统和集中，但其法律规定也基本涉及了田宅买卖契约的方方面面，有些还在继承宋明以来法律的基础上有所完善。总体来看，清代对民间田宅买卖契约的规范是全面而细致的，它涉及对田宅买卖契约主客体的限制、对契约书写规范的要求、对契纸及契税制度、税粮过割程序等各个方面。

第一节 国家法对买卖契约主客体的法律限制

从理论上说，只要自然人具有了法律所规定的民事主体资格，他就可以自由地将其不存在权利瑕疵的财产作为买卖契约的客体，和相对人订立买卖契约。但在清代社会，就自然人的主体身份而言，并不是所有具有完

---

① 赵云旗：《中国土地买卖起源问题再思考》，《学术月刊》1999年第1期。

全的民事能力的人就是理所当然的买卖契约主体，其契约主体身份还会因其家族身份、社会身份等因素而受到国家法律的限制。同样地，也并非一切不存在权利瑕疵的财产都可以不受限制地成为买卖契约中的客体，它还和其所有权属性、用途发生关联，就土地房屋而言，它甚至还和其所在地域存在一定的关系，并因此而成为国家法律规制的对象。

一　清代法律对田宅买卖契约的客体规制

就土地而言，像历代封建王朝一样，清代也有很多土地主要属于国家所有，包括各种庄田、充公田、八旗官兵随缺地、马厂地、籍田、学田、祭田等。① 从理论上讲，这些土地都是限制其作为买卖契约的客体在民间自由流通的。除此之外，各类充公的房屋等重要财产也是如此。从清代法律规定来看，限制自由流通的土地还包括屯田（它是指拨给各边卫军士耕种的田地）、运田（即赡运官田，是划拨给漕运的旗丁的田地）。《大清律例户律典买田宅》第五条例文规定："旗丁有将运田私典于人及承典者，均照典买官田律计亩治罪。该丁革退，其田追出交于接运新丁，典价入官。其旗丁出运之年，将运田租于民人，止许得当年租银。如有指称加租立券预支者，将该丁与出银租田之人，均照典买官田律减二等治罪，租价入官。"第六条例文则称："凡各省卫所赡运屯田，有典卖于民，许照《清厘条议》备价回赎。如衙门书识人等，借种祖丁管舡侵占屯田不归船济运者，照侵盗官粮例治罪。"

对于那些因各种原因被官府没收为官房、官田的财产，法律规定其只能由八旗官兵购买，价银付清后，由官府发给房地执照，作为其获得所有权的证明。清代的法律不仅明确了官房官地的出售对象，而且对其程序也做了详尽的规定：

> 各旗报出入官房屋，由户部咨行工部照例估价，如官估价值比较原契价多者，照估价召买。如估价较原契少者，即照契价召买。其认买之人，照例由旗具呈覆准咨部，统以具呈先后为定。如遇同日具呈，又皆愿交全价，当官呈堂掣签为定。其余具呈者，先准具交全价，次准先交半价之人，又次准扣俸饷之人。覆明应扣俸饷足敷坐

---

① 张晋藩等主编：《中国民法通史》，福建人民出版社2003年版，第952—953页。

扣，准其呈买。如不俟部文招买，辄行具呈者，概不准行。

八旗官兵坐扣俸饷认买入官房屋，价银在一千两以上者，定限八年扣完；一千两以下者，定限五年扣完。如有不敷，准以子弟俸饷代扣，仍有不敷以及遇有事故不能坐扣者，饬令按照原限交纳。

认买入官房屋，总以原呈为准。或交全价、或先交半价，俟按照呈明之数交清后，始准指领房间。稍有未完，不准先领。如银两不能按先交纳，即将房间撤回，另行招买。已交之价不准领回。

八旗官兵认买入官房地人口，无论交纳现银及俸饷坐扣，俱俟交扣完日由部给发回文后，该旗移咨该翼给发印信执照，毋庸纳税，仍报部村案。

八旗官兵人等指俸饷认买官房官地者，未经坐扣完结，遇有革退，未完银两愿交现银者，准其交纳。其无现银以及遇有出旗为民事故，仍将房地撤回，扣过俸饷，将所得租银扣除外，不敷银两如数给还。

抵币入官房地，本人及其子孙不准认买。蒙混者官则议处，兵则治罪。滥准之该管官并予以查议。若分居之伯叔兄弟，仍准认买。①

综合上述规定，我们可以看出八旗官兵购买官房、官地的基本程序。首先由官府估价，然后公开由旗人召买，如果一处房屋有多人同时表示愿意出官估全价召买，则抽签以决定买主。对于其他要求购买官房的旗人，则按照"先准具交全价，次准先交半价之人，又次准扣俸饷之人"的原则确定购买的顺序。如果民人有明确的契约证明其原来对官属房地拥有管业的权力的话，"原业主如愿回赎，以查杖完结之日起，无论银数多寡，限一年内完交，或请以俸饷扣赎者，数在贰百两以下，限一年坐扣；贰百两以上至五百两者，限二年坐扣；五百两以上至一千两，限三年坐扣；一千两以外，限五年坐扣。如有不敷，准以子侄兄弟及借亲戚俸饷坐扣，仍

---

① 《户部则例》卷十《田赋四》，国家图书馆古籍库藏本。

有不敷，饬令限内完交。覆计交扣价银过半，即指交管业。倘遇限不完，房地即行入官，其扣交价银以所得历年租银作抵，抵不足数，仍准找给。不愿回赎者，听"。同时，对八旗官兵以坐扣俸饷的方式认买入官房屋的，对其扣饷年限也作出了明确的规定，"价银在一千两以上者，定限八年扣完；一千两以下者，定限五年扣完。如有不敷，准以子弟俸饷代扣，仍有不敷以及遇有事故不能坐扣者，饬令按照原限交纳"。如果够买官房官地的旗人在坐扣俸饷以抵付价银期间，被革退出旗为民，那么他所认买的房地将被撤回，用他利用房地所得的租银抵销他所付给官府的俸饷，如果租银抵不上所扣俸饷，则退回他所被多扣的部分。《中国历代契约汇编考释》中的一份官给执照在一定程度上印证了上述规定：

清乾隆八年（1743）总管内务府给发额森特买官房执照①
总管内务府官房收租库为给发执照事，照得

奏准官房派员估价，许令官员拜唐阿兵丁等人，指俸饷人买坐落在正阳门外高井胡同，所有刘永轼名下，入官日，立明价银伍十七两。据内府正白旗四格佐领下库守额森特认买，自乾隆四年十二月起户部将伊钱粮银每月坐扣银一两伍钱八分四厘，扣至七年十一月止，共坐扣三十六个月，银五十七两，已经完结。相应将正阳门外高井胡同刘永轼房伍间，准其认买完结，永远承业，各从其便。为此给发执照。须至执照者。

乾隆八年月　　　日给

而对于一般旗人的田产，"查国家定制，旗人地亩，不许民人典买，例禁甚严"② 是禁止民人购买的。但随着社会经济的发展，旗人人口的增多，土地流通的速度也不断加快，旗地旗产也不例外。尤其是很多旗人为了维持生计，或应急时之需，典卖田产已经成为一种非常普遍的现象。因此，原来禁止旗地旗产买卖的法律与现实生活已经大大脱节，至乾隆年间，"命动支内帑，给价归赎，使旗地仍归旗人，不至为民人巧占，民人仍得原价，不至资本子虚，永息争端，革除弊窦"。③ 官府为维护旗人的

---

① 《汇编考释》，第1244页。
② 《清实录·世宗宪皇帝实录》卷93，中华书局1985年影印本，第9册，第812页。
③ 同上。

利益，乃由官府出资，赎回民人所典买的旗地，后再赏与旗人作为恒产。嗣后又规定，"民人承买旗地，准赴本州县首报实亩段数，呈明契据，该管官验明后发给旗产契尾，令其执出，并酌定额赋，于首报年启征。归入旗产册内造销（分数考成及钱粮期限，统照地丁正项一律办理），毋庸等候覆勘再议科则"。① 同时，还对民人呈报的典卖的旗地的税赋额制定作出了详细的说明，即"比照四围邻地额赋酌中定则。如毗连山川庐墓，或仅止三面、两面、一面邻近有赋民田者，一律比照升科。（四围邻地赋额，如一面每亩贰分，一面每亩三分，一面每亩四分，一面每亩伍分，共计一钱四分，四股均分之，每亩三分伍厘为适中之数。即可比照定为新升科则，余以类推）"②。同时还对民人通过法定的程序典买的旗地的回赎期限做出了详细的规定，"民人契典旗地回赎期限以二十年为断。如立契已逾例限，即许呈契升科（无论有无回赎字样），不准回赎。在限内者仍准回赎。倘卖主无力回赎，许立绝卖契据，公估找贴一次。若买主不愿找贴，应听别售，归还典价"。这已经使旗地的买卖和一般的田地买卖没有多大区别了，至乾隆三十五年，乃进一步"嗣后旗人、民人典当田房，契载年分，统以三五年以至十年为率，仍遵旧例，概免税契，十年后听原业取赎。如原业力不能赎，听典主执业，或行转典，悉从民便。倘立定年限以后，仍有不遵定例，于典契内分载年分者，一经发觉，追交税银，并照例治罪，以儆刁风。凡从前典契载有二三十年至四五十年者，统限于三年内，令各现在典主，在旗则首报佐领，在民则首报地方官，即令改典为卖，一体上税，免其治罪"。③

还有一些土地因其所处的特殊地域而成为受限制的契约客体，这些土地有的完全禁止民间买卖，有的则规定其只能在特定的主体之间买卖。清代的法律规定：

> 土默特蒙古地亩不准典买，如有民人私行置买者，卖主买主俱从重治罪，地亩入官。
> 广西省庆远等五府属土官司官庄田亩，不准私行典买。若土目、

---

① 《户部则例》卷十《田赋四》，图书馆古籍库藏本。
② 同上。
③ 吴坛：《大清律例通考》，马建石、杨育棠校注本，中国政法大学出版社1992年版，第113页。

> 土民典买土司官庄田亩，即将承买之人照盗卖田亩律每五亩加一等治罪，追价入官，田还原主，并将违例之土司查参降留，失察之该管知府察议。若查明该土司有倚势抑勒情事，将勒卖之土司降级调用，失察之该管知府议处。
>
> 贵州苗疆屯军人等官给屯田，如民人私行买卖，该卫千总严行究治。不行清查者，照例议处。①

上述禁止民间私自买卖的土地，因为有的本身就是官有屯田官庄，是禁止民间私自买卖的。不过，最主要的原因恐怕是由于其处在少数民族居住地区，国家政权力量在这里相对较弱，因此被特别加以强调。

在各少数民族和汉族交错杂居的地方，法律明确规定，当地的土地等财产只能在特定的主体之间买卖：

> 湖南永顺等处苗疆田地，只听本处土苗互相买卖，若有汉民希图粮轻，土苗贪得重价，私相买卖者，分别责惩，勒令苗民回赎。失察地方官分别议处。
>
> 贵州汉苗杂处地方，饬令地方官及苗尔稽查，不许汉民置买苗田并放债盘剥，藉端驱使，苗人亦不得承买民地。倘有违犯隐漏，将田地给还原业，追价入官，仍治以应得之罪。地方文武各官不实力稽查，严究参办。
>
> 湖南衡州、永州、广东连州等处瑶人民地亩山场，除道光十二年以前售卖与民人者准　其照旧管业外，嗣后民瑶不准交产。违者，将田产断归瑶人，将买主照违令例责惩。②

从上述规定来看，对于多民族杂居地区的土地买卖，清代的法律并没有采取武断的一刀切的做法，而是贯彻了其在少数民族地区立法的一贯方针，即"因地制宜，因时制宜，区别对待"③。如在湖南永顺采取的是属地原则，允许当地的土苗之间的土地自由买卖，禁止汉民购买苗民地亩，

---

① 《户部则例》卷十《田赋四》。
② 同上。
③ 对清代的民族立法方针政策，刘广安教授有过详细的论述，具体可见其《清代少数民族立法研究》一书，中国政法大学出版社1993年版。

对于苗人能否购买汉人土地,则未作规定。而在贵州等地,则禁止汉苗之间的双向土地买卖。同时,在制定这些特别的法规时,也注意到了当地发生土地买卖后已经产生的实际后果,因此部分承认了法规颁行前的土地买卖交易。这些都有利于稳定当地的社会经济秩序,对融洽该地区的民族关系具有很大的积极意义。

总体上说,清代法律对于一些特别地区所作的土地买卖限制,并不是"公正"的。例如,如果汉民和瑶人之间发生了土地买卖,按理说他们应该受到基本相同的处罚,但法律却规定"将田产断归瑶人,将买主照违令例责惩"。很显然,从其立法的出发点来看,它在很大程度上对经济文化上处于比较落后地位的少数民族是有所"偏袒"的。清朝政府这种针对少数民族地区的民族社会经济状况所制定的一些特殊的田宅交易法律,是清代民事法律的一个很有特色的地方,同时也可以说是其民族政策当中的一个重要的有机组成部分,是其民事立法和民族立法相辅相成的典型体现。

对于民间的自有田宅,除了因其所有权不清晰当然不能买卖以外,受到国家法律限制买卖的还包括祖遗祀产、家族义田、公共祖坟山地等。清代法律规定,"凡子孙盗卖祖遗祀产至五十亩者,照投献捏卖祖坟山地例,发边远充军。不及前数及盗卖义田,应照盗卖官田律治罪。……其盗卖历久宗祠,一间以下杖七十,每三间加一等,罪至杖一百徒三年"①,"若子孙将公共祖坟山地朦胧投献王府及内外官豪势要之家,私捏文契典卖者,投献之人问发边远充军,田地给还应得之人"②。有学者通过研究发现,此条例颁行以后,各地宗族在修订宗族法时,皆增立专条,要求将本族族产的数量、种类、分布等情况报官备案,以求得官府的保护。③ 很显然,这是清代法律的家族主义立场在民事法律中的体现。

二 清代法律对田宅买卖契约的主体规制

田宅买卖契约的主体的获得首先和自然人在其家族中的身份角色息息相关,对此后文还将详细论述。除此之外,人们也会因其社会身份等因素

---

① 《大清律例·户律·盗卖田宅》乾隆二十一年定例,田涛、郑秦点校本,法律出版社1999年版。
② 同上。
③ 朱勇:《中国法律的艰辛历程》,黑龙江人民出版社2002年版,第94页。

而使其契约主体资格受到一定的国家法律的限制。

首先,八旗人员在买卖产业时,受到地域的限制。《户部则例》明文规定,"八旗人员不准在外省置买产业,违者产业入官,照将他人田产蒙混投献官豪势要律,与者受者同罪。其托民人出名诡名寄户者,受托之人照里长知情隐瞒入官家产,计赃论罪。受财者以枉法从重论。失察地方各官查参议处"。① 也就是说,八旗人员不准在盛京十四城旗地以外的省份置买产业,也不准假借他人之名行置买产业之实。否则都要"计赃论罪",连失察的地方官也要承担连带责任。

第二类受到限制的人员是各级各类文武官吏。清代法律规定,"文职有司官吏(武职自副将以上)均不得于任所地方买卖田宅,违者解任治罪,田宅入官。参将以下任所置有产业田粮照民赋一体输纳,其镇守台湾大小员,不得创立庄产,倘有托名开垦者,将该员严加参处,地亩入官。入该管官通同容隐,一并议处","盛京管界各官不得于本管界内置买房产,违者按律治罪。如非本管界内,仍准照旧置买"②。这些规定显然有利于规范国家公职人员的行为,防止他们利用自己的权势强买民业,谋取私利。

第三类受到限制的是宗教人员。清代法律不允许他们购买旗地旗房。如果业主"入施舍寺庙作为香火……俱在(嘉庆十七年)定例以前者"的,准许寺庙管业。"定例以后,不准施舍,以杜影射隐匿之弊,违者照违制律治罪,若租给承种者听"。③ 这样规定的目的是为了防止业主以施舍的名义将田产隐藏,达到偷漏税粮等目的。

乾隆十五年以后,法律虽然对民间买卖旗房旗地的行为已经认可,但还是禁止西洋人购买旗人田房财产。若"典买旗地,与业主一律治罪。若例前典买地亩,免其撤回,并免治罪。业主愿赎仍听"。④

对于外国传教士在华购买一般田地房屋,清代法律对其契约形式也提出了特别的要求。光绪二十年兵部在给各省的札饬中说,"照得各国教堂租买房地,建造教堂,向系照约办理;惟相沿日久,各省办理未能划一,或致滋生事端,自应声明旧章,以免民教讼累。溯查同治四年,本衙门与

---

① 《户部则例》卷十《田赋四》。
② 同上。
③ 同上。
④ 同上。

法国公使柏大臣议定天主堂买产章程内称：法国传教士如在内地置买田地房屋，其契据内写明立文契人某某，此系卖产人姓名，卖为本处天主堂公产字样，不得专列教士及奉教人之名。此议会于是年函致江苏巡抚，并由江苏巡抚通饬各关在案。相应再为通行贵抚查照，转饬各关道及各处地方官声明旧章，遵照办理可也。"① 可见，清朝政府还就各天主教堂购买民间房地产业制定了专门的章程。

总体上说，清代法律对田宅买卖契约主体资格所作的限制，主要是为了防止一部分拥有特权的阶层利用权势进行不公平的交易，破坏社会经济秩序的稳定。而对于国家公职人员的契约行为的限制，则是清代国家治吏的一个重要的组成部分。

第二节 对买卖契约的书面规范

一 对契约性质的文字标识规范

从清代的契约实践来看，民间不动产买卖契约一般都是自行订立的，只要买主在契约订立完毕以后，到官府投税，获得官府的钤印，从而由"白契"变为"红契"，就算是按照官方的要求完成了法定的交易手续。但是，由于民间在田宅买卖契约完毕之后，还往往伴随着卖主纠缠不断的"找贴"要求，而"出典"的田宅，由于没有回赎的时间限制，年代既久，也往往在交易双方之间出现或卖或典的争执。为此，清代法律要求田宅交易双方在订立契约时，必须对"找贴"和"回赎"问题作出明确约定。

雍正八年制定条例时规定，"卖产立有绝卖文契，并未注有'找贴'字样者，概不准贴赎。如契未载'绝卖'字样，或注定年限回赎者，并听回赎。若卖主无力回赎，许凭中公估，找贴一次，另立绝卖文契。若买主不愿找贴，听其别卖归还原价。倘已卖绝，契载确凿，复行告找、告赎，及执产动归原先尽亲邻之说，借端掯勒，希图短价者，照不应重律治罪。"②

---

① 台湾银行经济研究室：台湾历史文献丛刊《台湾私法物权编》（下），1994年印行，第1347页。
② 《大清律例·户律·典卖田宅》雍正八年条例。

从这条规定来看，清初的法律对"找贴"和"回赎"的限制还是比较宽松的。即使双方订立的是绝卖文契，但如果还是约定日后卖主拥有"找贴"的权利的话，是得到国家法律的支持的，只是在契约上明确说明是"绝卖"且没有约定"找贴"的情况下，才不许卖主"找贴"。这样就事实上为一些绝卖交易打开了"回赎"的口子，因为在很多情况下，正是买主无力"找贴"或不愿不停地被要求"找贴"而被迫同意卖主回赎的。同时，这条规定也没有要求在契约上明确区分典和卖。如果契约上没有写明"绝卖"或者即使写明了"绝卖"但又注有回赎年限的，卖主的回赎要求都能得到支持，这就使卖实际上变成了典。这显然还是不利于规范"典"和"卖"两种不同性质的交易，对官府的契税征收也不利，因为清代法律规定"典"契是不需要缴纳契税的。这种情况到乾隆十八年以后得到根本改变：

> 嗣后民间置卖产业，如系典契，务于契内注明回赎字样，如系卖契，亦于契内注明绝卖永不回赎字样。其自乾隆十八年定例以前，典卖契载未明，（追溯同年）如在三十年以内，契无绝卖字样者，听其照例分别找赎。如远在三十年以外，契内虽无绝卖字样，但未注明回赎者，即以绝卖论，概不许找赎。如有混行告争（要求找价回赎）者，均照不应重律治罪。①

至乾隆三十五年，乃进一步"嗣后旗人、民人典当田房，契载年分，统以三五年以至十年为率，仍遵旧例，概免税契，十年后听原业取赎。如原业力不能赎，听典主执业，或行转典，悉从民便。倘立定年限以后，仍有不遵定例，于典契内分载年分者，一经发觉，追交税银，并照例治罪，以儆刁风。凡从前典契载有二三十年至四五十年者，统限于三年内，令各现在典主，在旗则首报佐领，在民则首报地方官，即令改典为卖，一体上税，免其治罪"。② 可以看出，自乾隆十八年以后，法律规定田宅交易双方在订立契约时，必须在契约用语上严格区分典和卖，即"如系典契，务于契内注明回赎字样，如系卖契，亦于契内注明绝卖永不回赎字样"。

---

① 《大清律例·户律·典卖田宅》乾隆十八年定例。
② 吴坛：《大清律例通考》，第116页。

同时，为防止民间以"典"之名行"卖"之实的方式逃避契税，对出典的回赎年限也做出了明确的限定。从法理上说，法律严格区分典和卖，既利于国家的契税征收，也有利于减少因此而生的"告找告赎"纠纷。

二 对契纸使用与书写的规范

除此之外，清代各级官府或为了从官印契纸中获利，或为了将民间的不动产买卖纳入一个可以完全监控的范围内，对民间不动产买卖契约的书写人、书写的内容要求甚至书写时的注意事项都有严格规定。如在清乾隆十一年（1746）山阴县孙茂芳叔侄卖田官契①后面附有"条约五款"，其中有一款要求"契不许倩（即请的意思——笔者注）代写，如卖主一字不识，止许嫡亲兄弟子侄代写"，即对契约书写人进行了限制。此契为乾隆十一年所立，我们知道乾隆皇帝在即位之初（1736）就废除了雍正年间实行的契根契尾之法，允许民间自行订立不动产买卖契约，只要到官府按则纳税就可以了。由此可见，在国家颁布废除强制使用官印契纸十多年后，地方政府还依然有对民间契约订立设置门槛的各种规定。

事实上，有清一代，这种情况都不同程度地存在，又如在嘉庆六年（1801）山阴县高兆原兄弟（绝）卖田官契②后面的"计开条款"中，有如下几条：

一、凡用此契者，竟作绝卖。
一、卖主不识字者，许兄弟子侄代书。
一、成交后即粘契尾于后，验明推收。如违治罚。
一、契内如有添注涂抹字样者，作捏造论。
一、房屋间架仍载明空处。
一、典戤用此契者，须注明年限回赎字样。如不注者，仍作绝卖。

而在清末光绪年间，对民间订立不动产买卖契约的要求更苛刻，对违

---
① 《汇编考释》，第1248—1249页。
② 同上书，第1308页。

反契约书写规范的处罚也更严厉，光绪二十一年（1895）汉州胡邓氏母子杜卖水田房屋官契①后的"计开条例"中有如下条款：

> 一、民间置买田宅，有私用白纸立契，匿不投税者；有先用白纸立契，延搁多日始换契式投税者。此等债契许卖主中证乡邻人等禀明查究，扶同询隐，并究。
>
> 一、各该乡约分给契式，不准私取分文。如违，许业户禀究。有写错者，仍将原纸交该乡约缴销，另换契式填写。

在清光绪二十二年（1896）蓟门乔顺卖房官契后附的"写契投税章程"中②除和上述光绪二十一年的规定有很多相同之处外，还进一步强调"民间买卖田房契价，务须从实填写，不准暗减，希图减税。违者由官查出，照契价收买与官，另行作变。倘以卖为典，查出即令更换卖契，仍将典价一半入官"。

从上述规定来看，清代法律法规对民间不动产买卖契约书写规范集中在这样几个方面：一是对书写契约人做出了限制，即要么是卖主本人书写契约，如果卖主不识字的话，则只准其嫡亲兄弟子侄代写，此规定应该是为了防止有人冒充所有权人的名义，偷立契约，盗卖他人之不动产，以致酿成纠纷。但是，这条规定显然也有不合情理之处，因为契约的订立只要是卖主的真实的意思表达就可以了，至于由何人执笔写立契约根本无关紧要，因为我们都知道，即使有时契约是由买主本人书写的，也并不一定就是卖主的真实意思表达。况且，如果卖主本人不识字，而且其兄弟子侄中也无可代书之人，那么不动产契约该如何订立呢？而在清代的乡间社会，出现这种概率的情况还可能很高，因此，此规定注定不可能得到很好的执行。清代的契约实践中也确实证明了这一点，如康熙六十年江苏武进县刘文龙卖田租契中的代笔人为张茂之③，雍正六年安徽休宁县吴尔仁等卖山红契中代笔人是姚翰章④，从卖主和代笔人的姓来判断显然不符合上述对代笔人身份的规定，这种情况在契约中是比较常见的。即

---

① 《汇编考释》，第 1461 页。
② 同上书，第 1464 页。
③ 同上书，第 1196 页。
④ 同上书，第 1211 页。

使订立契约时使用的是官印契纸，代笔人和卖主没有血缘关系的也比较常见，如在清康熙十九年歙县郑元瑞卖山官契中①，代笔人为一个叫章建达的人。

关于契约书写内容方面，官方条例主要侧重于对契约属性的文字说明和契约内容的真实性，当然最重要的是必须如实填写契价。由于这两项直接关系着是否对契约征收契税和征收多少的问题。因此，对不严格执行这些规定的，其处罚是很严厉的，如果在契约中故意少填交易金额以图少交契税的话，那么交易的标的物就会被"照契价收买与官，另行作变"。发生这样的情况，遭受重大损失的当然是买主；而如果以卖为典的话，"查出即令更换卖契，仍将典价一半入官"，在这种情况下，遭受重大损失的就会是卖主。从卖主和买主双方的利益角度切入，促使他们在不动产买卖契约中如实填写和征收契税密切相关的重要内容，条例规定的细则不可谓不周全。

而官方条例对书写文字规范性的要求则显得近乎苛刻。嘉庆六年的写契条例中规定只要在契约的文字书写中出现"添注涂抹字样"②，竟然就会被认定为是捏造的契约，道光年间的官印契纸中也强调，"如墨污错写，许内该乡地另行换给，不得挖补圈改，废纸填薄缴销"③，光绪二十一年的"计开条例"中则要求"有写错者，仍将原纸交该乡约缴销，另换契式填写"④。被指捏造契约的罪名自然不轻，而写错后另换契式重写，不但又要让交易者花费额外的契之费用，而且又给经办的书吏胥役增加了敲诈勒索的机会。这样不切实际的规定，只会使更多的民间不动产买卖交易选择私立白契的方式而尽量避免和官方打交道。而在民间的契约实践中，对于在契约中出现的文字变更等情况，为防止日后就变更的内容出现争议，民间已经有了一种被普遍认同的在契约末位以"批"的方式进行说明的做法，而且还要就此专门画押。如清雍正十二年（1734）休宁县陈立山卖地红契⑤中，契约的末尾有"契内傍加'屋'字'横'字。再

---

① 《汇编考释》，第1164页。
② 《山阴县高兆原兄弟卖田官契》，载《汇编考释》，第1308页。
③ 《道光六年山西稷山郭敬义卖地契》，田涛、郑秦、宋格文等《田藏契约文书粹编》，中华书局2001年版，第49页，编号第101。
④ 《汉州胡邓氏母子杜卖水田房屋官契》，《汇编考释》，第1362页。
⑤ 同上书，第1224页。

批"字样，清乾隆元年（1736）休宁县陈仑友等卖塘契①内有"契内添'买人'二字。再批。"字样，乾隆三年（1738）休宁县金玉书卖山契②内则有"契内加'陆厘'贰字。再批"字样。这种做法在民间不动产买卖契约中具有一定的普遍性，即使对契约内容没有什么影响的文字变动也不例外。清代民间契约实践中的智慧，对于因为契约书写时必要的文字变动而可能出现的纠纷的预防已经有了自己简单而可靠的解决途径。而地方经办民间契约钤印的官吏对民间的解决办法一般也是认同的，即使在清代政府实行契根契尾制度时也不例外。如前所述，从雍正六年到雍正十三年，遵河南巡抚田文镜的建议在全国范围内严格推行契根契尾之法，但在上举雍正十二年陈立山卖地契中，不但契约中的文字变动是以民间通行契末附"批"的方式进行的，而且代书人是一个叫王若徵的人，显然和"立卖契人"陈立山没有血缘关系。但官方加盖的钤印说明这种做法的效力是被官方认可的。

第三节　契税制度对买卖契约的影响

清朝政府对民间不动产买卖的管理主要是通过征收契税的方式来进行的，虽然其出发点在于国家的税赋征收，但也同时具有对民间的不动产交易契约进行官方确认的功能。出于对民间偷税和漏税的防范，以及为防止各级经办人员在征收契税的过程中中饱私囊，清朝政府对民间契约的订立方式也作出了一些相应的规定。不过，从清初到清末，其规定也发生了很多变化，甚至还经历了反复。可以这样说，清朝政府对契税的征收管理过程也同时就是其对民间买卖不动产契约进行制约，以期纳入其规范的过程。

一　清代契税制度的发展

在清代初期，官方并没有要求民间订立不动产买卖契约时使用统一的官方颁印的契纸，而是承认民间自备纸张书立契约的有效性。在契约订立完毕后，交易双方只要到官府缴纳契税，粘贴官方契尾、加盖官府钤印，

---

① 《汉州胡邓氏母子杜卖水田房屋官契》，《汇编考释》，第1228页。
② 《汇编考释》，第1235页。

买卖契约就获得了官方的确认。

顺治四年规定："凡买田地房屋，必用契尾，每两输银三分。"①

到康熙四十年（1701）以后，曾短期停用契尾，只设"循环号簿"，买主纳税时，主管官吏"亲将花名、价税数目登填簿内，仍于契首同簿钤合缝印，半印于簿，半印于契，于每季终解银时送验"。也就是说，民间的买卖契约纳税后不再需要粘贴官印的契尾了，只要在契首和官方的登填簿上加盖骑缝钤印就行了。②但三年之后，可能是出于增加契纸收益的考虑，又恢复了康熙四十年以前的使用契尾的制度。这一时期的契尾形式和内容如下所示：

清康熙十二年（1673）管理直隶钱谷守道
给发大兴县某产户契尾③

契　　尾

管理直隶钱谷守道丁　　为严催税契银两以佐军需事：案蒙抚院金　宪票准　户部咨前事等因，通行在案。今复蒙　本院宪票，为酌改道臣以专责任事：照得民间置买房地，输纳税银，例给钤印契尾备照。其属各州县所用契尾等项，已经本院　题明，系归该道综理。该道应设立循环印刷契尾，先期颁发各属。凡有收过税银，照数填入契尾，给发业户收执。每于季终，将各州县衙所收过税契银两，汇造细册，送院查核，仍于年终将收解过银数汇册报销等因。蒙此，拟合刊契尾颁发。为此，仰大兴县掌印官：凡民间典买房屋土地等项，着买产人户照契内价银每两纳税叁分，照价核算，收贮报解。每契一纸粘尾一张，印钤给发买主收执。季终造册报道，以凭核对汇报　本院咨查。收过税银，该县遵照季终起解本道，转户部充饷。如有隐漏，兼以多报少者，查出定行揭参。须至契尾者。

计开：

里社　产户　买　房地　契价银壹百捌拾两整，纳税银伍两肆钱

右给　产户　准此

---

① 席裕富、沈师徐：《皇朝政典类纂》卷九四，《征榷十二·杂税》，台北文海出版社1982年影印本，第152页。
② 何珍如：《明清时期土地买卖中的税契问题》，中国历史博物馆馆刊，总第8期。
③ 《汇编考释》，第1156—1157页。

康熙十二年 五 月 日
直隶守道（押）

由于契尾主要是由各个地方的布政司负责印刷制作的，因而在契尾的内容上带有一定的地方色彩，地方官吏往往也将一些和契税的征收、管理、使用等相关事项印制在契尾之上，甚至连一些本来和契税关系不大的行政事务也在契尾上进行说明。其目的主要在于强调征收契税的严肃性，声明不按时按量缴纳契税的后果，并对在契税征收过程中可能出现的种种营私舞弊行为提出警告，如：

清康熙四十四年（1705）江南安徽等处承宣布政使司颁给休宁县陈二纯契尾①

江南安徽等处承宣布政使司为　胜治已极降平等事，康熙肆拾叁年肆月初贰日奉　督抚部院宪牌内开：康熙肆拾叁年叁月贰拾壹日准　户部咨江南清吏司案呈奉本部送户科抄出，该本部□安拟□遵前事，康熙肆拾贰年拾贰月拾柒日题，康熙肆拾叁年正月贰拾捌日奉　　旨该部知道。钦此，抄出到该部臣等，查得先经浙江道御史王　条奏疏称：江南所属州县每年税契银两，除民间自行投报外，每图仍派银五两，县大图多者，比至肆、伍千两，而解司不过壹、贰百两。今臣愚以为宜饬布政司严行契尾号薄，安季清查，尽收尽解。如有妄派民间，藩司立即揭参。藩司失察，一并议处。又南粮提解及袋钱等项，每石约费三、四钱不等，请给兵粮之时，令督抚核查兵籍，给与印档，拨赴近州县自领，酌与往来船脚之费。等因。臣部以江南诸省税契银两，俱系各州尽收尽解布政司库，原无定额。至兵丁原系为防守汛池而设，今拨赴附近州县兵丁自领，其有无误于防守，并有无实益于民间之处，具题行令该督抚查明，具题去后。今据江宁巡抚宋、安徽巡抚刘，会同江南、江西总督阿、总漕桑，统称：江苏、安徽等属田房税银，原系州县尽收尽解，并无私派图民之弊。若用司颁契尾发令州县登填，则征收实数更易稽核等语。嗣后用司颁契尾立薄，发令州县登填，仍将征收实数按季造册报部核查。又疏称：各标营兵米俱以本郡之米给本处之兵。民无旁费，兵不远涉，久称兵民两

---

① 《汇编考释》，第1177—1179页。

便。仍然旧例遵行，等语。应将御史王　条奏兵丁拨赴近州县自领米石之处，毋庸议，仍照旧例遵行可也。康熙肆拾年贰月贰拾柒日题：本月贰拾壹日奉　旨依议。钦此。抄部送司，为此，令咨前去，钦遵查照施行。等因，到院备行到司，奉此。除经通行所属一体钦遵外，令亟刊尾给发。为此，仰州县官吏遵照　部文，奉　旨及　宪行事理，凡遇民间置买田地、山塘、房屋、芦洲产业，查照契内每价壹两征税三分，着令业户照数填薄内，一面将原契粘连本司编号契尾，填明钤印，给发执据，仍将征收实数按季造册送司，以凭详送

部院查核。其税银务遵按季解司充饷，事关　国课，无论绅衿军民，一体输纳。如有隐匿不税，以及不用司颁契尾者，即系漏税，该印官据实详报，定将产业依律没官，业户立拿究治。倘敢纵容经胥藉端需索尾费，或征税多而解报少，一经查实，则严参复提，重究不贷，须至契尾者。

　　计开：徽州府休宁州县业户　　　　　用价银贰两

　　　　买者　　图　甲　　　卖主金阿谢

　　　　田地　　山塘　　房屋　　芦洲　于康熙　年　月　日完纳税银陆分

　　　　右给业主陈二纯　　　　准此

　　　　　　　　　　　　　　　　康熙肆拾肆年　月　日　给

　　　　　　　　　　　　　　　　　　　　　　　　布政使司

　　从上引契尾的内容来看，除了阐述一些和民间买卖交易直接相关的契税问题外，更多的关于对契税数量的分配以及官吏对税银征解的要求，这显然是中国封建国家"治吏思维"在契约规制领域的本能反应。契尾的内容虽因地区不同而略有差异，但一般都包括对契尾印制颁发的说明、契尾的填写要求、契税的税率、必须缴纳契税的对象、契尾的收执，以及对买产者不按照国家法律缴纳契税和经办胥吏徇私舞弊的处罚警示。契尾的格式则基本一致，即首先是对国家关于契税征收的政策法规的宣讲，然后是契价和相应的按率折算的契税数目填写项，缴纳契税者（买主）的具体住址、姓名等，标的的说明（从契尾的格式看，应该是以选择的方式画明），最后是缴纳契税的日期，末尾一般都有颁发契尾机构的戳记和钤印。

但是，这个时期的契尾之法，由于官方只是在民间自写的契约上盖章加印，粘连契尾后的契约也由买主收执，官方将所收契银数目造册填写而已。因此，就出现了一些经办胥吏收而不填或者多收少填的情况。于是就有了雍正年间的契根契尾之法。雍正六年根据河南巡抚田文镜的建议，使用契根契尾之法。即民间订立契约必须使用官方统一颁布的契纸。布政司预先在契根、契纸骑缝处预钤司印，颁给各州县，州县即将契根裁存，而将契纸"发各纸铺，听民间买用"，民间报税之后，领回盖有州县红印的契纸，而填写以后的契根则供州县备案和申送布政使司缴验之用①。

我们可以通过下例卖田契约了解到当时官颁契纸的样式：

雍正八年侯官县陈子大等卖田契②

奉部设立卖断官契　　骑缝盖印

　　立卖断契　　县人陈子大、仕秀等，今将己分民田叁丘，官丈五分，厝地一所，官丈一亩，税山伍亩零·毫　　丝　　忽，坐侯官县二十三都汤院处地方，土名吴厝埕官井，年收租谷　　粮，挂二十三都　　图七甲陈伯玉户，年纳粮银乙钱三分，色米贰升。今因乏用，凭中说合，当即公同亲赴勘踏，四至田邻，东至大王边为界，西至郑墙为界，上至杨梅仑横路为界，下至官井田为界，照依时值足价卖到　　里图甲　　户　　户丁郑允知处，实得价钱零千零百肆拾零两零钱零分正，九五平，九五色。其银当日收讫，分厘不欠，其厝地田山听从永远管业收租，完纳当官，过割另立户名。其价已足，实系卖断，不得言找言尽取赎，以及令老幼妇女登门索讨，任凭买主执契呈官究治。此厝地田山系自己粮业，与房分伯叔兄弟无干，亦未重张典挂他人财物。如有来历不明及上手未完钱粮本色，□系卖主及保人之事，与买主无涉，近欲有凭，立卖断契同上手原契共　　纸统付为照。

知契同侄　　仕秀
仕彝

---

① 蒋兆成：《明清杭嘉湖社会经济研究》，浙江大学出版社2002年版，第113页。
② 福建师范大学历史系：《明清福建经济契约文书选辑》，人民出版社1997年版，第34页。

```
                              同弟      子邃
                        立卖契人      陈子大
                                      田邻
     雍正捌年玖月  日         中保人吴敏思
     盖县印                        现佃
```

每契一纸卖钱五文，解司以为红油纸张之费，毋得多取苦累小民。

燕字第　号

不过，到了雍正十三年（1735），刚继位的乾隆帝发布谕令："嗣后民间买卖田房，仍照旧例，自行立契，按则纳税，地方官不得额外多取丝毫，将契纸契根之法，永行禁止。"① 其原因我们在当时的官契中可以看出来。乾隆元年（1736）大兴县尹湾卖房官契②的契头上说明了乾隆初年变革契尾之法的大致情形，上云"民间买卖田房，例应买主输税交官，官用印信钤盖契纸，所以杜奸民捏造文契之弊，原非为增国课而牟其利也。后经田文镜创为契纸契根之法，预用布政司使印信，给发州县。行之既久，书吏因缘为奸，需索之费数十倍于从前，徒饱吏役之壑，甚为地方闾阎之累，不可不严行禁止。嗣后民间买卖田房，着仍照旧例自行立契，按则纳税，地方官不得额外多取丝毫，将契纸契根之法永行禁止"。但是，广东巡抚杨永斌认为废除契纸契根之法后，也会产生新的问题，那就是"盖因田房税契银两赢缩不齐，若止就民间自立之契印税，则藩司衙门无数可稽，不肖官吏得以私收饱囊，而且民间交易之后，往往延捱不税，候至官员离任之顷，假托亲知书吏，或乞恩盖印，或量减税银，彼匆忙解组之员，多寡视为幸获，岂能审察致详？——遂有捏造假契，乘机投税，致滋訐讼不止者"。③ 因此，乾隆年间的契尾之法是在康熙年间的契尾之法的基础上，结合雍正年间的契根契尾之法改进而成的。

---

① 曹仁虎：《皇朝文献通考》卷31，《征榷考六·杂征敛》，浙江书局光绪八年印本，第78页。
② 《汇编考释》，第1230页。
③ 曹仁虎：《皇朝文献通考》卷31，《征榷考六·杂征敛》，浙江书局光绪八年印本，第79页。

当然，乾隆年间的契尾制度变革也是一个不断改进契尾方式的过程。

乾隆十二年（1747），"令布政使司多颁契尾，编刻字号，于骑缝处钤盖印信，仍发各州县，俟民间投税之时，填注业户姓名、契价、契银数目，一存州县备案，一同季册申送布政使司查核"。①

但是，在征收契税的过程中又出现了新的舞弊方式，有的征收人员将契尾和送州县备案以及送布政司查核的照根分开填写，即在给与买主收执的契尾上照契价税契数目填写，而将照根上的契税数目随意更改。于是，在乾隆十四年河南布政司富明的建议下：

> 嗣后布政司颁发给民契尾格式，编列号（数）。及前半幅照常细书业户等姓名、买卖田房数目、价银、税银若干，后半幅于空白处预钤司印，以备投税时，将契价税银数目大字填写钤（钤）印之处，令业户看明，当面骑字截开，前幅给业户收执，后幅同季册汇送布政司查核。②

并在乾隆十六年（1751）由刑部议定："凡州县官征收田房税契，照征收钱粮例，别设一柜，令业户亲赍契投税，该州司即粘司印契尾，给发收执。若业户混交匪人代投，致被假印诓骗，即照不应重律杖八十，责令换契重税。倘州、县官不粘司印契尾，侵税入己，照例参追。该管之道、府、直隶州知州分别失察、徇隐，照例议处。"③

至此，清代的契税制度基本确定。但在清朝后期，由于国内财政状况的恶化，原来在清政府的财政收入中并不占重要地位的契税收入成为其收入的大宗。因而开始在征收契税的各个环节采取多种手段以增加契税收入。这首先表现在光绪二十年前后全国各地又开始要求民间订立买卖契约使用官颁契纸，其目的当然是从契纸的购买中获得收入。这在此一时期的

---

① 席裕富、沈师徐：《皇朝政典类纂》卷94，《征榷十二·杂税》，第155页。
② 关于这项契尾制度的改进情况，在乾隆四十七年直隶等处承宣布政使司颁给大兴县苗德补房税契尾上可以清楚地了解到，见《汇编考释》第1288页。
③ 《大清律例汇辑便览》之《户律·田宅·典卖田宅》，湖北谳文局，同治十一年本及前揭《大清律例·户律·典买田宅》第八条例文。

官印契纸中被一再强调①，如在清光绪二十一年（1895）汉州胡邓氏母子杜卖水田房屋官契②后附的契尾中规定，"民间置买田宅，有私用白纸立契，匿不投税者；有先用白纸立契，延搁多日始换契式投税者。此等债契许卖主中证乡邻人等禀明查究，扶同询隐，并究"，"征收田房税契，须业户亲自赍契投税，粘连司印契尾，给发收执者。若业户观望，雇人代投，致被假印诓骗，照不应重律，杖八十，责令换契重税"。虽然契尾中说"各该乡约分给契式，不准私取分文。如违，许业户禀究。有写错者，仍将原纸交该乡约缴销，另换契式填写"。在清光绪二十二年（1896）蓟门乔顺卖房官契③后面的"写契投税章程"中，也同样规定"民间嗣后买卖田房必须用司印官纸写契。违者作为私契，官不为据。此项官纸每张应公费制钱一百文向房牙买用，该牙行仍按八成缴官，价制钱八十文"，并进一步强调，"民间嗣后买卖田房，如不用司印官纸写契，设遇旧业东、亲族人等告发，验明原契年月，系在新章以后，并非司印官纸，即将私契涂销作废，仍令改写官纸，并照例追契价一半入官"。不用官印契纸写立契约不但要"涂销作废，仍令改写官纸"，而且还要"追契价一半入官"。各地要求民间订立契约使用的主要目的恐怕就是希望从契纸的收费中获得大额的收益，因此，要求"各该乡约分给契式，不准私取分文"的规定显然是一纸空文。能按章收取一百文的纸费已经算是便宜的了。如在当时的江宁，"契纸定价由一百四十文加至一圆之多，再须征收契尾钱一百四十文，浮收之数尚不在内"④。

　　湖北在光绪二十八年也有了类似的规定，而江苏省在光绪三十年除要求民间使用官印契纸外，还同时规定税契改用官版契纸，同时规定："其未用官契以前之契，则令赶紧补税仍粘司颁契尾"。⑤ 至宣统元年（1909）度支部统一规划时，要求各省停止对契尾、户管、执照的收费，并决定在随后的一定时期内，取消官纸、契尾、户管、执照的并行现象，而统一颁

---

① 有学者认为清朝后期开始在全国范围内使用官颁契纸的时间在光绪二十六年前后，从现存的契约契尾中的契税章程来看，这种动向至迟在光绪二十年前后就开始了。见孙清玲《略论清代的税契问题》，《福建师范大学学报》2003 年第 6 期。
② 《汇编考释》，第 1461 页。
③ 同上书，第 1464 页。
④ 《上海县续志》，《中国方志丛书之华中地方》第 14 号，据民国十七年本影印，转引自孙清玲文。
⑤ 《皇朝续文献通考》卷四，《征榷考二十·杂征》，民国四年本，第 187 页。

发由度支部印行的官颁契纸。①

　　清代后期对民间契约投税产生重要影响的就是契税税率的变化。清初对民间不动产契约契税的税率沿袭了明代的规定，一直按照百分之三收取。到清代后期，各地虽没有统一的税率规定，但税率都未大幅度地提高，至光绪末宣统初，各个省份自行实施各项改革，在其所制定的关于契税的章程中，无视各地实际的惯例和经济状况，"买契之税，有加至四分五厘、五分、六分六厘者"②，而原来根本不用缴纳契税的典契，也有要求"按买税减半，亦有与买税一律者"。宣统元年（1909），度支部以代表全国契税率最高水平的湖北、湖南为标准，定出卖契税率为9％，典契税率为6％，——"此外丝毫不准多收"。③ 而我们在清光绪二十二年（1896）蓟门乔顺卖房官契④后面的投税章程中则说"民间嗣后买卖田房，其契价作为百分，纳税三分三厘整。譬如契价库平足银一百两，完税三分三厘即库平足银三两三钱。如有以钱立契者，仍照例制钱一千作银一两，完税三分三厘。税银按数交清，总以粘有布政司大印之契尾，用本管州县骑缝印为凭。此项契尾公费每张改交库平足银三钱。否则系经手人愚弄，应即向经手人追问控究"。可见至迟在光绪二十二年以前，契税的税率已经提高到了三分三厘，而且粘贴的官发契尾也要交费。

二　对契税缴纳时间的法律规定

　　为了促使民间在田宅买卖交易完成以后及时向官府缴纳契税，清代法律对缴纳契税的时间也做出了具体的规定。

　　清初对缴纳契税的时间要求，从顺治十一年（1654）大兴县王家栋卖房官契⑤的契尾中所说的"成交房屋地土，俱要按月报县。有逾期投税者，房牙听此"的文字来看，应该是一个月。同时还责成房牙予以监督。到了乾隆五十四年，要求民间在买卖契约订立以后一年内投纳契税。⑥ 从民间的契约实践来看，这个投税的期限标准执行了比较长的时间。但到了

---

① 孙清玲：《略论清代的税契问题》，《福建师范大学学报》2003年第6期。
② 《皇朝续文献通考》卷4，第188页。
③ 《大清宣统新法令》，商务印书馆宣统二年刻本，第30页。
④ 《汇编考释》，第1464页。
⑤ 同上书，第1145页。
⑥ 《皇朝续文献通考》卷4，第188页。

嘉庆十五、十六年间，从当时四川省拟定的"川省契税章程"来看，除了重申"如有不粘契尾者一，即同漏税议罚"之外，要求将业户在买卖成交后一年之内报税改为半年期限，一旦逾期不税将以契价一半入官；同时要求"在场之邻中、切近之约甲"，事后据实禀报立契时间、契价，否则"扶同隐匿，查传责儆"①。而到了光绪后期，各地的投税期限更是纷繁，有限二十日的，有限一个月的，有限两个月的，有限六个月的。直到宣统元年统一规定限期为半年报税。②

纵观有清一代，契税制度经历了多次的反复和变动。其出发点不外乎两个，一是如何避免官吏在契税征收过程中中饱私囊，二是如何从民间的买卖契约获得更多的财政收入，促使民间田宅交易完成后及时缴纳契税，以防止出现偷逃契税情况的发生。但由于缺乏一个有效的不动产等级制度，官方在如何促进民间不动产买卖安全、有序的进行方面无所作为。因而官方以契税确认产权的方式并没有获得绝对的权威性，民间已经发展出一套比较有效的保证交易稳定、安全的习惯作法。如大量地引进第三方参与人，通过自足的方式获得产权凭证等。对此，后文将有所论述。于是，在民间不动产买卖中，规避缴纳契税环节的情形比比皆是。这也是我们在现存契约中能看到大量白契的原因。

第四节　税粮过割与买卖契约的法律规范

由于民间的田宅买卖交易涉及了国家税赋的负担转移，因此，为了避免因民间田宅交易而带来的税赋无着的风险，清代国家法律为田宅买卖契约设立的最后一个环节就是要求通过法定的程序，完成买卖双方税赋转移的登记工作。从国家制定法的角度上讲，税粮过割的完成标志着一桩田宅买卖交易彻底完结。

为了促使民间在田宅买卖交易契约订立完毕以后及时进行税粮的过割程序，清代法律明确规定了不履行该项程序的后果：

---

① 《川省契税章程》，转引自卞利《清代的江西契尾初探》，《江西师范大学学报》1988年第1期。
② 《大清宣统新法令》，商务印书馆宣统二年刻本，第31页。

凡典买田宅，不税契者，笞五十；（仍追）契内田宅价钱一半入官，不过割者，一亩至五亩，笞四十，每五亩加一等，罪止杖一百。其（不过割之田）入官。①

可见，不动产买卖完成以后，不进行税粮过割的后果比不缴纳契税还要严重，不但要遭受皮肉之苦，而且没有过割税粮的田地也会被没收而成为官田。根据清代的法律规定，在卖主和买主之间进行完税粮的过割手续以后，经办的基层县衙要给买主出具税粮过割的凭证，一般称之为收户执照或除户执照、推户执照、推收执照、推户执单，其格式大体如下：

收户执照②

  绍兴府山阴县正堂加三级记录三次　　刘为设立收照联单以杜私偷并严苛索事：据业户　　费同契、旗（民间在尚未向官府投税印契之前，先行自立的"推单"——笔者据张传玺说明注），将十八坊（都）二图茅晋公户内后开号亩收入十七坊（都）
  四图陈元章户内承纳乾隆六年银米为始。其收田需费，遵照宪定价，每田一亩，给钱十文，山地池塘每亩给钱五文。如庄书多所，许即禀究。合给收照归农。此照。
  计开：
  鳞字贰十三　　　　　中田壹亩叁分肆厘五毫
  乾隆五年七月　　　　日给
  经收庄书　　　　　　不许需索
  此单本县捐刷印发，该承毋许藉端勒取单钱。

从这张官给的收户执照来看，买主进行税粮的过割时，还要根据所买田地的种类和数量向官府缴纳一定比例的所谓"收田费"。上文所举的官给收户执照末尾说"此单本县捐刷印发，该承毋许藉端勒取单钱"，可以由此推测，在推单不是"捐刷印发"的情况下，买主还可能要付给经办

---

① 《大清律例·户律·典卖田宅》第八条例文。
② 《汇编考释》，第1236—1237页。

衙门"单钱"。

田宅买卖契约过割的主要目的，在于官府能够随时掌握田土所有权人的变动情况，为征收税粮提供最重要的依据。不仅如此，官府还以完粮印串作为田宅所有权的重要凭证之一，并在政策法律中明确规定，以此来促使人们在不动产交易后及时进行税粮的过割。如顺治十一年（1654）户部奏准："凡纳钱粮者为民地，不纳钱粮者为官地，不论有主无主。"（《顺治录》卷二十三）对此台湾学者陈登原评论说，"案今世土田之讼，以完粮为证据之一，清初以不纳钱粮为官地，即后世以粮串为产权凭据之一之权舆，前乎此，盖未之有闻"。①

当田宅的产权出现争议的时候，在缺乏明确可信的契约的情况下，缴纳税粮的印串在确认产权的过程中将起到十分重要的证明作用。《大清律例·户律·典卖田宅》条例一：凡民人告争坟山，近年者以印契为凭。如系远年之业，须将山地字号亩数、及库贮鳞册、并完粮印串，逐一丈勘查对，果相符合，即断令管业。若查勘不符，又无完粮印串，其所执远年旧契及碑谱等项，均不得执为凭据，即将滥控侵占之人，按律治罪。因此，可以说完粮印串是除交易契约之外保障所有者产权的第二道防线。

除此之外，清朝政府还将税粮过割和诉讼纠纷联系在一起。清代国家法律明确规定，在民间因为产权纠纷而寻求国家权利的救济时，以是否完纳税粮作为诉讼主体的资格要求。也就是说，如果在人们与土地有关的权利受到侵害，准备求助于国家权力进行法律救济的时候，应当相应地完成其本身应当承担的税粮义务，这是其具备诉讼主体资格的必要条件。② 在清代官方颁行的状纸格式上，一般都有"完纳户名"一项，要求原告填写，而状纸后面所附的《状式条例》则明确说明"告婚姻，无媒妁、聘书；田土无粮号、印串、契券；钱债无票约、中证者，不准"。③ 我们在《黄岩诉讼档案调查报告》所收录的官印状纸上，也能看到绝大多数状纸上面都赫然印着大大的"完纳粮户"的字样，要求原告在写立状纸时首先填写。

我们在清代的社会现实中，也确实看到当人们由于各种各样的原因在

---

① 陈登原：《中国田赋史》，商务印书馆1998年版，第196页。
② 田涛、许传玺、王宏治：《黄岩诉讼档案及调查报告》前言，法律出版社2004年版，第11页。
③ 同上书，第234页。

不得不和官府打交道时，完纳契税和过割税粮就成了他们不得不考虑的问题。孔府的档案为我们提供了类似的完整案例：

    掌书王锺珩禀为叙祖业无契缘由恳乞行文到县投税事①
   具禀掌书官王锺珩，年五十六岁，系诸城县人。
  为因无印契，牵连票传，恳　恩行文到县投税，以免牵连入官事。切职蒙恩选补掌书，在供职。昨接家信并来人云，缘今春有职服侄王汝翼，与族侄曾孙王大赖，因为沙地边界不清而致讼。县尊追逼伊等印契，因此牵连票传。职系前明旧家，合邑皆知，所有先祖遗业，至今近三百年，后世分劈，皆以分册为凭，细查文契，失迷者多，而存留者少，或有存留，亦不过白头契纸，不但职等如此，即诸邑臧、王、刘、李、丁五旧家，凡系前明清初产业，皆无印契。乃于乾隆十三年始开税契条例，自开例后，凡买卖地土，俱各投税，开例以前曾无印契。职与服侄王汝翼公有祖传沙地四十二亩，每岁承纳粮银八钱三分，有粮票为证。回溯咸丰、同治年间，迭遭兵燹，即有印契亦归乌有，仅存康熙年间白契一纸，乾隆年间分册一本，并恳电验，实无印契，若临讼投税，恐干罪戾。而地无印契，又恐入官，完出无奈，仁明公爷恩准行文到县投税，以免牵连入官。施行。
   计抄粘　文契一纸　粮票一纸　　分册一纸
   光绪十九年八月初五日

  从理论上说，民间在买卖契约订立完毕之后，卖主和买主到官方衙门进行税粮的过割是不存在什么费用需要缴纳的。但是，在实际操作过程中，衙门经办此类事项的书吏、衙役等人往往借着各种名色向买卖双方索要钱财。乾隆年间的江南名幕汪辉祖记录乾隆五十七年（1792）买主在进行税粮过割时的通行惯例，"民间田产交易，开除过户，例每亩制钱十文"，而在其家乡浙江萧山，"旧规亩一百文，除七收三，勒有碑记。三十年前……加至三百文一亩。甲辰、乙巳间（1784—1785）亩至五六百文。数年来，乡民愿而阗者，必在千文以外，即士绅亦非五、六百文不

---

① 《曲阜孔府档案史料选编》，第三编第6册，齐鲁书社1988年版，第370页。

可"。① 这些在国家规定之外的衙门陋规杂费，无疑使民间过割税粮的积极性大为受损，民间也以尽量避免和官府衙门打交道为处事的基本原则。其后果我们在民间契约实践中可以看到。

第五节　官牙：国家对民间买卖契约干预的途径

从清代国家制定法的内容来看，关于田宅买卖契约的规范虽然不够系统，但却比较细致，基本涉及到了契约的各个方面。但与前所述，由于缺乏官方的产权登记制度，不管是契税凭证还是税粮过割登记，都不可能也没有成为为民间所普遍认可的最权威的产权所有登记，因此，人们也就缺乏按照官方制定的完整程序订立田宅买卖契约的迫切性和自觉性。而民间田宅买卖交易的分散性、隐蔽性，官方行政力量及其有限性都制约着对清代国家关于契约法律的遵循。在此情况下，具有一定官方色彩的官牙发挥着重要作用。

一　清代官牙的主要类型

作为民间交易中充当中间人角色的牙人和牙行在中国古代社会也有着悠久的历史，有学者考证早在春秋战国时期就有在牛马贸易中充当中间人的，称为"狙"或"狙侩"，魏晋南北朝以后扩大到一般的交易领域，称为"互郎"，至唐以后被称为"牙郎"或者"牙人"。从国家的法律规定来看，自中唐以后，对牙人的法律规定逐渐出现在封建国家的法律条文中。唐代明确了牙人在民间交易中所要承担的责任，而宋代开始，则对牙人的任职资格、执业条件以及牙人的权利义务和法律责任进行了系统的规定。② 明清法律在继承前代的基础上，还专门设立了官牙制度，对官牙的执业资格、取得执业资格的程序、官牙的权利义务等内容都作了详细规定。《大明律》中，专设"私充牙行埠头条"。对于牙人和牙行的研究早已引起了学术界的注意。不过，绝大多数研究者在论及牙人和牙行的时候都以集市的动产交易为中心，容易给人一种牙人只存在于交易集中的各类市集的误解。事实上，在农村地区，也存在类似集市官牙的田宅牙，如在

---

① 汪辉祖：《汪龙庄遗书·病榻梦痕录》卷下，辽宁教育出版社 1998 年版，第 72 页。
② 吕志兴：《我国古代居间制度及其借鉴》，《现代法学》2002 年第 6 期。

河北栾城县，根据《中国农村习惯调查》，在20世纪二三十年代，有"五尺行"，拿到向县里纳税的牌子（意即许可证、执照）后从事活动，方言称此为"官中人"。五尺行指量地人，其人持有一丈与五尺的测量杆。而在清代时，各村都有一人五尺行，方言称此为红色牌子。①

虽然乡间的不动产交易具有时间和地点上的不确定性，交易的方式也不如集市中的一般贸易那么集中和明显，但由于不动产交易的价格一般都要比动产高，其契税收取的数额也大，并且不动产所有权的变动还会对国家的赋税带来很大影响。因此，清代的牙人不仅活跃在交易集市墟镇中，国家政权也力图通过设在乡间的官牙，介入民间的不动产交易，对交易各个环节实施必要的干预，以便将其纳入国家监管的势力范围之内。从目前能看到的不动产买卖契约来看，官牙的身影也的确时常出现在民间的不动产买卖契约之中，如在顺治十一年（1654）大兴县王家栋卖房官契②中有"房牙 王臣"的字样，而在乾隆元年（1736）大兴县尹瑄卖房官契③中，有"房牙刘文贵（印）"的标识，而在河北沧州涂恩锡卖地契约④中则只云"官中 路云祥"。一个值得注意的现象是，笔者仔细查阅了《历代契约考释汇编》、《田藏契约文书粹编》、《徽州文书》以及沧州、丁村等地的契约文书资料后，发现凡是有"官牙"字样或类似表明官牙身份的契约中，基本上使用的都是官契（即使用的是官府颁发的契纸），其名称有"官牙"、"房牙"、"总牙"、"官中"、"经纪"等不同称谓。但在其他的民间自行写立的买卖契约中，白契自不必说，就是经过官府加盖钤印的红契也很少出现官牙的身影。这应该和官牙的职能存在一定的关系。我们在后文再略加陈述。同时，还应该引起我们注意的是，在乡间的不动产交易中，还有很多人并没有取得官牙的资格，也不用对清代的地方政府承担任何责任，他们就是所谓的"私充官牙"之人，但他们却借牙人之名向交易双方所要牙钱。邢科题本中涉及一起因为两人私充牙人，因为牙钱的分配问题而发生争执并闹出人命的案子。⑤其供词不但可以让我们

---

① 转引自［日］仁井田陞《中国买卖法沿革》补注第16，载［日］寺田浩明主编《中国法制史考证》丙编第1卷，中国社会科学出版社2003年版，第67页。
② 《汇编考释》，第1145页。
③ 同上书，第1231页。
④ 杜文通：《沧州契约文书选辑》涂氏文书第4契，《中国经济史研究》1990年增刊。
⑤ 中国第一历史档案馆、中国社会科学院历史研究所合编：《清代的土地占有关系和佃农的抗租斗争》，中华书局1988年版，第314—316页。

了解到清代乡间官牙的管理情况，也可以看到官牙制度在实施中所发生的变异：

> （王佐臣）供：这晋希文与小的兄弟王振三（已被殴身死），平日没有仇隙。
>
> 小的母舅戚廷瑞是田宅庄牙，因年老了，叫小的兄弟帮他取讨牙用，与小的兄弟均分。兄弟因听见玩鞭亭高予怀家田亩买与徐久明家，就邀同李相臣，于乾隆肆年柒月初柒日，下乡到徐久明家取讨买田牙用银子，据徐久明说，牙用已交付晋文显转付晋希文了。小的兄弟听得这话，就同李相臣到晋文显家，晋文显也是这样说，就和晋文显去寻晋希文，要退这宗银子。晋希文说，这银子是他应得的。小的兄弟同李相臣就与晋希文言辩起来，晋希文就把小的兄弟打伤死了。……
>
> （晋希文）供：……与王振三平日并无仇隙。因小的向与刘青旋朋充牙行，那牙帖上是刘青旋的名字。后刘青旋死了，小的就一人顶充。乾隆四年七月里，这晋文显亲戚徐久明买了高予怀五亩田，称了三钱牙用银子，带给小的用了。那王振三母舅戚廷瑞是私顶的牙行，王振三帮他取讨用钱。不料七月初七日，王振三同李相臣又到徐久明家讨这宗牙用……李相臣接着说他们是戚廷瑞的伙计，完过帖税的，小的不是牙行，不应得徐家买田牙用。小的说，我顶刘青旋的牙行，乡间东边一路的牙用，应该我得，与你姓李的无干，你们要我退，我就退出些来罢了，何必动气？……
>
> （戚廷瑞）供：当日俞天麟是田宅牙行，后俞天麟死了，小的就顶了他的牙帖充当。近因年老无子，就叫外甥王振三帮衬小的取讨牙用。……

这里还涉及牙行的帖税缴纳、牙帖的顶替等问题。因其与民间的契约缔结行为关系不是太大，在此略而不论。

因此，从牙人活动的交易场合来说，清代的牙人有以下几种类型，一是活跃在一般的城镇集市交易中的牙人，他们一般都隶属于某个牙行，都有固定的工作地点，并且主要在一般的动产交易中发挥作用；第二类则是分散在乡间的牙人，他们主要活动在民间的不动产尤其是土地买卖交易中，由于不动产交易的非集中性和交易量少的原因，这类牙人以个人执业为最常见。从是否得到官方授权的角度说，有官牙和没有得到官方授权私自充当交易中介的私牙。当然，因为城镇集市也是国家力量易于掌控的地方，所以私牙只是少量地存在于乡间。对于集市官牙，已有学者进行了比较详细的研究，因此我们考察的对象主要是田宅等不动产交易中的乡间官牙。

二 清代国家对官牙的管理

对于以田宅交易为主要事务对象的官牙，清代的国家法律并没有特别的规定。其执业资格和执业资格的取得程序应该和一般的集市官牙没有什么太大的差别。首先，对于充当牙人之人的身份，清代法律作出了限制性规定，《大清律例·户律·市廛·私充牙行埠头》第六条例文：各衙门胥役有更名捏姓兼充牙行者，照更名重役例，杖一百，革退。也就是说，在衙门里充当胥役的人不得兼充牙人，其原因在乾隆五年九月初十日的《著严禁衙门胥役捏充牙行上谕》中说得明白，就是因为"此辈倚势作奸，垄断取利，必致鱼肉商民。被害之人，又因其衙门情熟，莫敢申诉。其为市廛之蠹，尤非寻常顶冒把持者可比，所当亟为查禁"①。第二类被禁止充当官牙的是具有一定社会身份的所谓"衿监"，因为"以衿监认充者，每至侵蚀客本，拖欠货银，或恃情面而曲为迟延，或藉声势，而逞其措勒。以致羁旅远商，忿忍莫诉，甚属可悯"，所以官方认为"从前外省衙门胥役有更名换姓，兼充牙行者，已经降旨敕部定议严行禁革，积弊始除，而衿监充行，其弊与胥役等，应将现在牙行逐一详查，如有衿监充认者，即行追帖，令其歇业，永著为例"，并且要求"嗣后如有仍蹈故辙，而州县官失于查察者，著该上司查参议处。其如何定例之处，该部妥议具奏"②。

对于充当官牙的资质，自身必须具有一定的资产条件。《大清律例·户律·市廛·私充牙行埠头》："凡城市乡村诸色牙行，及船（之）埠头，并选有抵业人户充应，官给印信文簿。"乾隆八年六月二十八日的上谕中

---

① 《乾隆朝朱批录副奏折》，中国第一历史档案馆。
② 《著严禁衿监充任牙行上谕》乾隆八年六月二十八日，《乾隆朝朱批录副奏折》，中国第一历史档案馆。

也强调，"是以定例投认牙行，必系殷实良民，取有结状，始准给帖充应。盖殷实则有产业可抵，良民则无护符可恃，庶几顾惜身家，凛遵法纪，不敢任意侵吞，为商人之害"①。而且还要求充当官牙的人"务令为人诚实"，"其素行无赖，毫无产业者，不准滥给"②，这些上谕和奏折虽然也主要是针对集市牙行而发的，但对于设立在乡间的庄宅牙人也是适用的。

充当官牙的人首先要"取具保邻甘结，方准给帖承充"③，也就是说，要求充当官牙的还必须有保人承保才能取得正式的官牙资格，官府授予牙帖之后，才能从事牙人执业。乾隆四年定例规定，"地方官于请领牙帖时，查其为人诚实……方准给帖承充。其素无赖，毫无产业者，不许滥给。……如有滥行给帖……照滥给牙帖例，降一级调用"④。可见，地方官对官牙的选用负有直接的责任。对于官牙的日常管理，清代政府实现的是定期审查的办法。康熙年间的法律规定，"凡在京各牙行，领帖开张，照五年编审例，清查换帖"⑤，此则条例虽然只是针对在京牙行的，但可能也扩展适用于全国所有的牙行。不过，由于有的地方省份牙行数量很多，每五年清查换帖一次根本无法实行，而且在频繁的换帖过程中，也增加了经办胥役勒索私财的机会。江西布政使彭家屏在乾隆十一年的奏折中对江西的情况做了详细说明：

> 江西省各属牙户于康熙二十九年前任藩司给发印帖之后，每越十余年清查倒换一次，原无五年必令换帖之行。自雍正七年前藩司李兰将各州县牙帖换发后，至乾隆五年，因准部咨顺天府府尹陈守创议复巡城刑科给事中罗凤彩条奏清厘牙行以恤商旅一折，有五年编审时换给新帖之语，是以乾隆六年，时值编审，经臣照案行查送换。唯是通省牙行计共四千四百四十三户，自六年查催，至今尚未换齐，而五年

---

① 《著严禁衿监充任牙行上谕》乾隆八年六月二十八日，《乾隆朝朱批录副奏折》，中国第一历史档案馆。
② 《湖北巡抚晏斯盛为请定地方官清厘牙行处分例以禁牙行吞骗事奏折》乾隆九年十月初六日，《乾隆朝朱批录副奏折》，中国第一历史档案馆。
③ 同上。
④ 《钱谷指南·市廛牙行》，载《明清公牍秘本五种》，中国政法大学出版社1999年版，第416页。
⑤ 吴坛《大清律例通考》之《大清律例·户律·市廛·私充牙行埠头》条例。

之期已满。今乾隆十一年，又届编审，若再清查，缴旧换新，以四千四百余名之牙帖，甫换旋缴，既缴复换，造册取结，由州县而府，由府而司，稍有不敷，层层驳诘，胥役视为利薮，多方勒索，纵加意稽察，有犯必惩，终不免于扰累。且查旧例五年换帖，原专指京城，盖为百货聚集，贸易众多，应勤加清理，以剔奸弊，本非概之于外省。况外省州县牙行有事故歇业，另换顶补者，原许其随时请换的名印帖，如五年之后依旧系本人开设，则原领司帖仍可执持为据，何必复行更换，徒启吏胥需索之端。再则，牙行不过经纪小民，代人交易，若更易太烦，奸良不齐，亦恐不免借词剥削，累及商贾，致多纷扰，殊为未便。至若消乏牙户吞欠客本，地方官自能随时查追治罪另招，更无候五年编审时始可清厘更换也。

因此，他建议"江西所属一切牙行，应请嗣后如遇原牙歇业退帖，顶补有人，即照例查明换给新帖外，其并无事故，照旧开张者，原给司帖听其收执，不必五年缴"。此建议为乾隆皇帝所批准，并逐渐施行于其他地方各省。①

关于清代政府对官牙的管理，如牙帖清查、帖税的上缴等内容，由于和官方对民间买卖契约的直接规制关系不是很紧密，而且已有学者在论述集市官牙时作出比较详细的考述，因而在此我们只结合一些还比较零散的材料，对主要存在乡间的田宅交易中的官牙的职能进行初步的论述，因为他们直接关系着清代政权对民间田宅买卖契约订立的监督和管理。从某种程度上说，官牙是清代国家介入民间田宅买卖契约程序的最直接的手段，官方对民间田宅买卖契约的规制，在很大程度上就是由具有一定官方背景的官牙来具体执行的。

三　官牙的功能及其对田宅买卖契约的干预

清代政府对民间隐蔽的田宅买卖交易的监控是通过充分发挥乡间官牙的职能来实现的。由于他们分散在民间，站在民间田宅交易的"第一现场"，因而有足够的能力和条件充当官方的耳目。

---

① 《江西布政使彭家屏为请停牙行五年换帖之例事奏折》乾隆十一年八月十三日，《乾隆朝朱批录副奏折》，中国第一历史档案馆。

官牙的重要职能之一就是在很多时候掌管着官颁契纸的售卖。由于在雍正年间实行过契根契尾之法，清代中后期，面对当时的内忧外患，各地为解决日益严重的财政危机，也开始陆续要求民间的不动产买卖契约使用统一的官印契纸，从而以出售契纸获取收益的方式补充财政收入。乾隆元年（1736）大兴县尹瑁卖房官契①开头的一段文字在叙述废除契根契尾之法的前因后果时说"田文镜创为契根、契尾之法，预用布政司使印信，给发州县"，可见契纸有时是发放到州县衙门处或者衙门里设立的取得售卖官颁契纸资格的纸铺，其程序是布政司预先在契根、契纸骑缝处预钤司印，颁给各州县，州县即将契根裁存，而将契纸"发各纸铺，听民间买用"，民间报税之后，领回盖有州县红印的契纸，而填写以后的契根则供州县备案和申送布政使司（或称藩司）缴验之用②。而很多纸铺就是牙人开办的。在光绪二十二年蓟州乔顺卖房官契③契纸后面所附的写契投税章程中则规定"官牙领出司印官纸，遇民间买用不准，该牙纪勒指不法发，例外多索，犯者审实，照多索之数加百倍罚。会牙纪交出充公，免于治罪，仍予斥革。如罚款不清，暂行监禁"。由于官颁契纸的使用不仅可以增加官方的收入（因为契纸是需要交易人购买的），还可以实时把握民间的交易信息，及时迫使交易双方履行国家法律规定的交易程序（即缴纳契税和过割税粮）。因此，就如我们在前文所提到的那样，在现存的清代田宅买卖契约中，凡是交易的中人为官牙的，书写契约所用的契纸基本上都是官版的。不过，由于清代社会的牙人不但充当的是交易中介的角色，更是交易中最重要的担保人。因此，事实上民间的田宅交易双方一般更情愿找双方都认识的并且在乡间具有一定资历和威望的人作中人，因为这样除了有可能省下中费降低交易成本外，更能保证交易的稳定和安全。这也是我们今天看到遗存的民间田宅契约中，有大量的交易使用的不是官版契纸而交易的中人也非职业中人的重要原因。

官牙的第二项重要职能就是在不动产交易中充当评估标的价格的角色。康熙十四年至康熙十七年曾任浙江嘉兴府知府的卢崇兴曾说，"田房交易，此卖彼售，必凭中保官牙，照时值低昂，公评定价，一姓得银，一

---

① 《汇编考释》，第1230页。
② 蒋兆成：《明清杭嘉湖社会经济研究》，第113页。
③ 《汇编考释》，第1468页。

姓受业，俱系情愿"①。而在嘉庆二十一年（1816）天津县刘义圃卖房官契②中则云"当日凭经纪三面议定时价"若干。

在清代统治者看来，由于官牙直接和大多发生在乡间的田宅交易发生联系，因而应该是最能对民间的不动产交易实施监管的人选。本来，官牙的设立就有督促民间在田宅契约订立后及时缴纳契税的目的，在顺治十一年（1654）大兴县王家栋卖房官契③后面所粘连的契尾上，就有"成交房屋地土，俱要按月报县。有逾期投税者，房牙听此"的字样。可见在清初，官牙就被赋予了监督民间置买产业者投纳契税的职责，如果监管失职还会受到官方的责罚。只是在清代中后期，为最大限度地从民间田宅交易中获得契税收入，清政府特别注意充分发挥官牙的作用。宣统年间度支部颁发给湖北省的牙帖中对官牙的各项相关规定达16条，一千多字。④ 不过从其内容来看，应该是针对集市贸易中的官牙的。而在光绪二十二年蓟州乔顺卖房官契⑤契纸后面所附的写契投税章程中，也有一半的条文是和介入民间田宅交易的官牙纪有关的：

> 一、民间嗣后买卖田房，务须令牙纪于司印官纸内签名，牙纪行用与中人、代笔等费，准按契价给百分中之五分，买者出三分，卖者出二分。系牙纪说成者，准牙纪分用二分五，中人、代笔分用二分五。如系中人说成者，丈量立契，只准牙纪分用一分。如牙纪人等多索，准民告发，查实严办。
> 一、民间置买房地契后，牙纪盖用戳记，准买卖两家亲有酌添数人，以免牙纪拈持而为日后证据。
> 一、官牙领出司印官纸，遇民间买用不准，该牙纪勒指不法发，例外多索，犯者审实，照多索之数加百倍罚。会牙纪交出充公，免于治罪，仍予斥革。如罚款不清，暂行监禁。
> 一、牙纪于更定新章以后，见有新立之私契，因贪使用钱，不即

---

① 卢崇兴《守禾日记》卷三《一件严禁田房加价以遏刁风以奠民生事》，辽宁教育出版社1998年版，第69页。
② 《汇编考释》，第1325页。
③ 《汇编考释》，第1145页。
④ 《田藏契约文书粹编》第一册，中华书局2001年版，152—153页。
⑤ 《汇编考释》，第1468页。

告官者，并照所得用钱数目加二十倍照官牙第一条罚办。

一、牙纪遇民间写契暗减卖价者，准禀官究办。如牙纪扶同舞弊，一经查出，并照所减之契价照官牙第一条罚办。

一、嗣后遇有民间用司印官纸写契后，责成牙纪将存根填好截下，按月同纸价呈送本管州县，分别存转。

一、嗣后凡遇契价与存根不符及契纸已用而存根不缴者，即系牙纪主使漏税，应将牙纪斥革，仍予监禁十年。

一、置买田房，牙纪与卖主及邻佑、里书知之最悉。如未定新章以前之白契、小契限满，买主仍未补税，准牙纪与卖主邻佑、里书告发，查实于罚款内提五成充偿。牙纪与卖主及邻佑、里书人等如有挟嫌诬告及吏役因缘舞弊滋挠者，一经查实，除照例枷责外，并予永远监禁。

一、凡税契事宜均由房地牙又名土木牙或又名五尺及官中者评价成交，社书总其成而已。何人有其契未税，房地牙均了如指掌。嗣后即责成房地牙分投查劝，每房地牙一名能劝征税因一千两以上者，准犒偿百分之五。

上述规定除了我们在前面谈到的官颁契纸的售卖及对官牙的评定田宅买卖的标的价格以外，还包括牙钱的收取标准、官牙对契根的管理等内容。由于官方契税征收的数目以及牙钱收取的数量都是和交易价格挂钩的。因此，参与交易中标的价格的评估并监督交易的双方在契约中如实地填写交易价格就和官牙自身的利益有了密切关系。

和民间田宅买卖交易中一般的非职业中人一样，官牙对交易也应该承担着标的的质量瑕疵和权利瑕疵。但由于官牙的官方背景和人们对与官府打交道的畏惧以及官牙个人的品行等原因，官牙的这一功能没有在民间交易中广泛体现。而国家法律对此也缺乏具体的强制规定。这应该也是人们尽力回避官牙参与田宅买卖交易的重要原因。

显然，清代国家对民间订立田宅买卖契约实施干预的最重要的手段就是赋予了官牙对民间订立契约的监管职能，这包括督促民间订立契约使用官颁契纸、监督契约中的交易价格是否如实填写以及以提成充偿的方式鼓励牙纪、卖主、邻佑、里书人积极告发买主置买不动产后不缴纳契税的行为。同时，清朝政府希望通过利益鼓励和责任重究的方式，让官牙充分介入民间的田宅买卖交易过程中,以实现契税收入最大化的目的。可以这样说,清代的官牙制度是清代国家契约法的重要组成部分,也是清代国家政权主动介入民间田宅契约实践的重要手段。不过,由于官牙设立的主要目的并不是为了提高民间田宅买卖的效率,而官牙人以逐利为目的的准商人形象显然会导致一般民众的不信赖甚至反感,这就注定清代国家干预民间买卖契约的企图难如其意。

  从清代国家成文法的规定来看,由于其出发点在于保障国家契税和赋税的征收上,因此对买卖契约干预的重点在于契纸的使用、契税的缴纳和税粮的过割程序上,这种完全以国家利益为导向的规定在具有准商人角色的官牙和腐败低效的基层胥役的操纵下,对订立契约的双方来说,带来的无疑主要是交易成本的上升。而为了监控民间的田宅买卖,对买卖契约的书写规范所作出的近乎苛刻的规定,不仅不切实际,而且也大大增加了对交易人勒索的机会。这注定了其在契约实践中不能得到民间的自觉遵守,并促使民间契约实践中产生了一些简易可行的、低成本的习惯性作法。另外,从清代国家成文法对田宅买卖契约的主客体限制来说,也和其吏治以及民族政策等有着密切的关系。不过,其对契约双方权利义务规定的阙如倒也为民间的"契约自治"提供了广阔的空间。

第三章

田宅买卖的启动

第一节　田宅买卖契约订立的主体资格

现代民法理论认为每个自然人都具有权利能力，但从是否具备民事行为能力的角度将自然人划分为完全行为能力人、限制行为能力人和无行为能力人三种，完全行为能力人可以自由从事民事行为，而限制行为能力人和无行为能力人从事民事行为时要由监护人代理。现代国家民法都无一例外地对自然人的行为能力作出了明确规定，并以此作为衡量其行为的法律效力。但在清代社会，实行的是"同居共财"的生活方式，个人一般并没有完全属于自己的可以自由处分的财产，更不用说具有最重要的财产价值的田宅了。因而即使是我们今天看来具有完全行为能力的人也并非当然地可以成为田宅买卖契约的订立主体。在"同居共财"的生活方式下，财产买卖契约也不可能让每个所有人都作为主体签字画押。

在前面的论述中我们看到，清代国家在法律上首先从社会角色的角度出发，对一些具有特殊身份的人的契约主体地位作出了限制，这主要包括八旗子弟、各级各类文武官吏、宗教人员和外国人等。对于一个普通社会人的契约主体资格，由于清代国家法的出发点在于维护中国由来已久的同居共财的家族生活模式，因而只将完整的民事行为能力赋予家长，也就是说，家长是国家法律赋予契约主体资格的唯一人选。因此，清代契约的订立主体除了和自然人的行为能力具有一定的关系外，更主要的是取决于人们在家族中的角色和地位。不过，情况也远非国家法规定的那么简单，不同的家庭结构模式，也使契约的订立主体呈现出多样性。而在民间的田宅买卖契约实践中，国家法规定的民事行为能力人的单一性虽然极易明确契约的有效性问题，但却不能很好地满足经济流通的需要。因而我们在清代的契约实践中就会看到人们在进行契约行为时，首要考虑的问题可能并不是契约相对人是否具有国家法规定的行为能力，而是契约的有效性、安全性和稳定性以及预期利益的可实现性。① 这样，在契约主体上就体现出了其丰富多样性和基于社会、家庭生活需要的灵活性。需要说明的是，本书所说的"家"或"家庭"是从狭义的角度来使用的，它是指"维系同居共财生活的一个集团"，这个"共同体""始于亲子间、中间又没有经过财产分异、其绵延数世的子孙仍继续保持关系"，"这个共同体可以包含除了家父及其配偶之外的子孙们的几组夫妇，并且还常常孕育着在家父死后出现兄弟或从兄弟们一边有各自的妻子儿女、一边作为整体营造同居共财这种家族生活形态的可能性"，而"在称呼其内部一组夫妇及其子女组成的一个单位时使用'房'这样的另一种用语"②。这也是我们在买卖契约中经常会看到的一个名称。但如果将来进行家产的分割而夫妇亦获得了家计的独立性，那么这时原来的"房"也就变成了家。③

一　直系亲同居家庭的契约订立主体

（一）父家长契约主体的绝对性与相对性

中国古代的家庭实现的是"同居共财"的生活模式，这一点已经在学术界取得了共识。也就是说，家庭的所有财产属于家庭中的每一个人。那么，这是不是意味着对家庭财产的处分要征得每个人的同意或者说在和别人订立的关于重要的家庭财产处分契约上是不是需要每个人的签名呢？从国家法律规定的角度来看，答案显然是否定的。清代国家法律规定④："凡同居卑幼，不由尊长，私擅用本家财物者，十两，笞二十，每十两加一等，罪止杖一百。"很显然，国家法律赋予了尊长对家庭财产处分的绝对主导权。不过，滋贺秀三的研究提请我们注意，尊长对家庭财产处分的绝对主导权主要是缘于在父祖作为尊长的家庭中财产权和教令权混同的结果。⑤

---

① 当然，国家法规定的民事行为能力人和契约的效力毫无疑问具有直接的关系。我们在此处要强调的是，清代的社会实践中，人们在订立契约时对相对人的选择并不是以国家规定为唯一指标甚至也不是最重要的指标，而是根据自己的生活经验和对相对人的直觉判断。
② ［日］滋贺秀三：《中国家族法原理》，法律出版社2003年版，第45页。
③ 同上书，第46页。
④ 《大清律例通考》之《大清律例·户律·户役·卑幼私擅用财》。
⑤ ［日］滋贺秀三：《中国家族法原理》，第119—123页。

直系亲同居共财家庭的最大特点就是有一个与家庭中全部男性有直系血缘关系的尊长。其中以父子同居共财最为常见，其他还有祖孙同居等，但其实质都与父子同居相同。而父子同居共财时，毫无疑问是父亲具有绝对的权威，可以自由处分财产。前述《大清律例》的规定已经相当明确。

在清代的司法实践中，父家长对家庭财产的处分主导权一般都会得到国家法律毫不犹豫的支持，如果卑幼在没有取得父家长的同意的前提下擅自处分了家庭财产，那么即使财产的所有已经发生了转移，父家长也可以通过诉诸国家司法救济的途径而使其转移无效。刑科题本所记的"湖南衢州游击余昌志在任所措银回乡购置田产"一案中①，余伯琥未经其父余昌志的同意，将田地卖给了周有麟，当时周有麟并不知道余伯琥是瞒着他的父亲私自卖田，而且已经完成了所有的国家规定的契税和过割钱粮的手续，后其父听说之后，备原价要求赎回，周有麟不肯，双方为此闹上公堂，审判官吏认为，虽然"周有麟所买田亩，契已投税，讯明并无谋买情事"，但是，"系余伯琥私自擅卖，应令追出原价给周有麟具领，其田仍归余昌志（余伯琥之父）照契管业。周有麟前缴监照，应令给还。原卖田契，追缴涂销。"此案中，买主已经完全交付价款、实际控制了田地，并且"契已投税"，无论从哪个角度看，买主都取得了所有权。但是，由于这是余伯琥在其父亲不知情的情况下，私卖田地的行为。所以，当其父亲对儿子的处分行为提出异议时，官府还是维护了父亲处分土地的绝对权利，最终判决田地所有权转移无效，仍交还原主管业。可见，父家长对家庭财产所拥有的主导处分权是受到清代国家法律的保护的。在此案中，我们可以看到，买主周有麟并没有任何过错，虽然最后的判决要求余伯琥退还其已经支付的田价，但对他为此遭受的其他损失并没有做出补偿，如已经交给官方的契税、契尾钱等。也就是说，官方的这个判决既有力地维护了清代国家所坚持的以家长为核心的家族制度，也维护了已经落入政府囊中的"既得收入"。

不过，在民间的契约实践中，父家长对家庭重要财产，尤其是关系着家庭生计的田宅的处理，似乎并没有显得总是那么独断。父子一起出现在契约中，作为订立契约主体的情况也是比较常见的，其情形一是父子均出现在契约中，并在契约末尾签名画押，其例如下：

---

① 《清代土地占有关系与佃农抗租斗争》，第209号，第564页案例。

清乾隆十九年（1754）天津县丁予范卖房并地基红契①

立卖房并地基文契丁予范同子师震，因乏用，将自置江姓正灰房拾间，南房贰间，东房贰间，系民地民房，坐落刘家胡同后二道街，此房东至丁姓，西至遆姓，北至街道，南至丁姓后院，雨水仍由丁姓院出，四至分明，土木相连。凭中说合，卖与王永□名下永远为业。三面议定，时值卖价足纹银壹百柒拾柒两正，一切亲族人等画字礼在内，其银笔下收足，毫无私债准折，零星等事。自卖之后，倘有户族弟男子侄别姓人等争竞、违碍，俱在卖主并中人一面承管，不与买主相干。系两家情愿，各无反悔。欲后有凭，立此绝卖文契存照……

乾隆十九年八月二十一日　　立卖主　丁予范（押）
　　　　　　　　　　　　　　同子　　丁师震（押）
　　　　　　　　　　　　　　同中　　何文彬（押）□□□（押）
　　　　　　　　　　　　　　□邻　　遆永年（押）　丁太升（押）
　　　　　　　　　　　　　　　　　　沈永□（押）
　　　　　　　　　　　　　　官经纪　□□□（押）　□□
　　　　　　　　　　　　　　　　　　王成业（押）
　　　　　　　　　　　　　　（天津县官经纪□□□印）

又如《康熙二十八年休宁县程圣期父子卖山契》②、《嘉庆十年新都县谢大鹏父子卖水田契》③、《咸丰四年张起父子卖地文契》④、《乾隆三十五年天津县邵进惠卖地红契》⑤ 等；其二是父亲并没有作为订立契约的主体出现，而由其子出面订立财产的买卖契约，不过，会在契约中说明是"父子商议"或者"今奉父命"，以此来向相对人说明该交易的可靠性。这在近代日本人所做的《中国农村惯习调查》中可以看到：

土地的买卖如果老人家在的话必须商量。因为土地等等是老人家

---

① 《汇编考释》，第1256页。
② 同上书，第1170页。
③ 同上书，第1310页。
④ 同上书，第1390页。
⑤ 同上书，第1275页。

传下来的东西，所以若不声不响地卖掉，以后老人家也许会伤心的。（说好在卖地的时候于文书上写奉父命、奉母命。父母如果没有了就写自己的名字）①

有学者认为这在很大程度上应该是由于买主为防止尊长的后人在尊长去世后无端挑起纠纷而要求其子也在契约上签字的结果。② 但我们知道中国社会的生活真实场景是，当父亲年老时，他们自然在很大程度上依靠儿子，因而，在处理家庭的重要财产时，父亲一般也会征求儿子的意见。同时，笔者以为，正如滋贺秀三所认为的那样，由于中国人对土地保有强烈的眷恋，因而他们一般不会喜欢通过自己的手卖掉土地，因此，在父亲年老，家计完全由儿子们维持的情况下，即使存在不得已父亲允许儿子卖掉土地的时候，父亲也不会亲口说出来，在这种情况下，儿子就会秉承父亲之意并将父亲同意的事情写在买卖契约上，其方式就是采取父子联合署名，而且这种场合父亲通常并不在场。③

而且，在实际生活中，特别是在儿子已经成家立业并和父亲共同生活的家庭中，父亲也往往赋予儿子很大的处理家产的能力，只是儿子在处理家产时也会考虑一下父亲的意见。对此，我们在刑科题本中的一份供词中也可以感受到，供述人是死者的妻子，她和丈夫以及公公婆婆共同生活，"公公出外去了……因婆婆病故……男人原把三亩地，讲定十两银子卖与刘光棋管业。叫中人刘光亮立了死契……那日午后，男人恐怕公公回来埋怨，与刘光棋商议改立活契。……"④ 从这份供词中我们看出，儿子在父亲不在家的情况下，没有征得父亲的同意就将地绝卖了，但又担心父亲有意见，就想将绝卖的地改为活卖。显然，他认为这样父亲可能容易接受一些。因此，从很大程度上讲，清代的法律虽然否定了卑幼作为独立的民事行为主体处理家产的资格，但这并不意味着在实际生活中卑幼完全没有处分家产的权力。所以我们甚至还能看到，在爷爷还在世的时候，祖孙俩共

---

① 《中国农村惯习调查》，第62页，转引自［日］滋贺秀三《中国家族法原理》，第131页。
② 王成伟：《中国古代土地关系变动的考察》，硕士学位论文，吉林大学，2006年，第43页。
③ ［日］滋贺秀三：《中国家族法原理》，法律出版社2003年版，第130—132页。
④ 《清代的土地占有关系和佃农的抗租斗争》，第404页。

同作为订立契约人的情况。① 同时，我们对"卑幼"也要区分来看，其"卑"主要是相对于"尊长"的地位而言的，这是从中国自古以来的家庭伦理和"孝"的要求而言的，而"幼"则更多的是从年龄及其行为能力而言的。因而，在家庭的经济生活中，成年的儿子由于在维持家庭生计中的重要作用，其处分家产的权利自然在很大程度上得到父亲的承认，虽然在"公法"的层次上，代表家庭的依然是父亲。因此，在父亲在世的情况下，同样是儿子，我们看到其年龄的大小、是否婚配等因素对其家产处分能力是有很大影响的。这在本书中所举的许多案例中可以看到。在父亲去世，儿子和母亲共同生活的家庭中，这种情形就表现得更加明显了。

如前所述，清代国家法律完全剥夺了父家长型的家庭中卑幼的财产处分能力。不过，在民间的契约实践中，父家长的权威当然首先和其身份直接相关，但有时父祖的维持家计的能力、品行等也会对其独断的财产处分权造成一定的影响。由于卑幼成长到一定年龄甚至已经婚配以后，虽然从社会认知的角度讲，他已经具备了完全的民事行为能力。但是在父家长型的家族中，他的财产处分行为是为国家法律所不容许的。于是，在社会中就出现了绕开父家长的影子，而在私人契约行为中承认卑幼的财产处分能力的现象。当然，这种有效是建立在卑幼获得法律认可的"预期"上的：

> 河南巩县及南方各省：中国家统于尊，卑幼不得私擅用财，往往有浮浪子弟任意挥霍，暗地借贷，或盗当地亩，约定父母死后履行债务，交割田地，俗谓之"孝帽帐"。山西潞城亦有此称。② 南方各省谓之"麻衣帐"。③

> 山西怀仁县：听响还债。凡富家子弟，因家长执掌财产，自己用财不能自由，每向债权人告贷，预先声明，必俟家长亡后方能清偿。因怀仁习惯，凡富户及小康之家，家长亡故均雇鼓手吹打，名曰打倒头鼓，鼓响则子弟可以还债，故俗称之曰"听响还债"。④

> 湖北郧县、五峰、竹溪、麻城、兴山、谷城、广济、通山、京

---

① 《同治十三年新都县黄益贞祖孙杜卖水田红契》，《汇编考释》，第1434页。
② 前南京国民政府司法行政部编胡旭晟等点校：《民事习惯调查报告录》（下文称《报告录》），中国政法大学出版社2005年版，第385页。
③ 《报告录》，第367页。
④ 同上书，第381页。

山、竹山、巴东、潜江等地：一般都有"父欠子当还，子欠父不知"的俗谚。但以其子已经成人后所欠债务为限，未分居之子所欠债务，以用途正当为限，得向其父索讨，否则，非经其父承认，不得向其父求偿。①

上述在全国相当多的地方所出现的关于卑幼处分财产的"奇怪"行为，当然这里可能有些的确是有不良居心之人利用所谓"浮浪子弟"的弱点图占他人钱财，但其能成为一种比较普遍的长久的而非个别的偶然现象，我们可以在很大程度上说，这乃是由于国家法律对卑幼财产处分能力的完全否认后所出现的一种必然的释放渠道。

不仅如此，父家长契约主体的绝对性还受到其配偶的限制。换句话说，这并没有导致妇女在其丈夫还健在的情况下契约主体资格的完全丧失。在清代的契约实践中，我们还能看到妇女和其丈夫一起作为契约订立主体出现的情况：

> （康熙三年十月）立卖契人汪元瑜同妻朱氏，今因辛丑年里长役贴役该银三两三钱三分，又该十七年分钱粮五钱，康熙三年分钱粮无得取办，愿将土名砗树下……税乙厘九毫，合得地六步……税乙厘四毫，合得地脚二步八分（破柴房），二共当日议定价银时值四两八钱，抵还户侄廷砼在前贴役钱粮二项。当成契日，两相交足……其税粮在里长户派纳。②

> 立卖厝地契王亮采、室人王陈氏，今因家用无措，自愿将已置厝地壹号，土名长枫树，系良字贰千零廿五号，计地十步，计地税四厘，并地上原造厝屋壹所，砖瓦石脚俱全。今凭中立契尽行出卖与
> 房侄孙王既汤名下为业，三面议定得受时值价银拾贰两整。比即银契两相交明，别无另札。今卖之后，随即交与买人管业，任从改造厝葬取用，无得异说。其地未卖之先，并无重复交易。及内外人拦阻一切等情，尽是卖人理值，不涉买人之事，其税在王叔卫户内提入买人

---

① 《报告录》，第528、535页。
② 章有义：《明清及近代农业史论集》附录，人民出版社1984年版，第391页。

名下纳办无辞。今恐无凭,立此杜卖契文,久远存照。
　　当付来脚契乙纸,收税票一张。
　　乾隆五十七年十月　日　　立杜卖厝地契　王亮采(押)室陈氏(押)

　　　　　　　　　依口代书　王翰臣(押)①

如果说已婚女性和丈夫共同作为契约主体只是表明作为家长的契约主体并非是完全排他的话,那么从女性担当买卖契约中保人的角色来看,女性独立的民事行为能力也在一定程度上得到了人们的承认:

　　立卖地字文约人洪长顺,因手乏无钱使用,今将自置空地一块,坐落在阜城门外南河岩路西。南至菜园,北至徐姓,东至河沿,西至菜园,四至分明。自托中人说合,情愿卖与史齐霖名下永远为业。言明卖价银壹百叁拾两正,笔下交足,并无欠少。卖业之后,并无亲族人等争竞。如有争竞者,有卖主一面承管,中保人一面承管。恐口无凭,立字为证。随代红契一张,白字一张。
　　　　　　　　　中保人　　夏门胡氏(押)
　　　　　　　　　　代笔人　　赵英华(押)
　　　　　　　　　　立卖地人　洪长顺(押)(下略)②

从该契约中所涉及的当事人的姓氏来看,无论卖主洪长顺还是买主史齐霖应该和中保人夏门胡氏都没有任何血缘或者亲族关系。由她作中保,并对买卖交易的安全承担保证责任,其民事行为能力的被承认是没有任何问题的。

阿风通过对明清徽州土地买卖契约中妇女的角色考察后也认为,"妇女出卖土地等财产在明清时代的徽州已经是一种被公开认可(包括国家与宗族)的行为。其契约格式和法律效力与普通契约并无二致",并进一步指出这种情况在明清时期的其他地区也多有出现。③ 的确,从发现的民

---

① 《汇编考释》,第1298页。
② 同上书,第1460页。
③ 阿风:《明清时期徽州妇女在土地买卖中的权利和地位》,《历史研究》2000年第1期。

间契约来看，即使在偏远的清代贵州地区，各类买卖契约已经和一般地区没有什么太大的分别了，我们在这里也能看到女性作为独立的契约主体出现在买卖契约中的：

> 立断卖山场杉约人姜未乔为家中缺失银用度，情愿将本明所占山木一股，坐落土名鸠其出卖，请中问到弟媳名唤楼凤、胞妹唤妹番姑媳二家承买为业，当日凭中议定未乔之股价银五两三钱正，亲手收回应用，其山木凭从弟媳、胞妹二家管业，日后不得翻悔异言，今恐无凭，立此卖约存照。
>
> 外批：此山分为六股，未乔占一股，今未乔之股老木嫩木一概大小俱卖在内，余五股自存，日后照六股修理管业，不得争论。
>
> 嘉庆六年六月十九①

虽然我们不清楚该契约中买主的家庭情况，在清代女性独立的民事行为能力及因此而具备的契约主体资格并不是个别存在，而是具有一定的普遍性的结论应该是能够成立的。

因此，在父家长型的家庭中，父家长在一般情况下是处理家庭财产的绝对契约主体，但这并不意味着其妻其子的民事行为能力总是被完全否定，其民事行为能力完全为父家长所吸收的结论也是相对的。

(二) 有子寡妇家庭的契约订立主体

妇女对于夫家财产的重要意义在其夫死亡的情况下被进一步彰显出来。滋贺秀三在讨论妻子在家庭中的地位时认为，"夫死亡后，妻变成了寡妇时，妻就取代夫的地位，继续保持着原来属于夫的东西，妻存在的及其重要的意义就表现出来"。② 滋贺先生的结论总体上说并不错，但却也有不够准确的地方。在丈夫死亡后，妻取代夫的地位是局部的而不是全面的，就家庭财产来说，妻子取代了丈夫成为家庭共同财产（注意，并不是其夫的东西）的监管人，但她却没有取得丈夫的独立处分家庭财产的地位。在母子同居的家庭中，虽然在事实上，她可能对家庭财产的处分拥

---

① 罗洪洋：《贵州锦屏林契选编》，载谢晖、陈金钊主编《民间法》第四卷，山东人民出版社 2006 年版，第 549 页。

② ［日］滋贺秀三：《中国家族法原理》，法律出版社 2003 年版，第 415 页。

有很大的发言权，但体现在契约上，在一般情况下，她们很少单独作为买卖契约的主体单独出现在契约中。而是往往以"主盟"的方式和其子并立作为契约的主体。其基本形式一般都是在契约的开头以"主盟母"的形式出现，典型的如顺治三年（1646）休宁县汪学朱母子卖房地红契①，该契约的订立人为汪学朱和他的母亲刘氏，母子俩不仅一起出现在契约的文首，而且都在契约的末尾签名画押。这种情况我们在许多契约中都可以看到，如清顺治十八年（1661）休宁县郑日孜兄弟卖地红契中②也有立卖契人的主盟母方氏，在康熙九年休宁县吴一化卖地红契③中，立卖契人也有其主盟母吴阿郑，而在康熙五十七年（1718）大兴县陈氏卖房契④中则是陈氏和其子李时鹏以及其女婿史晋云一起作为出卖方的当事人的。我们可以从此看出在土地交易中，妇女的财产处分能力对立卖契约的影响，以及妇女在民间订立契约行为中的角色。

在没有男性尊长的情况下，也有卑幼称奉母之命而作为买卖行为主体的，如乾隆五十二年（1787）休宁县许配孚卖田红契⑤中，契约开篇便说："立杜绝卖田契许配孚奉母命，弟兄商议。"

少数时候，主母也有作为契约的知见人而参与田宅的买卖的：

> 立杜卖尽根契人王克家，同胞侄启运、辉明、全注等，有于咸丰十年冬，公立王执记名号，明买得张廷舍、张狮舍等兴直堡武胜湾二重铺田心仔庄水田二处……今因乏银别置，愿将以上声明该业一切在内，尽行杜卖，除房亲人等不欲承受外，托中招引林顺胜前来承买，三面议定依时值杜卖佛纹银折库平六百二十两正。……保此业系是家等叔侄公立王执计名号明买之业，与别房叔侄亲疏人等无干，亦无重复典挂，拖欠大租、水租及上手交加来历不明等情；如有不明，家等叔侄自应出首一力抵挡明白，不干买主之事。……合立杜卖契一纸，并缴买契及上手印契司单，佃批水单合约老契，统计十三纸，合计十四纸，付执为炤。……

---

① 《汇编考释》，第1130页。
② 同上书，第1151页。
③ 同上书，第1154页。
④ 同上书，第1190页。
⑤ 同上书，第1293页。

　　　　　　　　　　　　　　　　　　在场知见人　胡氏

立杜卖尽根契人　　王克家　　同胞侄　启运　辉明　全注①

　　因此，我们可以说在直系亲属同居共财的家庭中，如果作为家长的父亲不在世的话，那么其处分家产的权利就部分地转移到了其配偶身上。母子共同行为才能使家产处分行为有效，这在宋代就已经几乎成为一种常识，我们在《清明集》中可以看出对儿子瞒着母亲处分家产的行为被否决的判语，如"孙某有母在，而私以田业倚当，亦和照瞒昧条，从杖一百"，《袁氏家范》中也说"子之鬻产，必同其母，而伪书契字者有之"②。可见，在母子同居的家庭中，如果没有征得母亲的同意，儿子处分财产行为一般是无效的。这种情况一直延续到近代以后，因此，民国初年的大理院判决也对此持支持态度，"凡成年之子，未得其母之同意，私擅处分家财者，仅其母有撤销权，其本人及第三人均不得主张撤销"。③当然，这并不意味着丧夫的妇女获得了有独立的处分家产的权利。我们在清代的契约中也很少发现以母亲一个人的名义处分财产的。对此，滋贺秀三在其著作中也给出了有力的证明，这也可以在清代的契约实践中得到进一步的印证。

　　不过，这种情况似乎也不能一概而论，下面这件案子使我们对这个问题还存在进一步讨论的余地：

　　　　福建侯官县举人张南辉等恃势诈骗寡妇潘庄氏母子田产④
　　　（前略）有县属寡妇潘蒋氏，夫故抚孤家颇温饱。族侄潘祖宣等，蓄谋图占，乘蒋氏幼子潘天降赊欠潘祖振糕饼钱七百文未还，潘祖宣欺其年止十四，诱令借钱还帐，哄称见面对合算利。未及两月，勒令写田五亩，抵算利钱，契载田价银五十两。追及半年，又创就契稿，填价银三百两，复诱令潘天降誊写（画押），空留年月（买方）姓氏。经获氏查知投控，潘祖宣遂将空契捏填年月，同伊兄监生潘祖辰，将契投献于举人张南辉收受。张南辉遂挺身出头，赴县控夺，率

---

① 台湾历史文献丛刊：《台湾私法物权编》（下），第1204—1205页。
② 转引自《中国家族法原理》，第344—345页。
③ 同上书，第346页。
④ 《清代的土地占有关系和佃农的抗租斗争》，第76—81页。

众强割田稻，翼图白占。（后略）

此案在一审中，"前县主断令张南辉凑出价银一百六十两，田归张南辉掌管"。可见，此田虽由只有十四岁的潘天降填写契据出卖的，但一审的官员并没有判定此买卖交易无效，而是让张南辉补足差价，并取得该地的所有权。后因张在没有补价的情况下，"田稻成熟时，张南辉伙同小的兄弟去割他稻谷二十石"，因此潘天降之母潘庄氏再次赴粮道衙门控告。后在秋审中，查出潘祖宣、张南辉等人交易中存在严重的欺诈行为，不曾交付田价却伙同捏称已交付价银一百余两，因此判定原买卖契约无效，田归庄氏继续管业。而潘祖宣、张南辉等人的罪名是"合依诈欺取财准窃盗论"。

如果我们简单地认为在母子同居的生活情况下，对家产的处理没有母亲的同意和在契约上签署就无效的话，那么潘庄氏只要简单证明自己对儿子处分田产的行为不知情并且也根本没有在买卖契约上签名画押就可以认定交易无效了。但审判官员的着眼点好像并没有放在这里，而只是关注交易的价格是否合理，价银是否已经真正地交付等问题上，所以初审官员判定交易有效，只是要求被告补足所欠的差价而已。而终审的官员否定交易效力的原因也不是因为契约上没有潘庄氏的签名画押，而是张南辉等人的诈欺行为。在民间习惯中甚至还有完全承认儿子的法律行为能力的，如浙江省云和县习惯以年满十六岁男子为成年，俗名"出幼"，其对财产上的典卖以及其他的处分行为，都被认为是有效的，即使是行亲权人对于其处分行为也不能够撤销，这种习惯很久以来就一直存在。①

因此，我们可以说，在母子同居的家庭中，从契约的形式来看，出卖家产的大多数契约都是母子共同作为契约主体出现的。即使有时在契约末尾没有其母作为主体之一的签名，一般也会在文首以"母子商议"或者"今奉母命"等字样加以说明。这种情况在很多地方已经成为习惯，并长久地被保留，如在安徽很多地方，出卖不动产，有妇人辈分居长者，其契则书主盟某氏仝某（子侄之类）字样，其书押则画一个○，以别于男子所画之十字。② 但在司法实践中，幼子处分家产的行为也并非总是归为无

---

① 《报告录》，第6页。
② 同上书，第426页。

效。司法官吏除了注重行为人的年龄、婚姻状况以及其具体处分能力外（如上举案例中，潘天降的年龄为十四岁，应该已经具备了一定的行为能力），更多的是关注交易行为是否"公平"，并以此来作为契约是否有效的重要依据之一。行为能力问题以及由此而来的契约主体资格问题并没有成为一个抽象的概念。这在清代的司法实践中带有一定的普遍性。清代名吏徐士林在审理一件坟山争控的案子时，当原告拿出一份远年的坟山买卖契约主张自己的权利时，他就质问道，"契载山价止一两六钱耳，些微之价，何能得许多之山"①。其实，从契约合意的角度看，交易价格是买卖双方议定的结果，它会受到交易时各种因素的影响，因而异常的价格并不一定成为影响契约效力的必然因素。这从清同治十年（1871）宛平县阮俭斋卖房官契稿②中得到印证。在这桩交易中，廖子集以 150 两的价格从阮俭斋处购的房屋，但仅仅一个月之后，他转手以 600 两银子的价格卖给了刘姓买主③，获得了 400% 的利润，不能不说完全是暴利行为。不过，由于买卖双方都对此没有争议，因此官府显然对此没有过问。在这里我们也看出，当当事人对买卖契约已经达成合意、不存在争议和纠纷的时候，官府对于契约的内容是不会主动干预的，当事人的"合意"得到了普遍的尊重。不过，如果因为交易纠纷而到了公堂之上，官吏对契约的态度将不会只关注停留在契约上是否有"二比甘愿"的字样，而是会站在社会普遍的"常理"立场，以示自己的"公平"意识作为判断契约内容真伪的重要依据。这点我们在后文的案例中可以看到。

我们从契约中的签名来看，在清代母子同居生活的家庭中，母子共同署名的确是最常见的情况。不过，如果其子已经长大成人并且已经婚配的话，那么一般认为他才是家庭事务的主要负责人。所以我们在清代官吏的判语中也会看到诸如"长子婚配，业也成立，一切家事，尽可执掌"的断语。④ 可见，儿子处分家产的契约行为是否有效和他的年龄以及是否婚配有着很密切的关系。

至此，笔者也深深地感到，滋贺秀三的讨论是很有见地的，他认为"在往古的立法中也能看到预先规定'家主尊长'可以是女性的条文。可

---

① 陈全仑等主编：《徐公谳词》，齐鲁书社 2002 年版，第 152 页。
② 《汇编考释》，第 1428—1429 页。
③ 《清同治十年（1871）宛平县廖子集卖房红契》，《汇编考释》，第 1430 页。
④ 陈全仑等主编《徐公谳词》，第 281 页。

是这一条文只是得知家长这一用语是一个具有那样语感的词语,而母亲在家族生活中起到什么样的作用并非能弄清楚。……对此应该另行并且要分成两方面来考察。第一,在公法上作为家的代表功能,只要有儿子,这一功能就不会归属于母亲。……第二,在私法上家务的管理功能。这一功能常常归属于母亲"。① 因此,就处分家产的契约行为,尤其是订立和田宅相关的契约行为,正如我们看到的绝大多数契约上的署名或者说明一样,一般都是母子共同参与契约的订立的。母子共同商量处分重要的家产,应该也是契约订立时的常态,所以在《满铁调查》中也有这种普遍的事例:

"在你的家里谁是当家的?——大概是我和母亲吧。"

"仅是你一个就不算当家的吗?——可是母亲还在,大体上互相商量来处理家事。"②

从司法实践的层面看,在母子同居的家庭中,未成年的幼子单独订立的契约一般是无效的,而人们也认为未成年的幼子并没有处分家产的任何权利,拥有此项权利并承担责任的只能是其母,我们在刑科题本的一份供词中可以清楚地看到人们对幼子寡妇民事行为能力的确认,"……云鹏之父凌永芳,于乾隆十年正月间,将卖给蒋廷秀家之田四亩六分,转卖与(戴)梦牙之母戴周氏执业"。③ 从后面的供述来看,当时戴梦牙年仅七岁,所以供述者说是卖与戴周氏执业,而只字未提其子。传统观点认为,中国古代社会的妇女(本书所讨论的清代自然也不例外)生活在"在家从父,出嫁从夫,夫死从子"的"三从"标准之下,但也有学者指出,这"三从"之中,"从子"是最没有意义的,由于家庭中长幼人伦之序高于男女两性之别及对孝道的重视,相对于母权而言,"从子"只是一种规范女性总体地位的大原则,极少实际施行。随着年龄的增长和女儿—妻子—母亲的角色变换,女性的地位与权力呈上升趋势。④ 也有人认为"夫死从子",原本是指丧服等级的"从子",虽也有"一切服从儿子"的解释,

---

① [日]滋贺秀三:《中国家族法原理》,第246页。
② 《惯习调查》第105页下段,转引自[日]滋贺秀三《中国家族法原理》,第247页。
③ 《清代的土地占有关系和佃农的抗租斗争》,第364页。
④ 高世瑜:《说"三从":中国传统社会妇女家庭地位漫议》,《光明日报》1995年11月20日。

但在同样是在被礼制要求、并被确认为封建法制重要原则的"孝道"面前,"一切服从儿子"的解释显然不现实。① 从清代买卖契约实践来看,这种看法是很有道理的。

不仅如此,在现实生活中,虽然成年儿子可以单独订立处分家产的契约,但即使是在他已经成家立业,可以执掌家事的情况下,一般也应该征得母亲的同意。民国时期大理院对成年儿子订立契约的行为判定"其母有撤销权,其本人及第三人均不得主张撤销"。这种判决可以说是建立在民间自清代以来就广泛存在的母子共同参与契约订立的社会现实的基础之上的。所以戴炎辉先生也说,"三从中所谓'夫死从子'的意义如何?按自唐代至清代,法令上子女均应听母的教令,又不论子女已未成年。故所谓'夫死从子',只不过是经济生活上,寡母应征求已成年男子的意见,但成年男子,亦应尊重母亲的意见。如果这样,寡母与已成年男子的关系,在理念方面,子应听母亲的教令;但实际方面,寡母于经济生活范围内,应推重男子的意见"②。

(三) 无子寡妇的契约主体地位

从中国的古代社会的家庭构造及其逻辑来说,寡妇单独作为契约订立主体的情况是很少见的。其原因如滋贺秀三氏所言,"围绕夫家家产,妻本人的持分是不存在的。因此,只要夫活着,妻就隐藏在夫之背后,其存在就如同等于零。另一方面,夫死亡后,妻变成了寡妇时,妻就取代夫的地位,继续保持着原来属于夫的东西,妻存在的及其重要的意义就表现出来",但是,寡妻的地位带有中继的性质。作为不可侵犯的权利,"一方面将属于夫的东西全都保持于自己的手中,另一方面关于其处分必然受到制约"③。一般来说,妻子在丈夫死后,在没有儿子的情况下,她必须在家族中挑选同昭穆的族人作为嗣子,而这时她处分家产的行为在很多情况下是我们所常见的母子共同作为订立契约主体的。寡妇单独作为契约订立主体的情况,大概只有两种可能性,一是其夫家的家族中根本没有可供其选择的合适之人作为丈夫的嗣子,而且她也矢志为夫守节,二是夫家整个家族可能已经到了将要"户绝"的边沿,也就是说整个家族仅剩其孤苦

---

① 叶孝信:《中国民法史》,上海人民出版社1993年版,第560页。
② 戴炎辉:《中国法制史》,台北三民书局1979年版,第266页。
③ [日] 滋贺秀三:《中国家族法原理》,第336页。

伶仃一个人了。当然，第二种情况出现的概率还是比较小的，其作为契约订立主体的身份自然也是必定的。而在第一种情况下，她订立契约处分家产的行为仍然要受到很多限制。一般情况下，夫族的其他人会对其处分家产的行为保持严格的警惕，以防她将夫家的财产转移出夫之家族，因此夫之族人一般会作为其订立契约的中见人而参与到其处分家产的行为中来，如下两例一南一北的卖地契约可以一窥其普遍性：

顺治八年（1651）休宁县许阿吴卖田租契①

廿四都一图立卖契妇许阿吴，今自情愿将承祖阄分田乙号，土名廿亩，系敢字乙千乙百四十三号，新丈字　号，计租八咀零二十，计税乙亩乙分六厘。其田东至　西至　南至　北至　。今将前项四至内田租，尽行立契出卖与许　名下为业。当日凭中，三面议定时值价银捌两整。其银随手一并收足。其田今从出卖之后，一听买人自行管业收留受税为定。如有内外人拦占及重复交易一切不明等事，尽是卖人之（至）当，不涉买人之事。其税奉例即行起推无异。今恐无凭，立此卖契存照。

顺治八年七月　日　　立卖契人许阿吴　　系得保嫂

代书人　许尔煌

中人　　许于时　许仲乐

税收　贵户原三甲许二老户推。

前项契内银两当成契日随手一并收足。同年　月　日。再批。　号

立卖契人李门史氏，因为使用不便，今将自己村北沟下平地一段，南北畛。东至崖，南北俱至堰，西至李蛋娃。四至分明，土木相连。央中说合，情愿立契出卖与李炤名下永远承业。同中言明，时值卖价银一十两整。当日银业两交，并不短少。恐后无凭，立卖地契为证。

同治十一年十月十二日

立卖地契人　李门史氏（押）

管中人　李仁（押）　薛六豹（押）

---

① 《汇编考释》，第1139页。

稷（山西）字第　六百卅三号　　置主系　村①

上述卖地契约中，立卖契人显然都是寡妇，她们虽然是订立契约的主体，不过，我们从契约末尾的署名的姓氏来看，都有和其夫同姓的人，基本可以推断是其夫族中之人，第一例契约中的所有署名者甚至都和其夫同姓。这种情况在孀妇作为买卖契约订立主体的契约中十分常见，如雍正十一年（1733）休宁县王阿郑卖山红契②、康熙六十一年（1722）休宁县王阿苏卖地红契③等都是这种情况。

而司法官吏在审理有关买卖交易的纠纷时，对寡妇订立的没有原业主及其家长参与的买卖契约往往持怀疑态度，认为这不符合常理。如《徐公谳词·吴陶若告陈国等案》中，有吴氏卖屋情节，此案中的吴氏是一个孤苦伶仃的寡妇，主审的官吏认为，"吴氏卖屋，何以原业主及家长人等，并无一人与名，止一异姓郭逊玉为中？"④ 可见，寡妇作为订立契约的主体时，其夫家族中的家长等人参与其中才被认为是正常的情况。

上述情况在民间习惯中也多有所见，如《民商事习惯调查报告录》中有关于此种习惯的报告："江苏江北各县，凡孀妇绝卖田亩，除出卖人于契内署名画押外，另需相当之亲族，以见卖人地位同在契内列名画押"，并对此进行了分析，"缘孀妇单独卖田，族人横加干涉，易生纠葛，买主不肯轻予买受，于买卖上颇有窒碍。倘有相当亲族出名见卖，一切纷争可以解除，庶可保交易上之安全，此该习惯成立之原因。至其效力，与普通绝卖契据无异，苟无其他瑕疵，无论何人，不能稍予动摇，买、卖主均有照约履行之义务"，而在福建闽清县，孀妇和别人订立契约典卖祖遗产业时，也必须经过夫家亲族的同意并在契约上署名签字，如果出卖的不是祖遗产业，而是其丈夫自置产业的话，也需要其夫亲房一二人在见签字，只有这样契约的效力才能得到保证。⑤ 这里，调查者从交易稳定和交易安全的角度分析了这种习惯存在的原因。当然，孀妇作为契约订立的主体之所以可能带来交易上的安全问题，正是由于其虽然可以作为契约订立的主体，但其行

---

① 田涛等：《田藏契约文书粹编》，编号第 183。
② 《汇编考释》，第 1219 页。
③ 同上书，第 1197 页。
④ 陈全仑等主编：《徐公谳词》，第 469 页。
⑤ 《报告录》，第 148、244 页。

为却随时可能受到来自夫之家族的干涉，因而会给买受人带来交易的不安全感。夫之亲族中人参与契约的订立才会使这种不安全性降到最低。

也有孀妇作为单独的契约订立主体，而其夫之家族中人没有在契约中出现的情况，如下列契约便是：

  清乾隆二十八年（1763）休宁县戴运嫂卖地契①
  十八都八图立杜卖绝契人戴运嫂，今因急用，自愿央中将承夫遗下地一业，土名金家园，系新丈朝字　号，内取地一穴，东至　，西至　，南至　，北至　。今将四至内地凭中立契出卖与王名下为业。三面议定得受契价银肆钱五分整。其银当成契日一并收足，其地随即交与买人管业，听从扦造风水，无得难阻。日前并无重复交易及一切不明等情。倘有内外人言异说，尽是出卖人承值，不涉买主之事。今恐无凭，立此杜卖契永远存照。
  二十九年收银一钱，是身银去生息，永远代王宅纳粮无异。再批。戴运嫂收
  乾隆二十八年　五月　日
          立卖契人　戴运嫂
          凭中　叶重

不过，这种情形毕竟比较少见，因材料所限，我们对订立主体的情况无法作出具体的分析。但总体上，笔者认为，我们不能将对已婚妇女的民事行为能力的限制推向一个极端。我们在前面谈到，有时即使在其夫还在的情况下，也有夫妇共同作为契约的订立主体的。这说明，女性的契约主体地位虽然受到来自其身份的巨大限制，但在现实生活中也会因为她们突出的个人品行、办事能力而突破此一限制。

在刑科题本湖北襄阳县的一件案例中，我们还看到了无子的寡妇李氏在和小叔（其丈夫之弟）共同生活的家庭中，寡妇单独出卖丈夫遗留的田产的情形。从案情来看，当初李氏出面和他人订立的契约也是有效的。只是后来其小叔想将田赎回而酿出了人命案子，闹上了公堂。审理案件的

---

① 《汇编考释》，第1266页。

官吏判决"在于李氏之夫沈一清亲支内,择立昭穆相当之人,承嗣管业"①。剥夺了李氏处分其家庭财产的权利。

因此,对于已婚女性作为民事权利主体的资格问题,一方面我们确实看到,在其丈夫在世的情况下,其权利主体的资格在绝多数情况下被作为"尊长"的丈夫吸收了。但是在此种状况下,我们也不能把这种情形推向绝对。正如我们在前面所看到的,在有些买卖契约中,在其丈夫在世的时候,也有女性和丈夫一起作为契约订立主体的,甚至还有妻子作为契约主体而丈夫仅仅附属的。对无子的孀妇而言,清代的国家法律和家族制度一般都要求他们择立嗣子以继承和管理丈夫的家业,一如我们在上述案例中看到的要求李氏"择立昭穆相当之人,承嗣管业"。但在公堂之外,在现实的社会生活中,类似李氏单独订立买卖契约、处分家产的现象绝非罕见,其作为订立契约主体的资格也是被人们所承认的。在官方力量的干预之前,其订立契约的效力也是被承认的。而清代社会的绝大多数契约都是在民间自行订立的,官方一般不会主动干预。因此,我们不可忽视已婚女性在民间契约中具有的相对独立的民事行为能力。

二 旁系同居家庭的契约订立主体

(一)兄弟同居家庭的契约主体

典型的旁系同居共财之家是指一家的父母去世以后,作为其儿子的兄弟之间没有分家,继续维持着同居共财的生活形式的家庭。如果儿子成家以后,每个小家庭就成为同居大家庭中的一房。在这种家庭中,长兄不言而喻地承继了其父亲的地位,成为一家之长。不过,严格地说,长兄作为"一家之长"所获得的权利和承担的义务更多的是从公法的意义上说的。在订立家庭财产的处分契约时,他并不能获得像其父亲那样的独立契约主体资格。因为父亲的独立处分家产的权利不是因为他是家长,而是因为他是父亲。在兄弟同居之家中,除了那种立足于家长和卑幼的法律规制之外,还存在着着眼于兄弟——即由同一个父亲所生的平等的伙伴——这种关系的规制。就订立处分家产的契约主体资格而言,兄弟是连为一体、不可分割的②。因此,在对外订立契约时,一般都是所有的兄弟共同作为主

---

① 《清代的土地占有关系和佃农的抗租斗争》,第 379—383 页。
② [日] 滋贺秀三:《中国家族法原理》,第 192 页。

体出现在契约之上，不管兄弟人数的多寡，都是如此。这种情况至少在宋代就已经存在，而且为法律所明文规定"兄弟未分析，则合令兄弟共同成契"①。清代的法律虽然与此缺乏相应规定，但从契约实践来看，这一点丝毫没有改变。其典型契约如下所示：

康熙十九年歙县郑元瑞卖山官契②

立卖契人郑元瑞，系十七都二图，今将承祖分受育字三千二百二十九号，土名乌鸡山，计地税乙分四厘。凭中出卖与吴　名下为业，议定时价文银捌两正。银契当即两相交明。其山东至路，西至本家山界，南至塘，北至山。眷照依清册钉界交业，定凭扦造风水，本家只留历坟。本户地税即于本图十甲下黄明户内推入十六都二图吴怀仁户内支解。倘有内外异说，卖人理直。今恐无凭，立此卖契为照。

内有东北角柜子树贰根，交买人管业。在批。

康熙十九年八月　日

立卖契人　郑元瑞（押）
亲兄　郑元甫（押）

乾隆五十五年徽州汪永周兄弟卖阴地契③

立杜卖山地契人汪永周同弟永茂，今将自己祖坟前阴地一片（中略）……

……今欲有凭，立此杜卖山地契永远存照。

乾隆五十五年六月初二日

杜卖山地契人　汪永周　汪永茂（后略）

所有这种类型的契约都符合上述两种基本格式，如顺治十二年休宁县汪君宜（王原明）卖伙佃契④、顺治十八年休宁县郑日孜兄弟卖地契⑤、

---

① 《明公书判清明集》之"违法交易""母在与兄弟有分"，中华书局1987年版，第422页。
② 《汇编考释》，第1164页。
③ 同上书，第1296页。
④ 同上书，第1147页。
⑤ 同上书，第1150页。

康熙二十三年休宁县王自长等卖竹园红契①、康熙三十六年休宁县方伯和、方弘若卖园地红契②，嘉庆三年顺德县胡赞勤、贤勤、社成、焕成永卖基塘契③、嘉庆六年北京镶黄旗毓文、毓瑞、毓纯卖房契④；嘉庆六年山阴县高兆原同弟兆丰、兆岳卖田官契⑤；道光七年南海县李恒谦卖田契⑥；光绪七年新都县邓益润、益顺、益万同侄荣禄等杜卖水田青苗契⑦。从契约主体的出现形式来看，这些有的在契约首句就将所有的参与者列出，有的则在首句只提其中一位，但无论哪种情况，在契约末尾则无一例外地有所有参与者的签名。这和前述母子作为共同的契约订立人的情形略有不同。而下例契约的情形则更明确地表明了多房旁系兄弟出卖祖遗田宅时、共同联名立契的必要：

> 立卖杜绝找尽根契字人郡城内二房张牛、张虎，长房张马、张鸿昌，四房张分、张鸿泰，有祖遗下瓦店一座二进……保此店系是张牛等承先人遗业，与别房亲人等无干，亦无重张典挂他人以及交加来历不明为碍；如有此情，牛等自出头抵挡，不干银主之事。……
> 再批明：其张家之三房，原系早经没故，致无联名，合应声明，又炤。（后略）⑧

从契约表述来看，张家三房已经户绝不复存在了，但由于契约中长房、二房、四房都有联名，因此契约末尾特别对三房未能联名的原因作了说明。

从买卖契约的特征来说，一般一个人不可能在同一起交易中同时作为卖主和买主出现在一份契约之中。但笔者却看了两份尚未面世的属于这种情形的罕见的契约，其特点是买卖契约双方中的所有人都是同族兄弟：

> 立并地契人王用哲、周、宽、杰，因为使用钱文，今将自己主母

---

① 《汇编考释》，第1169页。
② 同上书，第1173页。
③ 同上书，第1304页。
④ 同上书，第1305页。
⑤ 同上书，第1306页。
⑥ 同上书，第1336页。
⑦ 同上书，第1445页。
⑧ 《台湾私法物权编》（下），第1461页。

养连,坐落沙泉村地一段,计地陆拾亩,各段不等。金圪地一段,计地十八亩,南北畦,东西北三至姜姓,南至沟;又一段,坐落上巴石,计地十亩,东西畦,东至河,西至道,南北二至姜姓;又一段,坐落中巴石,计地拾亩,东西畦,东至河,西至道,南北二至姜姓;又一段,坐落下巴石,计地十二亩,东西畦,东南北三至姜姓,西至道;又一段,计地十亩,东西畦,东北二至姜姓,西至道,南至王姓。四至开明,弟兄同母情愿出并与王用哲、杰名下永远为业。同人言明并价大钱四百三十千文。其价笔下交足,并不欠少。随带地内粮银陆钱陆分三毫,种地人完纳。加丁在自己过格完纳。价足粮明,并无遗漏。弟兄日后不许争端,任凭并主便。不与用周、宽相干。恐口无凭,立并契为证用。

          王仁   义   同中人
光绪九年三月廿五日
             用宽亲笔立

从形式上看,此契约与一般的兄弟同居之家的财产区分契约并无二致。与其他契约明显不同的是,这起土地买卖的买方为王用哲、王用杰二人,而两人同时还赫赫列名于卖方之列。之所以出现这种情况,主要原因应该缘于标的的特殊性。这起土地买卖的标的为王用哲、王用周、王用宽、王用杰共同所有,因此,他们作为共同的出卖人列名于契约之上。王用哲、王用杰又作为买受人,应该只能是获得王用周、王用宽在共有财产中的份额。也就是说,这是一起共有财产的份额在兄弟之间转让的契约。本来,从实质上看,王用哲、王用杰不用列名于卖主之列,并不会对契约的成立构成什么影响。但从这点可以看出,对于共有财产的处分,兄弟共同合意在契约形式上具有不可或缺的重要意义。而如果个人将属于本房的财产转卖为同族的共有财产的话,卖主也会成为买主之一,并因此而成为同族共有财产的所有人之一了,下例契约就是这种情况的体现:

  立并地契人王用宽,因为使用钱文,今将自己祖业坐落下河湾圪地一段,东北二至王姓,西至赵姓,南至道。四至开明,情愿出并与王用哲、周、宽、杰名下永远为业。同人言明并价大钱贰拾肆千文。其价笔下交足,并不欠少,随带地内粮银肆分……恐口无凭,立契为证。

　　　　　　　　　　　　　　　　　　　　　　王根公　同人
光绪五年三月初四日
　　　　　　　　　　　　　　　　　　　　　　　　亲笔立①

　　从另外一个角度看，这种情况也可以说是清代田宅买卖契约发展到"烂熟"阶段，书面契约几近于"格式化"和"形式化"的体现。上述在契约中一人兼充买卖双方角色的出现就像机械地照实"填写""格式契约"的结果。这种情形在一般的田宅买卖契约中也有所见，如在同治十年宛平县廖子集卖房红契中②，像大多数契约在交代标的来历时一样，卖主也说"将祖遗自盖瓦房一所……出卖与刘名下永远为业……"，但事实上，该房根本不是祖遗，而是其在不到一个月前从阮俭斋处所买。③ 可以说，只要标的物不存在权利瑕疵，交代其是祖遗还是自置更多的只是契约形式的需要，并无实际意义。对契约的成立并不构成任何影响。而在上述张牛等多房兄弟共同出卖祖遗房产的契约中④，张家现有的三房全部作为契约的订立人出现在契约中，但该契依然像绝大多数契约一样有"保此店系是张牛等承先人遗业，与别房亲人等无干"之语，而在几乎旁系同居家庭多个家庭成员共同构成契约主体的情况下，契约中也仍然有"内外人不得异说"的词句，这样的契约用语可以说纯属多余，没有任何实际意义。

　　（二）兄弟同居家庭变异后的契约主体

　　旁系同居共财生活的家庭的组成情形多种多样，但都是在兄弟同居生活家庭基础上的变更。当兄弟之中有人去世之后，其作为共同契约订立人的资格就由其妻（无子的情况下）或者其妻和子共同替代（有子的情况下），于是我们在契约中就会经常看到有叔嫂或叔嫂侄共同作为契约订立主体的，如清乾隆三十四年（1769）休宁县汪蔚文叔嫂卖地契⑤、康熙十年休宁县陈修龄等卖基地红契⑥等。如果兄弟之中有夫妻均亡的话，则其

---

①　此契及上契为笔者好友北京大学潘晟博士所赠。其每次于旧货市场有所得，均慷慨与我同览。在此表示衷心感谢。
②　《汇编考释》，第1430页。
③　同上书，第1428页。
④　《台湾私法物权编》（下），第1461页。
⑤　《汇编考释》，第1274页。
⑥　同上书，第1245页。

共同契约订立人的资格就当然由其子继承,因此这就出现了叔侄共同作为契约订立主体的,如康熙十九年休宁县鲍嘉祥卖地红契[①]、乾隆十一年山阴县孙茂芳叔侄卖田官契[②]、雍正八年休宁县吕汉章卖地红契[③]、乾隆五十八年休宁许质先叔侄卖房红契[④]、清道光二十年浮梁县詹时雍伯侄卖田契[⑤],以及婶侄共同作为契约主体的,如康熙五年休宁县吴明伯卖坟地契[⑥]、雍正十一年休宁县王阿郑同侄王鼎旭卖山红契[⑦]、道光二年曲阜县齐朱氏婶侄卖地契[⑧],而在道光二十二年休宁县叶丁氏卖地红契中,其契首云"立杜卖契叶长发户二房叶丁氏仝侄若云等、三房叶余氏、叶潘氏、叶汪氏仝子侄方川等……共置己业……",契尾署名则包括"叶丁氏,同侄叶若云、叶步蟾、叶惠生,三房叶余氏、叶潘氏、叶汪氏,同子侄叶方川、叶心如、叶观英、叶含英、叶齐英、叶世禧"所有各房的子侄。

由于各房的人口发展会出现不均衡的状况,因此旁系同居家庭的结构就会显得日益复杂。但不管怎样,只要没有分家异财,每一房所拥有的共同订立契约的主体资格就会在其房内被保持。因此,在契约实践中,我们会看到一纸契约中,有三代人一起作为契约主体出现的,如清同治八年(1869)新都县赖庆佑兄弟伙卖水田红契[⑨]中,契约开头写明"立写伙卖水田契人赖庆佑、庆祥、庆亿,同侄永铃、永訫、永锟、永恒,侄孙贞烈等",契约末尾也有"立伙卖水田文契人赖庆佑、庆祥、庆亿、永铃、永锟、永恒、贞烈"的字样。

这种情况的出现,可以说都是各房兄弟之间基于平等的共有财产处分资格不断在其房内不平衡的延续的结果,是兄弟共同作为契约订立主体资格的延伸。

---

① 《汇编考释》,第 1163 页。
② 同上书,第 1248 页。
③ 同上书,第 1215 页。
④ 同上书,第 1300 页。
⑤ 同上书,第 1346 页。
⑥ 同上书,第 1152 页。
⑦ 同上书,第 1219 页。
⑧ 同上书,第 1327 页。
⑨ 同上书,第 1423 页。

三 "伙"组织的买卖契约主体

中国古代很早就出现了以财产合伙共同经营的形式。根据学者对清代有关"伙"的表达的契约的分类①，我们也可以将清代的合伙组织分为如下几种，一是因伙佃关系而结成的"伙"，它是指合伙租佃人按照一定的份额投入劳动、负担地租、获得收益的生产组织形式。在这种形式中，"工"为表示权利义务份额的基本单位。其二是以各种名义组成的"会"。它是指村民以一定的土地及农具入会构成会产，根据其入会土地和农具的价值确定其在会中的份额，这种份额被称为"股"或者"脚"，每年在固定的时间以会产的收益置办祭神仪式，然后将祭神用品按股平分给会员，如果会产的收益在置办祭神仪式后还有剩余的话，也按股分配。② 第三类是手工业、商业和矿产开采业（清代尤以四川自贡盐业生产中的合伙组织最为发达和成熟）中的合伙经营组织。这类组织虽然在出资形式、经营方式等方面都存在巨大差异，但有一点是共同的，那就是参与的各个主体以不同的方式获得自己在合伙组织中的"股"（在自贡盐业中称为"口"），按股享受权利，承担义务。不仅如此，上述三类合伙组织都有一个共同点，那就是各个持"股""脚"或"口"的主体受到组织内部的约束非常小，彼此之间没有牵制，可以自由出卖自己所持有的"股"或"脚"。也就是说，就"伙"组织来说，每个参与主体都是独立的买卖契约订立主体。这在李力教授的博士论文中也有论述，在此笔者不再赘述，下举相关契约稍作说明：

> 立卖契人汪君宜同弟汪原明，今因缺少使用，央用（中）将承祖续置到白字号、土名西山火（伙）佃陆工；住人九龙、进富、迟九；又将土名观音塘坞火（伙）佃壹工半，住人七十仍，又将　字号、土名西坑火（伙）佃三工半，主人天郝、显付，共三号，计工拾壹工，一并出卖与汪名下为业。三面议取时值纹银一两整，其银当日一并收足，其业听从买人管业。倘有内外人言说，尽是卖人之

---

① 李力：《清代民间契约中的法律》，第68页。
② 同上书，第77页。

(支)当,不涉买人之事。(后略)①

立卖大成神会张德培室王氏,今将自己雯岩房大成神会壹脚,八月廿七日领胙肉六斤、胙钱百文、大馒头两个,出卖与族处,面议会价钱壹并收清,计九六足串钱伍千文。言明当会之后,照契原价回赎。此系两愿,恐后无凭,立此神会契存照。
(后略)②

立卖字人李赢洲,前与屈姓合伙开设宝兴局碓房生意一处,坐落官门口内鞍匠营路西。今因乏用,将宝兴局生意拾成之中应得银钱东股三成五厘情愿卖与屈德禄名下承做,永远为主。……此生意系自置自卖,亲族人等俱不得争论。(后略)③

相对于"伙"组织中的"股"和"脚"的自由转让而言,财产的转让则受到了一定的限制。我们先看一例此种类型的买卖契约:

立字捆卖水田文契人康家渡寿佛会首事黄华钦、张礼均、刘尊贤、黄华焕、陈际隆、陈泽山,今因移远就近,要银使用,合会人等商议,愿将新邑新三甲内官堰灌溉水田五尺四寸乡弓一块丈计一亩五分零,栽粮三分三厘三毫正,在赖福兴册内退拨。其田东与买主田为界,南与赖姓田埂为界,西与大路心为界,北与文昌会田为界。四至分明,毫无紊乱。自行央请中正说合,甘愿卖与新都县状元会首事杨荫山、赖达卿、刘集三、鞠藩卿等出银承买为业。比日凭中证议作捆卖时值价银七十三两四钱正。永兴场公议平交兑,银契两交。其银面针无价,毫无下欠分厘。其田埂、沟边、石堰、码头、会内人等书押画字。交老契、离庄,一并捆在价内受价。自卖之后,任随买主招佃过耕,卖主会内人等不得异言生端。此系二家甘愿,并无债帐准折逼勒等情。一卖千秋,永不赎取。今恐人心不古,特立捆卖文契一纸,

---

① 《汇编考释》,第1147—1148页。
② 同上书,第1351—1352页。
③ 同上书,第1444页。

交与买主会内人等永远为据。

后略①

从契约内容来看，该契是以寿佛会的共有土地为标的的买卖契约，由于契约中说"合会人商议"，可见交易必须取得所有会众的同意，同时所有的会首都以契约的共同订立人出现在契约的首句。也就是说，这种情况下的契约订立主体是所有的会首。不仅是处分会众共有的财产时，所有的会首共同作为契约的主体，在购买财产时，也依然如此：

立杜卖水田文契人温敦友，今因要银使用，愿将分受己名下老二甲矮子堰灌溉水田一段，大小四块，载粮壹钱贰分三厘二毛（毫）六系（丝）六合（忽），要行出售。先请房族，无人承买。自行请中说合，情愿卖与弥牟镇培文会首事等名下承买为会业。比日凭中证说合，较准夏洪兴铺算盘尺五尺八寸为一弓过丈。丈计五亩六分六厘九毛五系（丝）正。每亩议作九九色时价银叁拾贰两六钱，共合银一百八十四两八钱三分整。即日银契两交，并无下欠分厘。其有书押画字、沟边、田埂、出入道路，一并包在田内受价。其田界址：东上节以廖姓田为界；东下节挨大路以廖姓田埂为界，南以水沟为界；西上节以大路小沟为界；中节以廖姓大路为界；下节挨大路以温姓屋侧田埂为节（界）；中节以温姓田埂为界，下节以沟为界。四界分明，毫无紊乱。此系两家情愿，并无债帐准折逼勒套哄等情。自卖之后，任随首事拨税输耕，不得异言。今欲有凭，特立文契一纸，交与培文会首事，永远存据。
外注明内添"埂"字一个。
前班当年承买首事温际泰
周镜山　邝田玉　陈月浦　温际泰　温舜福　王敬斋
唐凤池　温春玉　温首斋　夏克宽　闵永恕　温锡海
约　唐全
邻　廖玉瑞　温永林

---

① 《汇编考释》，第1439页。

中证　吴启相　温子善
在同
　　咸丰五年十二月初二日　　立杜卖水田文契人温敦友亲笔①

该契约是温敦友将其地卖给培文会时所立。和一般的土地买卖契约绝少有买主在契约中签名不同的是，该契约中的买主代表——培文会的首事——全部列名于契约之上。可见，在类似的"伙"组织中，在处分"伙"组织的共有财产时，订立契约的主体应该由所有的会首共同组成。这和兄弟间以平等关系处分共有财产时的情形十分相似。

从清代的社会实践中的契约主体来看，买卖契约主体大大突破了国家法为维护家族制度所给定的以家长为田宅买卖契约唯一主体的限度而呈现出多样性和灵活性。个人在家庭中的地位固然对契约主体资格具有最大的影响，但其在家庭经济生活中所起的作用、个人品行和社会评价都是制约其民事行为能力的重要因素。换言之，性别、家庭地位并不是决定一个人的契约主体资格的唯一原因。

而从和契约主体相关的契约内容来看，清代的田宅买卖契约除了全面继承了明代以来的形式固定化的特征以外，还显露出中国传统契约发展至烂熟的一些特点，也就是在契约的用语上"形式化"，也就是说很多契约中的用语成了契约中固定不变的不可或缺的一部分，虽然这些用语往往并不符合契约订立时的真实情况或者对订立契约的双方而言没有什么意义和作用。这个特点我们在后面关于契约中"物""权"的界定上也可以觉察到。

第二节　"草约"与田宅买卖契约的发起

在中国传统社会，土地和房屋作为人们安身立命的根基，其对于人们的重要意义甚至超越了其作为生存条件的物理意义。在清代社会，这种情况也不例外。因此，田宅买卖对于一个人甚至一个家族来说，都是一件极其重要的事情。但清代国家法律基于税收目的的田宅买卖程序设计既大大地增加了田宅买卖的成本，而且也不能满足人们对于田宅买卖安全、稳

---

① 《汇编考释》，第1395页。

定、有序的要求。但是，由于清代国家对于民间正常情况下的田宅买卖几乎是不进行任何主动干预的，众多的经济史的研究成果也证明，在清代社会，土地买卖是引起地权变动的最重要的因素，通过契约的方式实现土地的产权变更是田宅交易的主流方式。① 这一切都向我们表明，在清代社会，立足于国家法律之上，在民间的田宅买卖领域，已经自生出了一套可以满足民间社会需要的交易程序。周远廉和谢肇华通过对大量档案材料的研究后发现，在清代前期，"买卖田产的手续……一般是从业主请托中人，先问亲房原业，然后寻找买主，三方当面议价，书立卖地文契，交纳田价，付给画字银、喜礼银、脱业钱，丈量地亩，并依照法则，报官投税，更写档册，过割银粮，这样算是进行了买地的第一个阶段。嗣后，还要经过找价、回赎、绝卖，才彻底完成了这块土地的买卖"。② 事实上，不仅是在清代前期，整个有清一代直至民国时期，民间的田宅买卖都或繁或简地在上述环节中进行着。从出卖人表达自己的意图时开始，到正式的契约订立，直至交易的最终完成，每个环节都可以或多或少看出田宅对于人们的重要意义，人们对田宅交易安全性、稳定性的诉求方式。还有为降低交易成本而在订立契约过程中所采取的各种规避官方要求的作法。

一 田宅买卖的发起："草约"及其功能

在一般情况下，田宅买卖交易的启动都是由卖方开始的。如前所述，由于田宅买卖的庄重性，卖方出卖田宅意图的表达也是相当正式的，在很多地方都是以书面的形式进行的。

> 陕西商南县：凡买卖田地，由卖主先书草契，交中寻觅买户，俟有人承买时，再同中邀集地邻踏界，并议定价值，与买户书立正契。③
>
> 先行同中议价，与买主书立草契。迨双方认诺，毫无更动后，

---

① 李文治：《明清时代封建土地关系的松懈》，中国社会科学出版社1993年版；章有义：《明清徽州土地关系研究》，中国社会科学出版社1984年版；杨国祯：《明清土地契约文书研究》，人民出版社1988年版。
② 周远廉、谢肇华：《清代租佃制研究》，辽宁人民出版社1986年版，第34页。
③ 《报告录》，第294页。

再行邀集亲邻，同中踏界，书立正契，其买卖契约始行完全成立。①

山西襄陵：买卖田宅，卖主先作草契一纸于买主，姓名及价格处均留空白，凭中先尽本旗及四邻，如有愿承买之人，即将该契收留，议价后，始填载买主姓名及价额于所留空白处，如均不愿买，始得卖于他人，名曰"游契"。②

安徽全省：不动产买卖契约，当未成立之先，由卖主先立草约，为之"水程字"。如甲有产业出卖，先将该业主、坐落四至、亩数、钱粮及时值价额等开载水程字，托中证等代觅买主，以便买主审查后易于商定价值。③

湖南：临澧县卖田准字。先由卖主亲书草约，载明某处田亩若干，时价若干，交由中人介绍买主，俗名"推字"。经买主接受后，即协同中人前往勘明，再议定价。惟该项准字既由卖主书立，并经买主接受，则买卖双方均应受其约束，如一方或有反悔，即应负相当赔偿之责，苟买卖双方当事人均已同意，即由卖主书立正式卖契，其前交之准字即行作废④

卖主向中人出具的文书虽然在各地有不同的称谓，但基本都包含两种基本的功能，一是作为卖主意思表达真实性的证明，二是作为中人代表出卖人向与标的物可能存在关联的第三方（如亲房、地邻、房邻、原业等人）传达该标的即将进入买卖交易程序的媒介和载体。"游契"一词形象地刻画出了这一过程。"草约"虽然和正式的契约存在很大区别，但是，如果买方已经以某种方式明确表示接受的话，在多数情况下，都要对双方产生约束效力。前述湖南临澧县，"惟该项准字既由卖主书立，并经买主接受，则买卖双方均应受其约束，如一方或有反悔，即应负相当赔偿之责"。这种情况在其他地方也多有所见：

直隶天津县习惯：证明物权关系而为意思表示者，印契、官当契

---

① 《报告录》，第290页。
② 同上书，第383页。
③ 同上书，第423页。
④ 同上书，第559页。

之外，为津埠习惯所用者则为草契。凡买卖不动产或典当不动产者，当事人双方意思合致时，均先立一草契，载明双方及中人姓名、不动产坐落、房屋间数、门总数、地亩四至、弓数，由双方及中人署名画押，即是证明物权关系至移转而拘束私法上之权利义务。①

黑龙江讷河"历来注重草约，盖以草约既定，则交易已成，此后之更立文契，不过为形式上加以修改，故先立草约后立正契也"②；黑龙江巴彦县"向以书立草约为标准，一经立有草约，双方均无悔约之余地"③；黑龙江拜泉县"以草约为有效，并不另立正式契约，凡来署投契者，亦以草约呈验"④；直隶定兴县：草契载明出卖价额，交与官中人介说，有情愿照价承买，以接草契为定，但草契须注明"接契为定"四字⑤。黑龙江克山县"有先立草约之习惯，但系限于先付定金者，方立草约，否则，只有正式文契"⑥；相似的习惯还存在于黑龙江拜泉县⑦、黑龙江龙镇县⑧、黑龙江海伦县"四邻尚未从场，则有卖主先立草约"⑨。

河南中牟县：买卖田地，先书无名约据，约内只注明地价若干，丈尺不填，交与买主收留后，可以抵抗第三者之再买。无名约据所主之地价，多有不实，经中人说明，代地价交清，再经产行呈报。税契时，始将买主姓名书出，并请地邻验明丈尺，注于约内，此无名约据俗名"白约"。⑩

山东齐河习惯：所有权转移，但立草约，即生拘束两造之效力。⑪

安徽当涂县：不动产买卖约定时，必先凭中由卖主书立允议字

---

① 《报告录》，第12页。
② 同上书，第45页。
③ 同上书，第74页。
④ 同上书，第90页。
⑤ 同上书，第18页。
⑥ 同上书，第50页。
⑦ 同上书，第90页。
⑧ 同上书，第91页。
⑨ 同上书，第93页。
⑩ 同上书，第104页。
⑪ 同上书，第115页。

交与买主，买主即付定洋，或数十元或百元不等。其议字内预定立契日期，如买主翻悔或迟缓期间，将所交之定洋作为罚款，并将允议字退还卖主。或卖主翻悔，除退还定洋外，另照定洋数目加一倍赔罚，方可收回允议字。①

湖北云梦县：正式契约与草约有同等效力。买卖田产例分草约、正式约两种。所谓草约者，多在秋冬之间，由中人视卖主田房若干，价值若干，向买主说明，议妥价额，经双方合意后，即由中人书立契约，载明某姓田若干亩或房若干间，计价值若干，现付款若干，余款定于某月某日续交字样，此约成立后，双方酒肉谢中人，名曰草约，其效力与正式约同。所谓正式约者，不用草约手续，乃卖主因急需钱用，愿将产业减价出售，由中人说合后，卖主将正式约交与买主，一面付约，一面付钱，名约正式约。②

甘肃：民间买卖田宅，于议定价格时，有先立一种文契，以表示两造均无翻悔之意，是项文契名曰"定约"，一名草约，两造对于原议无有后言，乃更立正契，买卖即定。③

在这里，"草约"的达成往往还伴随着买方定金的交付，这就更加强了其约束力。如果买方违约，将不能诉请卖方返回其定金，而如果卖方违约的话，除返回定金以外，还要接受和定金相同数目的罚金给予买方。这和现代民法中的相关规定颇多相似之处。

二 司法实践中的"草约"

民间订立的"草约"不仅会对买卖双方产生一定的约束，而且在司法实践中也会得到司法官吏的认可。在清代名吏徐士林审理的一件胡争田土案中，李又白将地典给了徐孔彩，后来李因"田鄙亩重，兼以无力取赎，遂另立准约，与徐孔彩订明'准与徐人兴作开力，日后李人永不找取，徐人永远管业'"，将该地绝卖给了徐孔彩。但双方并没有再订立正式的买卖契约，也没有到官府办理缴纳契税和过割手续。原来由李又白缴

---

① 《报告录》，第450页。
② 同上书，第542页。
③ 同上书，第583页。

纳的田税可能由买主继续以李的名义上缴。这是清代田宅买卖交易中逃避契税的常见做法。后来李又白的儿子李廷桂将田地日肥，就执原来的典契要求赎回其父所卖之地。双方为此对簿公堂。徐士林在审理这件案子的时候丝毫没有否认准约的效力，反而在判语中一开始就训斥李廷桂"眼热涎垂，以为故物可复，止执原契赎笔为词，遂置准约于不论"，并且当李廷桂说"无立准约之例，无立准约之理"时，斥责说"约系父笔，则'例'系父创，于人何尤！"① 可见，在司法实践中，这种准约的效力也是为司法官吏所认可的。

不过，从民间的契约文本来看，有时交易双方为了简易，卖主也会采取直接在上手契上作出批注，然后将其交付给买主，正式的买卖契约就算订立完毕了。如在顺治十二年（1655）休宁县吴允和卖山契②的末尾，有"康熙十五年间绳式、君往立契出与草市孙宅"的字样，这显然是几经转手之后该山地在康熙十五年被人卖给了孙姓人家。不过，从沧州高殿栋卖宅基契中③也有"此契照原卖主红契誊"的字样来看，即使上手契保留完好，人们为了交易的慎重起见，也愿意不厌其烦地将其重新誊写一遍。由此可以推测以老契为新的正式田宅买卖契约的情形应该还是少数。

从"草约"的功能上来看，它至少体现在两个方面。首先，它具有很重要的"交易宣示"作用，正如有的地方将其称为"游契"一样，在正式的买卖交易开始前，以"草约"为载体向契约标的有关的人通知即将进行的交易事项，这样既有利于减少交易纠纷的可能，还可以扩大交易契约的影响，为交易的安全性提供一定的证明保障；其次，"草约"在很多地方还有相当于我们今天的"定金"契约的意味。这对提高契约订立的效率也具有一定的积极作用。

第三节　田宅买卖中的先买权

一　中国古代先买权的历史发展

在第二节论述"草约"的功能时我们谈到，其作用之一就是向与出

---

① 陈全仑：《徐公谳词》，第271—272页。
② 《汇编考释》，第1148页。
③ 杜文通：《沧州文书选辑》之高氏文书。

卖人和标的相关的人群传达交易的信息，其实质就是履行田宅买卖中的尽问先买权人的程序。在现代民法中，先买权主要存在于不动产买卖交易中。就清代的田宅买卖而言，其含义是指田宅在出典、出卖时，一定范围内的主体在同等条件下，根据不同情况对该田宅享有优先购买或回赎的权利。现代各国民法一般都对承租人和典权人的先买权从法律上给予明确保护。中国古代的先买权不仅源远流长，而且内容复杂。一般认为，中国古代的优先购买权（主要存在于田宅交易之中）滥觞于中唐，经五代的发展，于宋、元形成制度，至明、清则融于交易习惯和家法族规之中。①

关于中唐以及五代时期的先买权法律，相关国家法律语焉不详，我们只能从后世法典中看到其模糊的影子。

《宋刑统》卷13《户婚律》"典卖指当论竟物业"条后所附敕文规定："一、应典卖、倚当物业，先问房亲，房亲不要，次问四邻，四邻不要，他人并得交易。房亲着价不尽，亦任就得价高处交易。如业主、买主二人等欺妄亲邻，契贴内虚抬价钱，及亲邻安有遮蔽者，并据所欺钱数，与情状轻重酌量科断。"《五代会要》卷二六记载后周广顺二年（952）开封府在奏章中建议："如有典卖庄宅，准例房亲邻人，合当承当，若是亲人不要及著价不及，方得别处商量。"即明确规定典、卖田宅时亲、邻有优先承当的权利。奏章经最高统治者批准，遂具有法律效力。其中关于亲邻优先承当规定，是后世亲、邻优先购买权的雏形。总体上说，这一时期，在田宅买卖交易中，虽然相关的规定还比较笼统，但是亲邻的先买权已经得到了国家法律的承认，而且也大体上确立了先买权行使过程中所应遵守的基本原则。即卖主在出卖田地房屋时必须尊重亲邻等人的先买权，不得直接或者间接地剥夺亲邻等人的先买权，但是，亲邻等享有先买权的人，也不得挟先买权而故意压低交易价格，试图以先买权为借口迫使出卖人接受。

宋代是中国历史上商品经济发展的一个高峰时期，其民事立法也取得了巨大的成就，这些民事立法有的为后世的法律所继承，有的则在民间的交易中已经深深地扎下根来，成为民间交易中的重要规范。关于先买权的法律规定也不例外。宋代法律明确规定，田宅出典、出卖时，出让人的房

---

① 吕志兴：《中国不动产优先购买权制度研究》，《现代法学》2002年第2期。

亲、邻人、承租人、典权人对该田宅根据不同情况，分别享有优先购买权。并就行使该优先权的条件、顺序、形式及时效期间等作了详细的规定。元代继承并使之更为完善。

　　由于四邻都拥有先买权，因而其行使先买权的具体顺序就成为一个必须明确规范的问题，否则，在交易中极易因多人拥有先买权而出现纠纷。对此，北宋国家法律以地理方位作为确定四邻先买权的具体次序，"庄宅牙人议定称，凡典卖物业，先问房亲，不买，次问四邻；其邻以东南为上，西北次之；上邻不买，递问次邻；邻俱不售，乃外召钱主。或一邻至著两家以上，东西二邻则以南为上，南北二邻则以东为上。此是京城则例，检寻条令并无此格，乞下法司详定，可否施行，所贵应元典卖物业者，详知次序。所进事件，乞颁下诸道州府，应有人户争竞典卖物业并勒依此施行"。① 而亲族的先买权则按照服制亲疏确定先买的顺序。但在民间契约实践中，由于享有先买权的范围过大，任何一个先买权的享有人如果因故无法被问尽就都有可能给交易带来不稳定因素。这样就阻碍了正常田宅交易的进行，而且如果出卖人继续交易时也对其极为不利。有鉴于此，南宋宁宗庆元年间（1195—1200）重修的田令和嘉定十三年（1220）刑部颁降的条册，将亲和邻作了合并，即必须是房亲中的地邻或地邻中的房亲才享有优先购买权。已出典田宅欲加价绝卖，应先问现承典人，若现承典人愿买，则承典人优先购买，只有现承典人不要或着价不尽，才须按初典、卖田宅之程序取问房亲、邻人。在这种情况下现承典人有优越于亲、邻的优先购买权。但元代先买权的优先次序有所变化，依次为亲、邻、典权人。②

二　清代国家法对先买权的否决

　　到明清时期，在国家法律条文中，我们已经看不到关于先买权的明确规定了。之所以出现这种变化，从国家律典的渊源上说，笔者初步认为其最主要的直接原因是明代国家法律以唐代律典为范本的，而清代法律则是直接承袭明代而来。由于唐代国家法律限制土地的自由买卖，因而，虽然关于土地买卖中的"先问亲邻"之法在唐后期的社会实践中已经出现，但在五

---

①　《宋会要辑稿·食货》三十七之一，中华书局1996年版，第1132页。
②　吕志兴：《中国不动产优先购买权制度研究》，《现代法学》2002年第二期。

代时期才正式成为国家法律。① 因此，宋元以来，国家关于先买权的丰富立法成果没有被明代继承下来，以致相关的法律在清代国家法律中付之阙如。当然，这个问题还有待进行深入研究。其次，就是我们看到的，不管是清代的最高统治者还是大多数地方官吏，普遍认为先买权的存在是清代民间田宅交易纠纷增加的最重要的原因。这显然是统治者最不愿意看到的。

和宋元时期的法律详细规范先买权的做法完全相反，清代国家法律规定在田宅买卖交易中，如果有人"执产动归原先尽亲邻之说，借端掯勒，希图短价者，俱照不应重律治罪"。② 而且在清代雍正以后的几十年的时间里，还颁布了几道法令废除同族的先买、一田二主等增加民间土地纠纷的惯例的效力。雍正三年，河南巡抚田文镜针对当地因为在田地买卖中经常有卖主的亲族在卖主出卖不动产时，以享有先买权为理由，而企图以低价购买田产，并由此酿成纠纷，而专门发布告示"禁先尽业主"，并说"田园房产为小民性命之所依，苟非万不得已，岂肯轻弃？即有急需，应听其觅主典卖，以济燃眉。乃豫省有先尽业主、邻亲之说，他姓概不敢买。任其乘急掯勒，以致穷民不得不减价相就"，因此，特别提出"嗣后不谕何人许买，有钱出价者即系售主。如业主邻佑告争，按律治罪"③。至乾隆九年，清政府重申，"各省业主之田，出资财而任买"④。可见，清代官方视先买权为民间交易纠纷的重要根源，采取了简单的干预方式。不过，从《大清律例》的规定来看，其对先买权的态度也并非一概废除，而是禁止拥有先买权利的人乘出卖人售产之时，"借端掯勒，希图短价"。

地方司法官吏为了减少因先买权的存在而导致的田宅交易纠纷，也往往对先买权持否定的态度。在同治七年十二月紫阳县民来林庆状告嫡堂兄来林仁，状称：

> 清咸丰四年，（小的）胞兄来林进同子朝兴因急需用，将其分受与（小的）及嫡堂大兄来林仁连界这地一分（份），请中出售。殃遭嫡堂兄林仁并其抱抚异姓篡宗之孽子来朝福从中卡阻，勒要承买。但

---

① 叶孝信主编：《中国法制史》，复旦大学出版社2002年版，第222页。
② 《大清会典事例》卷七五五，第3761页。
③ 杨一凡、王旭编：《古代榜文告示汇存》之《田文镜告示·条禁事》，社会科学文献出版社2006年版，第251页。
④ 《清实录·清高宗实录》卷一七五，第311页。

南山卖业，本有先尽亲房、户族，以及当主、连畔之风，（小的）胞兄只得曲从。兽兄又忍勒贱，只给价四十五串，（小的）胞兄不允，伊复串奸中即伊胞弟来林智曲词煽惑，云称：户并户业，并不投税过粮，日后（小的）如稍有为，准给原价赎取，免致祖产而属外姓。（小的）胞兄愚入奸网，伊果不投税，并以货物搭折。至今，小的胞侄朝兴稍有余积，兽兄虑恐小的叔侄向其赎取，暗串奸中舒靖文硬不向（小的）叔侄及亲房地产连界弟兄尽问，竟另觅卖张姓。业已踩界，尚未立约。经（小的）叔侄查知，投鸣户族、原中来林智、保约余昌梁、王通兴等传理。兽兄硬不扰场，泣思胞兄卖业，伊知以祖业不属外姓之言卡阻争买，兹（小的）仍给原价又不搭货求让，亦系求顾祖业之计，伊何得抗庄捐赎。不求作主唤断，情理安在？几何能甘！迫乞大老爷案下赏怜作主唤断，归赎施行。

但审理案件的知县马某却在判词中说，"业由主便，卖业先尽亲房，久干倒禁，不准。词称兽兄，大属胆玩，本应提究，姑宽特饬"①。在另外一件同治年间的田宅买卖纠纷案中，谢开科也是以亲族先买权为名，要求承买已经卖与杨金元的土地，知县孔某也批示道，"查买卖田地，并无先尽亲族承买之例"，并对谢开科的"捏控争买"行为进行了严厉批评②。

三　民间田宅买卖中先买权习惯

（一）赋税征收方式与国家法否决先买权的失败

虽然清代国家法明确表达了对先买权的否定立场，但是宋元以来国家法律明确保护的先买权制度在民间早已形成根深蒂固的交易习惯，而这种习惯是和中国社会特有的血缘、地缘紧紧联系在一起的，因此，它没有也不可能因为清代朝廷的简单干预而有所改变。我们在清代大多数买卖契约中都能看到"先问房亲，次问四邻，着价不买"等语。从最后的交易结果来看，"根据档案资料，亲族承买的土地，约占五分之一至三分之一"③。

---

① 陕西省紫阳县档案馆藏清代档案第21卷。
② 同上。
③ 张晋藩：《清代民法综论》，中国政法大学出版社1998年版，第142页。

除了血缘、地缘因素以及民间交易习惯的强大惯性以外，民间田宅买卖中先买权的强大生命力还在于先买权所承载的实际的经济功能，我们甚至可以说这是先买权流行的现实动因之一。以往的研究者对此有所忽视。民国初期的民事习惯调查为我们提供了这方面的重要线索。我们在上述山西临汾等县的民事习惯中看到，"因本甲者粮银同在一个甲内。甲者即里之分支，里者又县分支。如全县粮银共分若干里，里中又分若干甲，甲中又分若干姓名，一姓名应纳粮银若干两是也，其先尽后尽之故，因有'甲倒累甲、户倒累户'之习惯"。例如，赵姓族内有户绝时，则遗粮银则累此绝户之近族完纳，近族亦户绝时，则累及远族完纳，如远近皆绝，则累此赵姓同甲之他姓完纳。源起何时，莫可究诘，至今一般人民信任咸备①。山西潞城县"典卖田房，已经他人说妥，成立契约，亲属依照原议价额争回。其理由因有一般逃亡绝户，本族赔垫空粮之义务，即有利不外溢之乡规"②。而下面的一份代户卖厝地的契约则为我们提供了这方面的有力的佐证：

> 清乾隆二十九年（1764）休宁县里长程文明等代户卖厝地契③
>
> 立卖契三都六图一甲起止十甲止，里长程文明、闵永盛、吴应兆、任良德、汪九章、吴尚贤、金尚文、朱文翰、陈天宠等，缘因图内二甲吴一坤户里里役户丁吴国瑞，先年原同余尚镇户两下朋充，立有合墨，轮流里役，催办钱粮完公。吴姓后只一丁，远年在外，更无信息，理念各里代完户内虚粮，赔贴排年此费。其户内细查得吴国瑞先年已当过土名长汀暑字七百三十四号厝基地一业；余尚镇户丁余宪章曾当上加当。今因宪章故后，惟有随母带来一子名孙伪，全然不知门户钱粮、花户名姓、住址，无处催办。十数年来累身等各甲赔贴虚粮排费，户内全无出息花利可收。所以旧年三月，闵公升、陈绪五等控禀 胡县主案下奉批，准拘追差催数次，无奈孙伪实贫无措，不能赎回，立有现状在案，即此赔贴无休，势必务要误公。故众里公议，以公业完公事。将此号内厝基地原当在吴名下安厝风水，今照册细细查明，填清字号、土名，仍照吴姓原厝屋为中心，左边取地柒尺，右

---

① 《报告录》，第132页。
② 同上书，第123页。
③ 《汇编考释》，1267页。

边取地捌尺，左右两边共取地壹丈五尺，前至田为界，后至磅为界。号内挖取地税三厘整，众等央中再次说合，将前项开载明白，公众立契照，四至内地出卖与同都五图吴名下为业，听从扞作风水。当日三面议定，得受九五色价银肆拾五两整，其银当成契日是身等一并收足。代吴一坤户内置买田园、收租作利、完纳钱粮贴费，以免误公。其地向系买人原厝风水坐上，随即交割明白管业。倘日后吴一坤户有支丁回家生端，里排内自有公论。再或里排内外有人异说及号错讹，尽在出卖有名人等是问，一力承当，全不涉买人之事。其税奉例随在吴一坤户内起割，推入买人户内办纳粮差。今将号内挖取地税三厘整，归户一纸，缴付买人收执。今欲有凭，十里公立杜卖契永远存照。

今就契内价银一并收足讫，另不立领札。再批。

现年人等

乾隆二十九年十二月　　　日立卖契一甲　　程文明　户丁　永嘉　天仂

三甲　　闵永盛　户丁　公昇
四甲　　吴应兆　户丁　以明
五甲　　任良德　户丁　万荣
六甲　　汪九章　户丁　斗铭
七甲　　吴尚贤　户丁　礼豫　　汝瞻
八甲　　金尚文　户丁　西龙
九甲　　朱文翰　户丁　敬三　　敬孚
十甲　　陈天宠　户丁　绪五
凭中　　吴秀文　吴其友　查南友　潘风滨　刘贵臣　吴日先

该契约为我们透露出了代户卖厝地的原因是由于"宪章故后，惟有随母带来一子名孙仂，全然不知门户钱粮、花户名姓、住址，无处催办。十数年来累身等各甲赔贴虚粮排费，户内全无出息花利可收"，其大意是说余宪章死后，只剩一个年幼的儿子，对缴纳税粮的事情茫然无知，因此多年来其税粮一直由各甲垫赔。如果一直"即此赔贴无休，势必务要误公"，因此各甲长共同商议，将其早先出典的一块厝地卖掉，以填补其税粮的亏欠。从契约中我们也可以看出，由于出卖厝地的并非业主本人，因此立契的过程相当慎重，为避免日后可能出现的纠纷，几乎同一图的所有甲长都在立卖契人一项下签名。虽然《大清律例·户律·户役》"人户以籍为定"条例规定，"各处卫所官军人等及灶户，置买民田一体坐派粮差，若不纳粮当差，致累里长包赔者，俱问罪，其田入官"。但在一般情况下，里长、甲长等基层公事承办人员，虽然从官僚结构层次上来看，他们是根本不入流的，甚至有时候还是被逼做苦差，"统治者对他们任意驱使，甚至连县衙小吏、差役也驱之如牛羊，宰之如鱼肉"。① 但在一般的老百姓面前，他们就会完全是另一副面孔，在官僚系统那里丢掉的自尊会驱使他们普遍在百姓那里以颐指气使的方式补充回来，"里立图差，责比催办，入乡咆哮，坐索酒食，欠者贡金，完者代比"②。因此，让他们自己垫赔粮户滞纳的税粮情况一般不会发生，更多的时候是让同甲其他的人户垫赔。上述代户卖厝地契就是这种情况的真实反映。

至此，我们可以看出，清代先买权的存在（尤其是其向同村同甲的延伸）和清代国家的赋税征收方式是紧密联系的。而这种赋税征收方式是建立在其基层社会的组织结构和管理制度之上的。清政府早在顺治五年（1648）就在全国范围内推行里甲制度，其内容是，"凡里百有十户，推丁多者十人为长，余百户为十甲。岁除里长一，管摄一里事。城中曰坊，近城曰厢，乡里曰里。里长十人，轮流应征，催办钱粮，勾摄公事，十年一周，以丁数多寡为次，令催纳各户钱粮，不以差瑶累之。编审之法，核实天下丁口，具载版籍。年六十以上开除，十六以上填注，丁增而赋随之"③。为了更好地使税粮的征收得到保证，清朝政府还在税粮征收过程中推行滚单催征法，每甲之中或五户或者十户用一张滚单，逐户开列田粮及应完成的税额，限期发给甲首或者户长，由他们负责催收税粮。④ 这在山东《兖州府移为请查屯官袁慎行有无影射舞弊等情事》的一篇公文中可以看出来，寿张县民张谧称"身庄置有屯地，具在北四牌承粮，现有身家庄名张宣可查。嗣后身庄所置屯地，转卖与北六牌李明德管业，伊即过割于北六牌承粮。嘉庆七年，李明德将地转卖与身地八十六亩余，身于去年十一月仍将地改过北四牌张怀瑾名下承粮，现有经管人王恒可审，额

---

① 赵秀玲：《中国乡里制度》，社会科学文献出版社1998年版，第59页。
② 赵廷臣：《请定催征之法疏》，载贺长龄、魏源编《清朝经世文编》卷29，"户政四"，第271页。
③ 《清史稿》卷121，《食货二·役法》，中华书局1997年缩印本，第3483页。
④ 赵秀铃：《中国乡里制度》，第50页。

征税银二两二钱五分。今岁粮银，身已于二月内交给应催甲首张志道京钱八千，亦有张志道可问"①。由于清朝政府的税粮征收是以甲为单位的，而每甲税粮完成的保证是以该甲内土地的保有为基础的，所以，从负担税粮的角度上说，同一个甲内的所有的土地所有者都是连在一起的。一户出现税粮滞纳的话，就需要同甲的其他户先行垫赔。这点我们从上述代户卖厝地契约中也能清楚地看出来。

  曾国藩在感慨清代中后期农民的艰难处境时说，"然自银价昂贵以来，民之完纳愈苦，官之追呼亦愈酷，或本家不能完，则锁拿同族之殷实者，而责之代纳，甚至或烦其亲戚，押其邻里"②。虽然曾国藩描述的是清代中后期以后，中国农村经济状况已经开始恶化的情形，但其所说的官府在征收税粮时为完成征收人物而强迫不能按时完纳者的同族、亲戚、邻里甚至同甲的其他人户代为完纳的情形确实一直都普遍存在。在这种情况下，清代国家法律着眼于减少田宅交易纠纷而做出的否定先买权的规定的效果无异于负薪救火。正因为如此，我们才会看到，在民间土地买卖过程中，不仅在中国古代社会早已存在的亲族地邻等先买权在清代社会广泛存在，因为从地缘上看，他们一般都会在同一个纳税单位之内，"甲倒累甲、户倒累户"情形的存在，促成了土地买卖中先买权从亲族、地邻、典权人、租佃人、原业主一直延伸到同甲之人。根据日据时期日本人所做的《中国农村习惯调查》，在当时的河北省，具有先买权的第一是同族，第二是四邻，除此之外，还有本村人，只有在上述三种人都不买的前提下，才能卖给外村人。③

  从民间交易习惯看，清代田宅买卖中拥有先买权群体的范围和宋、元时期相比还有所扩大，不但宋、元以来一直存在的典权人、亲、邻、承佃人等的先买权，在很多地区还广泛存在原业主甚至原业主的宗亲甚至同甲的人户也拥有了先买权和以典就卖时的优先回赎权（这其实就是先买权的延伸）。如果交易的标的是按份共有的话，其他合伙人一般也拥有先买权，如同治十三年陈愿记等所立的卖契：

---

① 曲阜师范大学历史系主编：《曲阜孔府档案史料选编》第三编第四册，山东人民出版社1994年版，第98页。
② 《皇朝经世文编》卷三二，古籍出版社1991年版，第122页。
③ 转引自［日］仁井田陞《中国买卖法的沿革》补注第18，载［日］寺田浩明主编《中国法制史考证》丙编第1卷，中国社会科学出版社2003年版，第68页。

同立杜卖尽根契人八份桩陈愿记、许中营吴松记等，有与郡垣吴振记、许中营庄吴心记等四人合本，明买过董银湖韩英章等湾港业一宗，内带沙船港、木栅港二条，及一切铺业，址在安定里新化里交界之所，其东西四至载明上手契内明白为界，年带饷银二十五两六钱七厘八毫正。今因乏银费用，先尽问房亲叔兄弟侄及合伙人等不肯承受，外托中引就卖与郡恒庄雅桥吴亨记出首承买，三面议定值时价六八佛银四百三十六大元足。即日同中见银、契两相交收足讫；随将港业踏明四至界址起耕，对交银主前去掌管，招佃耕作，收成纳饷，永为己业。一卖千休，日后子孙不敢异言生端。保此港业果系愿记、松记与振记等四人合本明卖之业，对半均分，四份应得二份之额，与房亲人等无涉，亦无重张典借他人财物及拖缺旧饷来历交加不明为碍；如有不明，愿记、松记等自应出头抵挡，不干银主之事。①（下略）

在道光六年王甲庄卢礼所立的卖契②中也有"爰尽问房亲暨伙不承坐外"的字样，光绪十四年毛余等卖港业契中则言"先尽问股伙庄中房亲伯叔兄弟侄人等不肯承受"③。不过，虽然按份共有的合伙人相互之间拥有先买权，但持有人的出卖行为并不以其他合伙人的同意为必要。

从清代先买权的官方法律干预失效的情况中我们真切地感受到，"任何一个当权者都不可能长时间地实施与当时当地的社会需要背道而驰的规则或安排"，"与一个社会的正当观念或实际要求相抵触的法律，很可能会因人们对它们的消极抵制以及在对它们进行长期监督和约束方面所具有的困难而丧失其效力"④。就法律和社会变迁的关系来说，通过司法改变社会进而促进社会变迁的作用相当有限⑤，因为司法的主要功能是维护既有秩序，而不是改变秩序或者创造新秩序。而一项国家法律要发挥其有限的改变社会交易习惯的努力还必须和其他相关的国家政策具有协调性，否则，国家法律将不可避免地沦为"一纸具文"。

---

① 台湾历史文献丛刊：《台湾私法物权编》（下），第1208—1209页。
② 同上书，第1222页。
③ 同上书，第1233页。
④ ［美］E. 博登海默：《法理学法律哲学与法律方法》，邓正来译，中国政法大学出版社2004年版，第403—404页。
⑤ 尹伊君：《社会变迁的法律解释》，商务印书馆2003年版，第268页。

（二）先买权的广泛性与地区差异

民国初期所进行的习惯调查材料也表明，即使在西方法律体系开始被全面介绍进入中国的时候，中国长久以来的各类先买权习惯依然存在于中国的绝大部分地区（见表3-1）。

表3-1　先买权习惯

省份或地区	先买权的位序排列	在《报告录》中的出处	相关情况的备注和说明
直隶高阳	亲族、地邻	14页	
奉天洮南县	典当主	21页	奉天各县多有此习惯
山西临汾	亲族、近族、本甲人户	123页	
直隶保定所属各县	佃户	18页	亲邻情况不清
奉天各县	典权人	21页	亲邻情况不清
吉林全省	典权人	31页	原典主不买，第三者方能接买，否则第三者契约虽经成立，原典主仍可主张留买
吉林榆树	典权人、族邻	32页	
黑龙江龙江	典权人	42页	原典主不买，第三方方能拨买
黑龙江青岗县	典主	47页	倘原典主不愿受而售与他人时，并于契约内声明，凭中先尽原典主不愿承受字样
黑龙江绥化县	亲族、四邻、原典主	59页	凡四邻及本族对于此项买卖行为，如无勒价值事宜，准其尽先购买。但并无先尽亲族、四邻及原典主之必要，亦不能因之而告争。
黑龙江呼兰县	原典主	61页	
黑龙江兰西县	原典主	64页	
黑龙江木兰县	均先尽亲族、次及四邻。然后方尽原典户	72页	不照上述手续办理，易起争端
黑龙江通北县	均先尽亲族、次及四邻。然后方尽原典户	75页	
黑龙江肇东县	原典主	83页	非先尽原典主不可，得其表示不愿后，方能出售他人

第三章　田宅买卖的启动

续表

省份或地区	先买权的位序排列	在《报告录》中的出处	相关情况的备注和说明
黑龙江拜泉县	典户、本族、四邻	90页	但本族、四邻并无所谓先买权，不过为尊重亲邻之意，非必原典户之足以对抗第三者
河南中牟、巩县	先尽四邻	104页	
山东临淄县	先问同族服近者，次则四邻	113页	
山东掖县	典户	115页	若先后出典与乙、丙二人，乙有先买权
山西平遥县	先尽本族	119页	典约虽已成立，本族出而主张，仍得享先尽典置之权
山西潞城县	亲属可争回卖产	123页	典卖田房，已经他人说妥，成立契约，亲属依照原议价额争回。其理由因一般逃亡绝户，本族垫赔空粮之义务，即有利不外溢之乡规
山西虞乡县	先向近族，次及近邻	126页	俗名"尽近不尽远"
山西临汾	先尽近族，次尽远族，后及本甲他姓	132页	因本甲者粮银同在一个甲内
山西定襄	照族属之远近，依次尽买	140页	如近族外出或卖主故意不通知者，虽卖出多日，近族仍能持原价向买主赎回
江苏盐城	出卖房产先尽亲族	174页	
安徽泗县	亲族	182页	
安徽来安县	先尽同族，次及原业主	185页	
福建闽清县	亲族	244页	典主与原业主无先买权
湖北远安县	亲族由亲及疏	261页	若无力承买或故意抬价，然后卖与外姓

续表

省份或地区	先买权的位序排列	在《报告录》中的出处	相关情况的备注和说明
湖北全省	亲房	264 页	
湖北襄樊	（已出当）先尽亲族，再当户，再地邻；（未出当）先亲族次及地邻	264 页	
湖北麻城	无一定顺序	268 页	亲戚、典户、邻里均有先买权
湖北汉阳	典户、亲族、邻里	268 页	
湖北郧县、兴山、竹溪	亲房、抵押户、邻里	268 页	
湖北五峰	本族、姻戚、典户或租户	268 页	上述湖北各县，先买权人如果故意抬价，则不拘顺序，径卖他人
湖北广济	（未出典）先尽亲房、次及邻里；（已出典）则按亲房、典户、邻里之顺序	277 页	
湖北潜江	（未出典）先尽亲房、次及邻里；（已出典）则按亲房、典户、邻里之顺序	277 页	
湖北巴东	先亲房后典户	277 页	当相邻人认为利害关系者或系收回祖业者，得重价买之
湖北谷城	亲房、典户	277 页	
湖北京山	先尽典户、次及亲房	277 页	
湖北通山	典户、亲房	277 页	各先买权人故意抬价，得径卖他人，上书各县同
陕西栒邑县	亲族、当户	305 页	

续表

省份或地区	先买权的位序排列	在《报告录》中的出处	相关情况的备注和说明
陕西雒南县	亲族、地邻、老业主	305 页	必老业主亦不愿承买时，始能卖与外人
甘肃全省	户族、当户	312 页	当户无留买之意见，始能与第三人为买卖契约。第 313 页又云："亲房留买亦不得抑价"
甘肃华亭县	必须先尽典主	318 页	否则，第三者买卖虽经成立，典户仍可主张留买
热河平泉县	卖房尽房邻，买地尽地邻	329 页	
绥远	房尽邻，地尽畔	335 页	
赣南各县	卖契俱载"先尽亲房，俱各不受"等语	454 页	从表面观之，几似亲房人等有先买权，然实际以出价高低而定，且亦不先尽亲房人等。盖在昔有此优先权，现仅成契约上之一种具文而已
湖南益阳、宁乡、宝庆、泸溪等县	亲房	546 页	契约上往往载明"尽问亲房叔伯人等，俱称不受，只得请凭中人某某说合，卖与某某名下为业"字样
湖南常德	老业主、亲房	560 页	
甘肃全省	出卖田房，先尽当主；又永佃权人对耕作地有优先买得权	587 页	

从表 3—1 所统计的情况来看，亲族的先买权在全国绝大部分地方普遍存在，在地理区域上涉及华北、东北、东南和西北①，而且一般拥有最强大的优先权能，大部分地区先买权位序的首位，即使是在不动产以及出

---

① 由于调查资料中没有涉及西南地区，因此对于西南地区的情况我们不能得知。

典或者出当的情况下也不例外；其次是典权人的先买权，从地理区位上看，典权人列在优先权位序首位的主要是在北方地区，而在东北的少数地区以及陕西、湖北的个别县市，典权人拥有第一位的优先购买权；地邻的优先购买权一般都排在第二位，极个别地方排在第一位；最后也有少数地方原业主和租户拥有第一位的先买权，不过数量很少，不具有普遍性。我们下面对调查资料中所涉及的55个地区中有比较明确的优先购买权顺序的49个地区的第一优先购买权人的数量进行一个初步的归纳，如表3-2所示：

表3-2　　　　　　　　55个地区先买权情况

第一优先权人的类别	亲族、房族	典权人	地邻	原业主	租户
数量	29	15	3	1	1
所占比例	59.18%	30.61%	6.12%	2.04%	2.04%

　　典权人的先买权，具有显而易见的合理性，因为他一般地正占有着标的物，可能对该标的物进行了一定的改良，而且从程序上说，他只要付给原业主卖价和典价的差价即可。因此，民国时期制定民法典时，从法律上否定了亲族的先买权，但确认了典权人的先买权。从上表可以看出，在第一优先购买权的数量排序上，典权人排在亲房之后，而且差距很大，缺乏广泛性。而且，我们还可以明显看出来，典权人拥有第一位的优先权的情况主要在中国的北方和东北方地区，主要包括奉天各县、吉林全省、黑龙江大部分县及甘肃全省和山东部分县，而在南方地区仅有湖北的少数几个地方典权人的优先购买权排在亲房之前。

　　为什么符合现代民法理念的典权人的先买权首先在中国的北方和东北方具有了一定的普遍意义呢？是西方法律观念在中国渐次发生影响的结果，还是北方和东北方资本主义经济发展的必然结果？显然都不是，近代史的常识告诉我们，南方才是得西方文化风气影响之先的前沿，而从总体上说，北方的经济发展程度也无法与相对发达的南方地区相匹敌。

　　对此，我们只能从南北方宗族所在生活区域中的特点的差别得到初步解释。黄宗智通过对前近代时期华北平原和长江三角洲的研究后指出，由于生态环境、村社历史和居住形态的差异，华北平原和长江三角洲的村社形成了各自不同的特点。在华北平原，村庄首先由多个同族集团组成，然后在各个同族集团的基础上，形成地缘性的超族的村庄，而在长江三角洲，同族集团相对较强，地缘性的村庄则相对较弱或者付之阙如。① 朱勇也认为，人口迁徙和文化重心的南移，造成了南北宗族迥然不同的风格。首先，北方多战乱，稍有实力的名门大户皆举族南迁，继续留在北方的宗族力量较弱。平坦的地势，使宗族共同体无险可据，容易受到外部力量的攻击。而在南方，复杂的地理条件使得很多宗族能避乱却扰，即使在动荡的社会条件下，处于深山僻壤的宗族亦可据险自保。其次，宋代以后，南方宗族置族产，建祠堂，修宗谱，产生组织机构，制定宗族法，各项制度建设使宗族的实体化程度加强，宗族作为结构性社会单元，在社会生活中所起的作用比较重要。而北方宗族多限于简单的同姓聚居，在制度建设及物质设施上，远不及南方完备。最后，南北宗族力量的强弱不同，影响人们宗法观念的形成。南方社会普遍流行重血缘、明宗统的宗法意识。而在北方社会，宗法观念不及南方流行，五方杂处，同族散居，人们的血缘、宗统意识较为淡薄。②

虽然杜赞奇认为"北方宗族并不是苍白无力的，虽然它并不庞大、复杂，并且未拥有巨额的族产、强大的宗族意识，但在乡村社会中，它仍起着具体而重要的作用"③。不过，他同时也发现，在华北除了宗族性的村庄之外，还存在各种"宗教性的村庄"，也就是说，在华北的农民之间，除了血缘和地缘网络外，还有许多超越村界范围因各种宗教信仰而结成的网络。④ 我们不能说这些宗教性网络的存在，对土地买卖中基于血缘和地缘的先买权会构成直接的影响。不过，日本社会学家高田保马基于对各类社会共同体的组织形式以及个人对共同体的依赖性的研究，提出了社会共同体结合强度的反比规律，他认为：无论个人还是社会，其结合强度皆有一定的限度；个人交际越广，其结合强度越弱，社会结构各层次的结合强度互成反比，个人对低层次的社会共同体的依赖性越强，对高层次的共同体的依赖性就越弱。⑤ 在清代相对封闭的中国乡土社会，这种超越血缘和地缘的宗教信仰的存在伴随着一些宗教活动，会扩大人们生活、交

---

① 黄宗智：《长江三角洲的小农家庭和乡村发展》，中华书局1992年版，第148—155页。
② 朱勇：《中国法律的艰辛历程》，黑龙江人民出版社2002年版，第158—161页。
③ 杜赞奇：《文化、权力与国家：1900—1942年的华北农村》，江苏人民出版社2003年版，第62页。
④ 同上书，第85—108页。
⑤ ［日］高田保马：《修订社会学概论》，转引自朱勇《中国法律的艰辛历程》，第177页。

际的范围，这对人们原有的单一的最低层次的宗族意识或多或少地会带来一些不可避免的冲击。所以，从总体上看，"与南方的宗族势力相比，北方的宗族显得微不足道"，"与北方不同，南方的宗族多有较大的族产，家庭成员散布数村"，它们"保护同族弱者，并具有北方宗族所缺乏的共同意识"。这种看法是有一定道理的。① 而且多元组织存在的本身就在一定程度上意味着对血缘组织认同的一种削弱。这无疑使北方的宗族观念更容易被突破。因此，买卖契约中亲族的最优先买权在北方地区部分地让位于典权人等的先买权，我们从上述北方社会及宗族的特点中可以得到部分解释。

不管怎样，就清代国家法对民间买卖交易中先买权的干预来看，其效果显然是微不足道的。由此，我们真切地感受到，"任何一个当权者都不可能长时间地实施与当时当地的社会需要背道而驰的规则或安排"，"与一个社会的正当观念或实际要求相抵触的法律，很可能会因人们对它们的消极抵制以及在对它们进行长期监督和约束方面所具有的困难而丧失其效力"。② 就法律和社会变迁的关系来说，通过司法改变社会进而促进社会变迁的作用相当有限③，因为司法的主要功能是维护既有秩序，而不是改变秩序或者创造新秩序。而一项国家法律要发挥其有限的改变社会交易习惯的努力还必须和其他相关的国家政策具有协调性，否则，国家法律将不可避免地沦为"一纸具文"。同时，粗略地说，由于清代的中国南北方还存在一定的经济和社会结构方面的些微差别，因而相同的契约程序安排在民间也显出一些不同。这也表明，国家法对社会经济生活的干预的效果也和地区经济发展水平和社会结构存在一定的关系。这也是我们在研究清代买卖契约时所得到的启示。

第四节 契约订立中的第三方群体：功能及其意义

一 第三方参与人的主要类型

中国古代各类交易行为中，有一个特别引人注目的地方，那就是在交

---

① 波特：《传统中国的土地与宗族》，转引自《文化、权力与国家：1900—1942年的华北农村》，第62页。
② [美]博登海默：《法理学法律哲学与法律方法》，第403—404页。
③ 尹伊君：《社会变迁的法律解释》，第268页。

易的过程中，除了双方当事人以外，一般总少不了各色各样的中间人的参与，就房屋土地等重要的不动产买卖而言，没有第三方的参与的买卖交易契约几乎根本无从订立。因此，将中人引入到契约关系中来可以说已经成为一种根深蒂固的习惯。① 而在田宅买卖契约的启动阶段，我们看到，出卖标的的意思表示虽然是由卖主表达的，意思的传达却是由最重要的第三方参与人之一的中人进行的，可以说，在民间的田宅买卖中，这种角色的中人就是一起交易的"发动机"。我们从民间遗留的契约文本来看，所有的契约中也都有"三面议定"或者"凭中"等字样，对此，早已引起学者的注意。② 然而，中人往往并不限于在契约中签名画押，对契约的真实性起着证明作用那么简单。在很多情况下，参与契约订立的第三方由多数人构成，他们在交易中充当着各不相同的角色和功能，其在契约文本中的称谓也有所不同，常见的第三方参与人包括代书人、中人、中见人、保人及一般的在场证人。下列契约为我们提供了一个比较全面的第三方参与契约订立过程的文本材料：

   乾隆三十一年十二月十九日何卢氏出卖田土文约③
  立出卖田地房产、园林基址、石工竹木等项文约人何门卢氏
  缘氏幼配何会元为婚，因命不辰，氏夫早丧，仅遗二女抚育出蘸，守制至今，年迈无倚。情因屡年天时旱魃，难以度日，情愿同侄何松山、灿山、屏山、侄孙子朝等妯侄商议，将氏夫受分祖业田地一份，载种九斗，条粮三钱。其有四至界畔，东地名长冲沟正冲田三丘，南地界雁子沿沟磅荒熟田地一段抵张姓为界，西地名陀腰树熟田五丘抵岩仑为界，北边老屋宅下正冲秋田一丘、宅左小田一丘、底下磅长田一丘、塘湾熟田大小四丘、中地名响堂岗磅田直下滥田湾沟磅熟田一段、石猪槽荒熟田一段、宅左竹林熟土并天池岗大土一并在内，沟底下柴山一段，花土柴山一段，左边七柱瓦房半向、土库草房一向、门楼窗格、石工竹木具全，凭众脚踏手指，四至界畔清楚，悉行尽卖，寸土不留，出卖与堂弟何攸元名下永远为业。彼即凭中面

---

① ［英］S. 斯普林克尔：《清代法制导论》，张守东译，中国政法大学出版社2001年版，第134页。
② 李祝环：《中国古代契约中的中人现象》，《政法论坛》1997年第6期。
③ 《清代巴县档案汇编》乾隆卷，档案出版社1991年版，第13—14页。

议，时值田价足色纹银一百二十两整，并无货物折算。彼即凭众交给何卢氏婶侄等人手亲收领讫，契价两明，并无后欠。自出卖之后，并未包卖他人寸地。如有界畔不楚，卖主婶侄一味承值。其有粮差，买主以为输赋，不与卖主相干。中间本族人等日后不得别生异端，如有称言，卖主婶侄一面包承。此系二家心甘意服，并无勒卖之情。今恐人心不古，立出卖约一纸永远存据。

实计田价银：足色纹银一百二十两整，书画一包在内，酒水在外。

立卖约人	何门卢氏
	何松山
同侄	何灿山
	何屏山
侄孙	何子朝
引进	何维霖
说合	何松山
凭族邻	何懋祯
	何懋爵
代书	何南山

在这份土地买卖契约中，除了详细说明标的的具体内容和范围以及关于价银的收付情况外，最引人注意的就是参与契约的除了当事人双方外，还包括第三方（人数由多人组成），他们是引进人、说合人、族邻、代书四个角色。从契约中我们看出何松山既是出卖人之一，也是订立契约的说合人，契约中不厌其烦地将其名字重复书写，至少说明在契约的订立过程中，说合人是一个举足轻重的角色，因而即使他已经位列契约之中，但依然不能忽略。而这里的引进人和说合人都充当着中人的角色，只是因其在交易中所起的作用有所侧重，因而分别列出。凭族邻则只是一般的在场交易见证人。在清代的买卖契约中，最重要的、参与交易价格议定的中人往往和见证标的和价银交付的证人以及保人相互重合了，在契约中也直接以中见、中保等名称出现。而充当中人的，除了民间一般比较有威望的人外，也有一些职业中人，他们被称为"官中""官经纪"或牙人。不过，我们在现存的清代买卖契约中所看到的主要还

是民间的一般非职业中人。这主要是民间为了规避各种交易税费的结果。

二 第三方参与的作用

虽然买卖契约中的第三方参与人的作用在很多时候是重叠的,但依其在契约中的称呼而论,也略有侧重。代书,顾名思义,就是代替卖主写立契约的人。本来,在官方的官契格式所附章程中,都明确规定"契不许请人代写,如卖主一字不识,止许嫡亲兄弟子侄代写"①。但在清代的现实生活中,有的出卖人没有嫡亲兄弟子侄,或者嫡亲兄弟子侄也都一字不识,这种情况下,聘请其他人代写契约自然不可避免。这点我们在现存的清代契约中也能经常看到。如《中国历代契约考释汇编》中的第 1023 号、1029 号、1034 号、1039 号、1054 号、1065 号契约等。这对契约的效力没有什么影响。不过,代书人不仅仅是代写契约而已,如果卖主对标的存在权利瑕疵以致引起纠纷的话,代书人也会被追究连带责任,如在清代名吏徐士林所审理的《陆方朝拐略万友章一案》中,代书文契人苏文若就因为不明标的来历而妄写文契被追究责任,后因案发时已经身故,才没有被追究。②

除代书人的作用相对比较单一明确外,买卖契约中的其他第三方参与人都不同程度地起着如下作用。首先,是保证交易能够比较公平地进行,尤其是参与议定交易价格的中人。通常,中人若是产生在买主确定之前,是由卖主选定的。此时,他受卖主之托,承担其帮卖主出卖田宅、寻找买主的任务。③ 买主是基于对中人的信任,最起码也是没有对中人偏袒卖主的担心,才会同意购买田地。而中人若是在买主确定之后被选定的,则必然是在当事人双方均不反对之后得以确定,这样才不会违背情理。因此,一般说来,中人在买卖交易中会保持一个相对中立、公正的立场。中人的身份被确定以后,他就会参与田地所有权变动的全部过程,并能够相对公正地监督交易双方的行为。中人必须要参与田地出卖价格的商定,此时的

---

① 清乾隆十一年(1746)山阴县孙茂芳叔侄卖田官契,载《汇编考释》,第 1248—1249 页;嘉庆六年(1801)山阴县高兆原兄弟(绝)卖田官契,载《汇编考释》,第 1308 页;清光绪二十二年(1896)蓟门乔顺卖房官契后附的"写契投税章程",载《汇编考释》,第 1464 页。
② 陈全仑:《徐公谳词》,第 112—113 页。
③ 例如《清代土地占有关系与佃农抗租斗争》,"贵州仁怀县袁世敏强赎远年出卖田土"案,第 172 号案例。

中人就是独立的、与双方当事人没有利害冲突的第三人，对卖方出价过高或买方故意压低价格的行为都会给予适当的制止，从而保证交易是在一个相对公平、公正的范围内进行。中人的第二个重要作用是当交易双方发生纠纷或者发生变更时，承担调解的责任和劝谕的功能。这种责任和功能都是被动的，是应当事人的要求而承担和发挥的。如在田宅买卖交易完成后又发生了围绕原标的的交易变更，卖主或者其他有关的人要求找价以及要求索要交易价格以外的其他费用时，一般都会要求中人出面。如在江苏常熟县卢国荣买田无力再付找价银一案中，卢国荣买卢明岗的房地，交易已经过去了七年之久，原卖主又要求找价，卢国荣无力再付找价，"就凭原中吴新在写了放赎的一张凭票给卢明岗"①。像湖北江陵县邱云友卖田一案中，邱云友将田卖给了郑金南，"朱在位弟兄说他是原业主，投鸣中人向小的（郑金南）要脱业钱，小的不肯，中人们劝解，叫从乡例每两给银三分"②。在涪州杨榜卖田纠纷案中，杨士荣于乾隆十四年三月买其堂弟杨榜田地一分，"杨椿、杨显各得画字银九两，杨椿写契，又得银一两，已经交割清楚"，但"八月间，杨显托原中来说，从前杨榜卖田地，比杨椿少得银一两，若不补给，就是赎田"③。上述各种类似的情况在田宅买卖交易中比比皆是。而当发生交易纠纷时，当事人首先就是寻求中人以获解决。连官方也认为中人的调解责任是理所当然和必须的，所以在判案中会说，"他不允你赎，你就该邀同原中理明，怎么听他执抗"④。而且，中人所负的调解责任几乎没有时间上的限制，从买卖交易的过程中到买卖交易完毕后的任何时段，只要是围绕该交易所发生的纠纷，无论是何种缘由，由何人提起，中人都要承担调解义务。最后，当交易中的相关当事人之间发生民间无法自行解决的纠纷而向官方提起诉讼的时候，作为除交易双方当事人以外的最重要的参与人，其所要承担的证明作用是不言而喻的。

事实上，从民间的田宅交易习惯看，买卖契约中所出现的第三方参与人并不是其全部。有时候，买卖契约订立的过程中可能还涉及到一个更大的第三方群体。这些人很多时候并不必然出现在书面契约中。

---

① 《清代土地占有关系与佃农抗租斗争》，第 141 号案，第 387—388 页。
② 同上书，第 172 号案，第 363 页。
③ 同上书，第 140 号案，第 386 页。
④ 同上书，第 141 号案，第 387 页。

从江苏、甘肃、山西、浙江、湖南①等地的习惯调查中我们可以看出，田宅买卖契约的订立的第三方参与人除了一些在契约上签名的有限的人员外，还包括一些在契约文本中没有提及的人。他们主要包括卖主的其他族人、邻佑、所卖土地的四至地邻等。

在清代社会，一项重要的财产买卖契约订立，之所以要牵涉如此众多的第三方，可以说正是对官方缺乏必要的所有权确认制度的一种自发的反应。民间为了交易上的安全可靠，自然是引进的第三方人数越多，对交易的合法性的证明功能就越强。而在民间的田宅交易中，甚至出现了更为特别的"公示"方式，以保证买卖交易的安全可靠。如江西南昌等地：

> 故垣惯例，买主于买卖房屋契约成立，尚未付款之时，须先贴条子三天，或七天于四围墙上，苟对于该业有权者，应即将条子扯去，出头主张权利，则买主可解除买卖契约。若贴条子之时不出，及至买主清价管业时，始出而主张者，则买主可不负此责任。

又：

> 凡买卖土地，成交后，向例有画灰、插牌、立墩等手续。画灰系将石灰画成直线于所买之田四至，以明界限；插牌系插于买业四至之牌，或用竹质，或用木质，均无一定；立墩系买卖田业后所立之土墩。三者名称虽各不同，然皆买业人于买受时用以表示该田权利业已移转之意，如有厉害关系之第三者，可向出业人清理，以免他日之纠葛也。②

而湖南常德等地的田宅买卖习惯中的"公示"程序则更为完备：

> 不动产买卖之第一步，先由卖主表示自愿变卖之决心，亲书草约，付与中人之一种凭据，俗名"许成字"，又名"准字"……其买

---

① 详见《报告录》第167、318、382、383、402、564、465、479、549页。
② 同上书，第458—459页。

> 卖之第二步，尚分二种：（一）曰毛契，卖主未交业，买主未兑价，由卖主作成之一种非正式卖契之谓也。如于一定期间内业有纠葛发生，或买价不能如期履行，双方均可主张作废。（二）曰红签，卖主未交业，买主未兑价，由卖主作成正式契约，但留议定业价若干不载契内，另以红纸书载业价数目，粘之契价空处，一种不完全买卖契约之谓也。如于一定期内业有纠葛发生，或买价不能如约履行，双方均可主张作废。……第三步，则有脱业字，经买卖预约成立后，由买主对于所买不动产，如系水田，用木签书明"此业归某某承买管业"字样，插于所买田中，名曰钉椿；如系房屋，用红色纸条书同一字样，贴于所买房屋壁上左右，经过十天半月，无第三者发生异议，即由买主订期置酒足价，名曰中人酒，是日即系成立正式契约之日……①

在此我们看到，由于清代国家没能为民间的田宅产权移转提供高效的而且成本低廉的登记公示服务，民间为了使交易的稳定和安全得到最大程度的保障，不仅在交易过程中最大范围地引入第三方群体以提高交易的宣示效应，而且各地创造性地建立了各具地方特色的朴素的"公示制度"，以满足不动产（田宅）买卖的需要。

就买卖契约而言，其产生的主要目的就是使所有权产生变动。在现代民法理论上，"物权公示之原则，为关于物权变动公示之原则""现代各国法制就不动产、动产分别为登记及交付（占有）为其公示方法"②，所有权作为最重要的物权类型，自然不例外。从清代民间田宅买卖的程序来看，人们显然已经意识到了"公示"对交易的重要意义，因此在交易中以民间的智慧创造了几乎无成本的、朴素易行的公示方法来替代国家的登记公示。虽然清代的田宅买卖中的"公示"是在契约正式生效之前进行的，其出发点是防止交易可能导致的纠葛，而现代物权变动公示则是交易生效的标志，但二者在保障交易的安全性的终极目的上是相同的。

---

① 《报告录》，第560—561页。
② 史尚宽：《物权法论》，中国政法大学出版社2000年版，第30页。

三 关于第三方参与人的报酬

订立契约过程中的第三方参与人有的会获得一定的报酬,如获得"画字银"或者"喜资银"之类,这些人往往是卖主的亲族中人或者上首业主。有的则只是参加交易完毕后由买主出资所举行的宴席。从某种意义上说,举办宴席本身就具有一种仪式的味道,出席宴席的人可以说都具有"证人"的作用,这对买主获得交易的安全感显然具有重要的意义。当然,如果交易中有官中的出现,那么付给他们一定的费用也是必不可少的。而且由于官牙具有官方所赋予的监督民间田宅买卖交易的功能,因此,即使他们没有在交易中发挥任何作用,他们也会借此向交易双方索要钱财。在刑科题本"安庆按察使司按察使刘柏详"所题的"安徽芜湖县徐九明买田所酿命案"中,就是因为牙纪戚廷瑞听说徐九明买了高予怀家的田产后,让其外甥去向徐九明讨要牙钱,但徐九明已经将牙钱给了另一个牙纪晋希文,两个牙纪为争一份牙钱而酿成了人命案子。① 该案中的两个当事人都是私充的牙纪,而且都没有在徐九明买田交易中发挥任何作用,但买主徐九明仍然要缴纳牙钱。

可能正是由于职业官牙普遍不被人们所信赖,有时甚至是让人讨厌的缘故,从民间的契约实践来看,由职业官牙作中的情况并不是很常见,更多的时候是买卖双方都比较熟识的非职业牙人充当交易中最重要的中见人。从清代的各类契约文本来看,最常见的现象是中人和立契约人或者另一方当事人同属一个姓,因而和他们其中一人同宗的可能性很大,当然契约中也存在中人和交易双方不同姓的情况,有学者认为可能存在以下几种情况,第一,虽然不是同姓,但可能是异姓的姻亲,第二,立契约人可能是当地宗族之外姓,第三则可能是虽然不同姓,但他们是当地比较有声望的人,甚至是保甲长。② 不过,即使不是官中或者职业经纪人,参与交易的中人和替卖主写立契约的代书人一般也会获得一定的报酬。这些第三方参与人获得报酬的多寡,我们可以就习惯调查所提供的资料进行一个简单的统计(见表3-3):

---

① 《清代土地占有关系与佃农抗租斗争》,第314—316页。
② 李力:《清代民间契约中的法律》,第95—96页。

表 3-3　　　　　　　　　常见的第三方参与人的报酬额度

地区	买卖交易的标的	占契价的比例（%）	买方出资比例（%）	卖方出资比例（%）	中人所得（%）	代书所得（%）	在《报告录》《大全》中的出处
黑龙江龙江县	田房	5	3	2	5	—	43 页
黑龙江大赉县	田房	5	3	2	5	—	56 页
黑龙江绥楞县	田房	5	3	2	5	—	66 页
黑龙江巴彦县	田房	5	3	2	5	—	74 页
山东掖县	房屋	3	—	—	2	1	115 页
陕西长安县	田宅	2	—	—	—	—	290 页
陕西商南县	田宅	5	5	0	3	2	294 页
山西各县	田宅	5	3	2	—	—	384 页
安徽芜湖	房产	—	3	2	—	—	421 页
安徽舒城	房产	7	5	2	5	2	442 页
安徽当涂	田房	5	3	2	—	—	451 页
安徽颖上县	田房	5	3	2	—	—	444 页
安徽五河县	田房	10	10	0	10	—	438 页
江西南昌县	田土	3	3	0	—	—	461 页
江西南昌	房屋	4	4	0	—	—	461 页
江西新建县	田宅	4	4	0	3	1	463 页
江西赣县	田宅	5	3	2	—	—	463 页
福建闽清	田宅	5	3	2	5	—	505 页
福建顺昌	田宅	5	5	0	—	—	513 页
福建晋江	买卖产业	5	3	2	—	—	515 页
福建南平	买卖产业	5	3	2	—	—	515 页
福建建阳	买卖产业	5	3	2	—	—	515 页
福建福州	买卖产业	5	3	2	—	—	515 页
湖北汉阳	所有买卖	5	3	2	—	—	522 页
湖北郧县	田地	5	—	—	3	2	《大全》28 页
湖北兴山县	田地房屋	5	3	2	—	—	《大全》28 页
湖北竹溪县	田房	5	—	—	3	2	《大全》28 页
湖北五峰县	田房	3—5	—	—	—	—	《大全》28 页
湖北谷城县	田房	3	—	—	—	—	《大全》28 页

续表

地区	买卖交易的标的	占契价的比例（%）	买方出资比例（%）	卖方出资比例（%）	中人所得（%）	代书所得（%）	在《报告录》《大全》① 中的出处
湖北潜江县	田地	5	3	2	—	—	《大全》28 页
湖北潜江县	房屋	10	6	4	—	—	《大全》28 页
湖北广济县	田地	5	—	—	3	2	《大全》28 页
湖北京山县	田地	5	—	—	—	—	《大全》28 页
湖北巴东县	田地	6	4	2	5	1	《大全》28 页
湖北广济县	房屋	8	—	—	5	3	《大全》28 页
安徽天长县	田产	5	3	2	—	—	《大全》30 页
安徽广德县	田房	5	5	0	3	2	《大全》30 页
湖南长沙②	田宅	3	3	0	—	—	《大全》27 页
陕西南郑县	田宅	5	—	—	3	2	580 页
绥远归绥	所有买卖	5	3	—	—	—	601 页
直隶清苑县	地亩	5	3	2	—	—	349 页

从上表可以看出，在民间的田宅交易习惯中，虽然买卖契约中的第三方参与人所得的报酬各地并不完全相同，分配比例也存在一定的差异，但总的费率绝大部分地方维持在5%左右，在支付分配的比率上，大部分地方都是买方出三分，卖方出二分。只有湖北、安徽的极个别地方大大超出这一比例，达到了10%。为什么在如此广阔的空间领域，交易第三方参与人所得费率与买卖方的负担分配比率竟会如此的接近一致？

对此，如果将这一现象置于中华传统文化的大背景中，我们会有一个更全面的理解。很多学者都认为中国传统文化主要由生殖文化和数理文化构成，而在中国的数理文化中则以神秘数字占统治地位。"三"和"二"是中国传统文化数理文化中两个重要神秘数字，其中蕴含着传统中国人对宇宙万物的理解。"三"的一个重要的寓意就是代表着万事万物发展的基础，是繁育的象征，所谓"三生万物"表达的正是这个意思。而"二"

---

① 法政学社编：《中国民事习惯大全》，台北进学书局1969年影印本。
② 关于长沙的中人费用情况，《报告录》和《大全》有出入，《报告录》的情况是：买卖不动产，中人费每百元三元，由买主负担。

则往往具有一定的贬义色彩，有表示"分裂"的意思。① 在清代社会，田宅不仅是维持生计的最重要的基本物质资料，而且还和一个家庭的兴衰败亡密切相连。出卖田宅，往往意味着一个家庭的破落，而能够购买田宅自然是兴旺发达的象征。所以在民间分配中费比率的问题上，很多地方都有"兴三败二"或者"成三破二"的说法。② 这应该是中国传统的神秘数字文化在这一问题上的无意识反映。

在官方的法律中也有和民间通行的习惯基本相同的规定。《光绪二十二年蓟门乔顺卖房官契》③后的写契投税章程中，对民间田宅交易中官牙纪的收费标准规定如下，"民间嗣后买卖田房，务须令牙纪于司印官纸内签名，牙纪行用与中人、代笔等费，准百分中之五分，买者出三分，卖者出二分。系牙纪说成者，准牙纪分用二分五，中人、代笔分用二分五。如系中人说成者，丈量立契，诋准牙纪分用一分。如牙纪人等多索，准民告发，查实严办"。同时，我们也看到，在清代的社会生活中，田宅买卖交易中由于存在找价等习惯，往往导致买卖交易要延续很长一段时间才算彻底完成，有时甚至在多年以后仍会因为各种原因而致使交易的性质发生改变，在这种情况下，和第三方的费用问题的就容易导致纠纷的发生。如在前述江苏常熟县卢国荣买田一案中，卢国荣在乾隆九年买下了卢明岗的房地，但七年之后，卢明岗又来要求找价，卢国荣无力支付找价，就答应让其赎回房地，当年交易时，卢国荣花费了居间银一两五钱，所以要求卢明岗除支付买价外，还要偿还其花费的居间银两，后者不肯，以致双方发生纠纷并闹出了人命。④ 官方的规定显然没有考虑类似买卖交易性质变更后如何处理交易费用的问题。从该案的最后结果来看，"卢国荣所用居间银两，卢明岗已愿认还，应饬交清，著令卢国荣检契给领"。这显然是当事人之间自己协调的结果。从这里我们也可以看出，官方虽然对田宅交易的费用作出了明确规定，但其主观目的显然并不是出于规范各种居间费用以促进民间买卖交易的顺利进行，使其在发生纠纷时有据可依，而是其"治吏思维"延伸的自然反映。官牙纪虽然并不是清代国家的官吏，但如前所述，他们实际上处在国家官僚系统的最末梢，对民间的重要的财产买

---

① 何柏生：《神秘数字的法文化蕴含》，《政法论坛》2005年第4期。
② 这种说法广泛地流行于山西、福建、绥远等地方，见《报告录》384、505、601页。
③ 《汇编考释》，第1464页。
④ 《清代土地占有关系与佃农抗租斗争》，第141号案，第387—388页。

卖交易起着监督和管理作用，对他们的收费标准作出明确规定也可以说是对其职能规定的一部分，因此其规定也就到此为止了。

在清代社会，一项重要的财产买卖契约订立，之所以要牵涉如此众多的第三方，可以说正是对官方缺乏必要的所有权确认制度的一种自发的反应。民间为了交易上的安全可靠，自然是引进的第三方人数越多，对交易的合法性的证明功能就越强。不仅如此，由于清代国家没能为民间的田宅产权移转提供高效的而且成本低廉的登记公示服务，民间为了使交易的稳定和安全得到最大程度的保障，不仅在交易过程中最大范围地引入第三方群体以提高交易的宣示效应，而且各地还创造性地建立了各具地方特色的朴素的"公示制度"，以满足不动产（田宅）买卖的需要。在近现代民法理论上，"物权公示之原则，为关于物权变动公示之原则"，"现代各国法制就不动产、动产分别为登记及交付（占有）为其公示方法"[①]，所有权作为最重要的物权类型，自然不例外。从清代民间田宅买卖的程序来看，人们显然已经意识到了"公示"对交易的重要意义，因此在交易中以民间的智慧创造了几乎无成本的、朴素易行的公示方法来替代国家的登记公示。虽然清代的田宅买卖中的"公示"是在契约正式生效之前进行的，其出发点是防止交易可能导致的纠葛，而现代物权变动公示则是交易生效的标志，但二者在保障交易的安全性的终极目的上是相同的。

而在官方制定的官牙在买卖交易中的收费标准和民间的通行习惯之间的一致性，应该和中国传统文化中赋予"二""三"的神秘意义息息相关。同时，官方的这一规定既没有从民间买卖交易中搜刮额外财富的功能，而且对田宅买卖交易的顺利进行极为有利，这也成为这一习惯普遍流行于全国各地的重要条件。

[①] 史尚宽：《物权法论》，中国政法大学出版社2000年版，第30页。

第四章

订立的田宅买卖契约：格式与内容

第一节 形式变异与内容自治

一 契约性质的"标识"及其功能

我们在前面论述清代国家法律对民间契约的规制的章节看到，清代国家为了明确契税的征收对象以及减少民间因为典卖不清导致日益增多的田宅交易纠纷，在乾隆十八年的定例中规定，"嗣后民间置产业，如系典契，务于契内注明回赎字样，如系卖契，亦于契内注明绝卖永不回赎字样。其自乾隆十八年定例以前，典卖契载未明，（追溯同年）如在三十年以内，契无绝卖字样者，听其照例分别找赎。如远在三十年以外，契内虽无绝卖字样，但未注明回赎者，即以绝卖论，概不许找赎。如有混行告争（要求找价回赎）者，均照不应重律治罪"①。也就是说，对于田宅买卖契约，必须在契约上注明"绝卖永不回赎"字样。各地也有一些类似的通行惯例。② 我们在各地遗留下来的契约文本中也可以看到，很多契约都以"立绝（杜）卖契人某某"或"立卖契人某某某"开头，也有的契约在末尾还强调"不得言找、言赎"。

但是，这只是问题的一个方面。我们也看到在清代很多地方的民间田宅买卖的惯例中，还有很多背离国家法律的习惯。

山西方山县习惯：同族间买卖不动产，如前已有买卖情事，后若再行买卖，即不另立卖约，或傍批于前以内，或另立一并约，其效力与卖约同。……按：推并约意义，以为不动产卖与同族与卖与别姓不同，故不曰

---

① 《大清律例·户律·典买田宅》条例。
② 张晋藩：《清代民法综论》，中国政法大学出版社1998年版，第136页。

"卖"而曰"并"①。此习惯还存在于山西兴县、临县②、山东平鲁县之推约立约受值与买卖同③。

江苏各县家族内部绝卖不动产：普遍买卖不动产契约，其首尾均写杜绝及永不回赎各字样。若家族间之买卖不动产，此等字句大都引避，只写推并字样。其原因以一族之亲，田地移转，终属一姓，务避去买卖等字，以示亲善。该归并契一经成立，其效力与普通买卖绝契无异，卖主完全脱离所有权关系，不得再行请求回赎。

福建霞浦：产业买卖，如在五服内，只典不断，俗谓"同族无断业"。④ 很显然，由于在福建大部分地区，同族间的交易占有相当大的比例，因而，所谓的"同族无断业"的习惯虽以典的方式出现，但实质上许多出典人无力回赎，已然就是买卖关系。

湖南石门、慈利、滨湖：兄弟二人业经析产，嗣后甲房之产转移于乙房，则立楣字，以示其原系一家之意。⑤

陕西西乡：民间本户族以内移转田宅，多立付约，其价则为卖价。⑥

安徽蒙城县、舒城县：归并约不投税。蒙俗，凡房族析居后，变卖不动产于其亲房各支，书立归并约，即过割银粮，上庄管业，并不投税。⑦

浙江永嘉：凡同宗族间不动产买卖，多不立卖契，而书立"就契"⑧。浦江县同祖间买卖契约绝对讳言买卖二字，均以"归"字替代⑨。

甘肃：泾源道属各县，凡同宗房族间不动产买卖，不书立卖约，只书立推约，其契内所载与卖契无异，不过亲族之间，以"推"代"卖"⑩。

从上述习惯所涉及的地域来看，具有相当的广泛性。其特点是明明就是田宅的买卖交易，但在整个契约中却几乎看不到一个能显示买卖性质的用词。如下契所示：

---

① 《报告录》，第 121 页。
② 同上书，第 138、139 页。
③ 同上书，第 386 页。
④ 同上书，第 256 页。
⑤ 同上书，第 284 页。
⑥ 同上书，第 297 页。
⑦ 同上书，第 431、440 页。
⑧ 同上书，第 485 页。
⑨ 同上书，第 490 页。
⑩ 同上书，第 590 页。

立推并人熟田塘庄房基地稻场东厕文契人稽明胜,今因正用不足,自情愿将续置民熟田房基稻场东厕一案,坐落小丹阳西北,向乡山南一图上龙库村一带地方,熟田六十七亩正,房基稻场东厕一并在内,寸土不留,其田塘及路,塘名丘墩,均依老上契为凭,不细载,央中说合,推并契卖与〇〇〇堂兄明珠名下永远执业。过犁耕种,办纳收花,当日凭中言明时值,推并田价龙洋一千一百元正,比即洋契,两交清白,并不短少分文。其田塘房基东厕稻场等自推并之后,永无异说,永无反悔。恐后无凭,立此推并民熟田塘庄房基稻场东厕文契,永远发福存照。

宣统三年清和月　日立推并民熟田塘房基稻场东厕文契字人稽明胜押。(下略)①

而其出现的场合则是买卖双方具有或远或近的血缘关系的时候。

同族之间的田宅买卖在契约的写立上回避"卖"字,的确有情感需要的成分在里面,这也是中国人重视伦理亲情的一种形式上的反映。但是,仅以此恐怕并不能全面地理解这种现象,因为中国自古以来也有"亲兄弟明算账"的说法,回避"买卖"的提法更多的只具有"面子"上的意义。因此,其中的利益诉求也无疑起着重要的作用。民国初期的习惯调查员在发现这种现象的时候就指出,"手续简单,既可省购官纸,又可省纳税",而"一般人视为与正式卖契有同等之效力"。杜赞奇通过满铁调查资料也发现,在华北地区很多家庭在兄弟分家之后,为了避免诉讼和其他纠纷,往往将所有的土地都登记在同一个祖先名下,这样兄弟们就可以免交契税和过割登记费。而且有的地方在将土地卖给五服之内的同族成员时,根本不需要签立契据。②因此,可以说这种在田宅买卖中的以"并""推""归"等字样代替"卖"字的习惯之所以能够在如此大的范围内流行,其利于降低交易成本作用应该是其主要的推动力之一。

除此之外,民间田宅买卖契约的另一种"变相"则是官方法律禁止的直接结果:

---

① 《报告录》,第145页。
② 杜赞奇:《文化、权力与国家:1900—1942年的华北农村》,第65、69页。

直隶望都、清苑县：卖地多写退地文契，（清苑写立推契），均为买卖地亩之证物，仅形式上"退地""推地"之标明。①

奉天怀德县、昌图县：田地尽系蒙产，民与民私相授受，缔结兑约，并无杜绝字样②。昌图地亩全属蒙古博王私产，故民间有兑契无卖契。③

吉林全省：各项官产甚伙，凡民人承垦官产者，谓之佃户。……惟出售此产，全立兑契，不写卖契，盖以所有权属之官家也。④

山东历城县：官产地永佃者，名曰"实典"，即卖之别名，亦不准回赎⑤。

甘肃：毛目县卖契只立退约，盖该县属屯地，本不能自由买卖，所以民间避去买卖字样，代以"退"字为约⑥。

热河平泉县：永远长租契约实为卖约。旧例只准招佃，不准卖给汉民，嗣后私行买卖，所立之契即曰永远长租契约，实则卖契也。⑦

察哈尔张北县：典卖田亩，概用推字。……出典契上写推与某人几年，钱到回赎；……出卖契上写推于某人，永远杜绝。此习惯由来，盖以口外多系圈地或赏地，前清定例，禁止买卖，不得已乃以推字代之。⑧

江西彭泽县：关于民业转移之契约，为杜卖字，而关于屯业之转移之契约，则用推字。盖屯业原为国有，民间不能私相买卖之故也。⑨

湖北全省习惯：军业以典为卖。凡湖北军产，其书立契约时，虽仅表明为一种典约，然而其契约后段则载明"不得藉典求赎字样"，故凡关于此类典契，即不得任当事人以形式之标明而主张为典当关

---

① 《报告录》，第17页。
② 同上书，第20页。
③ 同上书，第22页。
④ 同上书，第31页。
⑤ 同上书，第112页。
⑥ 同上书，第591页。
⑦ 同上书，第329页。
⑧ 同上书，第338页。
⑨ 同上书，第473页。

系①；而军田则假断卸之名，而行买卖之实，其原因同上，乃由于清代军产不许出卖，民间遂创以他名而为之②。

  绥远全区：长租约，蒙古地禁止出卖，故民间多以长租约为之，其实即卖约之变相。③

  上述土地买卖契约"变相"的大量存在，显然是清代国家政权已经无法有力控制"国有"土地的真实反映，是在清代经济发展的要求下对不符合经济发展的土地占有制度的本能突破。在这里，我们看到"与一个社会的正当观念或实际要求相抵触的法律，很可能会因人们对它们的消极抵制以及在对它们进行长期监督和约束方面所具有的困难而丧失其效力"④。这正是清代禁止各类国有土地买卖法律的命运写照，这也如同清初禁止"旗民交产"而日后很快就不得不面对现实做出调整一样。

  当然，也有少数地方是出于民间禁忌而在买卖契约上回避"绝卖"字样或者为了"藏富"而隐瞒买产情况的。如吉林全省，"此习惯缘吉省人民多以'绝'字含有家产尽绝之意，故多避讳不写"⑤。而在江苏阜宁县，"置产杜绝者，亦多写永典，并注明永远管业字样，不立杜绝文契"，而这样做的目的是"盖避置产之名，恐外人觊觎其富也"⑥。

二　田宅买卖契约的一般内容

  对于田宅买卖契约的一般内容，已有很多学者从不同的角度作了比较详细的论述。⑦ 我们在此结合清代契约的文本情况进行简单的归纳。

  从清代的契约实践来看，土地买卖契约的内容主要包括以下几个方面。①订立契约当事人的姓名。②土地买卖契约的性质，即是绝卖契

---

① 《报告录》，第517页。
② 同上书，第517页。
③ 同上书，第602页。
④ ［美］博登海默：《法理学法律哲学与法律方法》，第251页。
⑤ 《报告录》，第31页。
⑥ 同上书，第169页。
⑦ 代表性作品如李祝环《中国传统民事契约的成立要件》；张晋藩《清代民法综论》，中国政法大学出版社1998年版，第136—142页；罗海山、王一《中国古代田宅买卖契约的条款》，载《大庆高等专科学校学报》2003年第4期。

（杜卖契）还是活卖契等。③确定标的的界限，在该契约中，很显然所买卖的土地是官方登记在册的，因此，标的的确定是直接以官方的测量登记号为准的，由于在登记册簿上已经表明了土地四至的范围，因此，没有出现我们在其他土地买卖契约中经常看到的关于土地四至的文字。这种情况，在红契中出现的频率显然比白契为高。不过，我们也应该注意到，有时契约中所标明的土地面积大小不一定就是真实的，民间为了少纳税两，往往会虚折土地面积，虚折的额度还和土地的性质和质量有关系，如在安徽含山县，就有"田地、山塘，有照一亩几分折算一亩的，有照三亩几分折算一亩的"。① ④明确说明该土地上所承担的税负。由于土地的买卖涉及税负的过割，因此，该土地上所承担的税负显然是买方所关心的一个重要内容。⑤价格的确定方式，由买卖双方以及中人，根据当时的时价共同议定，体现了交易中的公平自愿原则，至少我们从契约的文本来看，这是没有问题的。⑥关于价金的交付，是一次性付清还是分多次付清。每次付出部分价金后，是否还要订立所付价金证明的契约文字。⑦转移标的物权利的起始时间。由于对土地的经营收益方式存在最常见的两种，一种是出佃以获得地租的方式，另一种是自己耕种以获得收益的方式。由于第一种方式相对简单，可以随时约定买方的收益起始时间，但在第二种情况下，还会涉及该土地上现有农作物的问题，因而会更复杂一些。⑧卖主或者中保对该地所有权完整无瑕疵的担保，包括申明没有重复买卖的情形，也不存在权利争议。⑨该地在出卖之前的完讫税负的证明及其完税文契的交付情况。⑩中人、代书、牙人等的姓名及花押等。需要在此指出的是，清代田宅交易中，有所谓的官牙和土牙之分，官牙是由官方给帖，向官府缴纳帖税的牙人，土牙是地方上没有牙帖的牙人，他们的职责都是为交易人评价立写契约。但有的牙人即使根本没有参与交易，也会以牙人的身份索要牙钱。②

从契约所采取的形式来看，在大多数情况下，一般买卖契约中包含了几乎所有交易所涉及的事项。但是，也有少数买卖契约在正契之外，单独订立诸如价金的收付文契的，如：

---

① 《清代土地占有关系与佃农抗租斗争》，第465页。
② 同上书，第494页供词中有"这死的何宪章是小的父亲，土牙为业。凡地方上人买卖田产，父亲评价立议写契，赚些用钱，是无帖的"之语。

清康熙六十年（1721）休宁县方自昆收契外价字据①

　　四都五图立收契外价人方自昆，今收到　　汪士望名下买土名前睦墩，系发字乙千七百五十九号，计地税乙分乙厘七毛。除正契外得受价纹银五两正，今又收来契外价纹银陆两正，并合得纹银壹拾壹两，是身一并收清足讫。今恐无凭，立收契外价付买主存炤（照）

　　康熙六十年六月　　同日月中立收契外价银人方自昆（押）

　中见人方维新（押）　　鲍仲序

不过，这种情况的出现主要是由于价款在订立契约的时候没有一次性付清，日后买主又行补付差价的时候所立。这显然有利于减少因价金交付不明而产生交易纠纷。另外，民间在书写契约的过程中，有时难免会出现一些增删添改文字的情况，由于这种情况可能会在日后万一出现争议的情况下，对契约的真实性带来一定的影响。我们在论述官方对民间买卖契约的规制时已经看到官方对契约的书写是有严格规定的。如要求"有写错者，仍将原纸交该乡约缴销，另换契式填写"②。但这不仅会使交易变得烦琐，而且会大大增加交易的成本。因此，在民间的契约实践中，人们采取了更为简便而且有效的办法，那就是在契约的末尾处对契约中文字的变动情况加以说明，并在改动处加盖花押，以表示这些文字的变动是买卖双方都知晓的，是彼此真实意思，对契约的效力不构成任何影响。这在我们所能看到的买卖契约中十分普遍，如清雍正十二年（1734）休宁县陈立山卖地红契③中，契约的末尾有"契内傍加'屋'字'横'字。再批"字样，清乾隆元年（1736）休宁县陈仑友等卖塘契④内有"契内添'买人'二字。再批"字样，乾隆三年（1738）休宁县金玉书卖山契⑤内则有"契内加'陆厘'贰字。再批"字样，由此可见，在日常交往中，人们对契约的重视，以及契约文字在可能的纠纷中强大的证明力。

如一般的研究者所熟知，清代的买卖契约一般都为单契，并且基本上由卖主写立后交给买主收执的。这和我们今天的合同有很大的区别，这是

---

① 《汇编考释》，第1195页。
② 《光绪二十一年汉州胡邓氏母子杜卖水田房屋官契》，《汇编考释》，第1461页。
③ 《汇编考释》，第1224页。
④ 同上书，第1228页。
⑤ 同上书，第1235页。

由清代的契约功能所决定的。我们今天的合同一般都是对未来双方所应履行的权利义务的规定，是指向将来的。中国古代的大多数契约（当然包括清代的买卖契约）都是对买卖双方已经发生的交易事项的确认，契约交给买主，是买主对标的拥有完全所有权的最重要的凭证。他在将来的意义一是作为出现权利纠纷时主张权利的凭证，二是在转卖时作为其继手得来的正当性的证明。不过，我们也能看到在民间的契约实践中，也有少数买主写立的买卖契约，这种契约称为"倒约"，这鲜明而形象地说明了它和一般契约的不同，如：清宣统二年（1910）宛平县屈星垣倒房白字据[1]，从内容上看，它和由原业主写立的契约没有太大的不同，只是立契约人和契约的署名人都是受业人而已。

除了对买卖的标的的物理属性进行详细的界定以外，清代的很多买卖契约中还对标的的各种地役权作出了必要说明，这里最重要的是涉及土地利用中的通行和灌溉等权利：

清同治七年（1868）新都县温兴隆父子杜卖水田契[2]

立杜卖水田文契人温兴隆同子立正，今因要银使用，无从出办，父子商议，愿将父分受已名下，回三甲瓦子堰，过枧高沟灌溉水田贰块，要行出售。先尽房族，无人承买。自行请中说合，情愿卖与三圣宫文昌会总理温祥发、温鹏举名下，承买为会业。比日凭中证议定，以木金尺五尺四寸为一弓过丈，每亩作价银四十八两整。共丈计田一亩六分贰厘五毛六系六忽，共合价银七十八两零四分整，在粮三分贰厘整。即日银契两交，并无下欠分厘。其书押画字、田埂、沟埂，一并搭在田内受价。其田界限：东与温永绰田为界，南与温兴元田为界，西与沟心为界，北与冯家碾文昌会为界。二段：东与温文枚田为界，南与财神会田埂为界，西与卖主坟脚为界，北与卖主墙角为界。此块田在温曹氏田内过水灌溉。四界分明，毫无紊乱。自卖之后，任随首事税拨耕输，轮流管业，房族人等，不得生言异说。此系两家情愿，并无债帐准折逼勒等情。今欲有凭，特立文契一纸，交与首事永远存据。

---

[1]《汇编考释》，第1542页。
[2] 同上书，第1418页。

在土地交易中，灌溉问题直接关系到对土地的利用，因此在很多水田的交易中，对灌溉的过水路径也作出了详细说明。清代人们虽然没有地役权的概念，但也显然注意到类似于我们今天的地役权对发挥土地使用价值的重要性。同时，由于一块土地上存在诸如过水等承役权的话，可能会对该地的品质和收益带来一定的影响，如养分的流失、田界的损坏等，但显然这些都是所有相邻的土地面对的共同问题，因此所卖的土地如果存在相应的承役权的话，契约中一般也会作出说明，如同治八年（1869）新都县冉王氏母子捆卖水田红契①中就有"自卖之后……再有放灌水道，要由卖者田内洴出"的字样。而且这种权利在民间的交易习惯中，也认为是带有一定的强制性的，任何一方不得随意改变现状。所以在光绪七年（1881）新都县邓益润兄弟等杜卖水田青苗红契②中，我们看到卖方在契约中说明"其田水路有水田一块，在邓必升业内有放水沟一条，永远灌溉"。并且"又有水田一块，每年在卖主业内有放水沟一条，永远灌溉。二家不得阻塞，田邻亦不得移堰阻塞"，"其余放水洴水，出入路径、桥梁，人畜两走，俱照常往来相通，田邻毋得阻挡"。对于此种有关地役权的内容，有的买卖契约中没有特别列出，因为在很多地方已经衍化为不言自明的习惯，如直隶清苑县，"地主变卖园地，两邻如不欲留买，新留主仍照旧用水灌溉，以园地未有无水道者，使用水道，园邻无阻止之权"③。

如果所卖地亩之内有遗留葬坟的话，那么关于坟墓的相关约定就成为契约中必不可少的内容。坟地对于传统中国人的意义又远胜于一般以经济目的为主的各类土地。让某人"死无葬身之地"对中国人来说，应该是最为恶毒的诅咒，而一个人如果让自己和自己的亲人真的"死无葬身之地"的话，对他来讲，再也没有比这更让人无地自容的事了。由于中国人的风水观念，坟地还往往和一个家族的兴旺发达紧紧联系在一起。清人杨晖吉在《迁葬论》一文中曾分析过风水之说的形成以及在民间的流传过程，"夫人不忍起亲体之未安也，于是乎慎择地，避隰从原，就燥防湿。又恐朝市变迁，泉石交侵，不可前知。古人卜葬，所以谋之龟筮也，

---

① 《汇编考释》，第1421页。
② 同上书，第1445页。
③ 《报告录》，第16页。

固宜矣。其后独信堪舆之说，以占吉凶，求事应以滋贪天人之心，故乃寻龙制穴，择日诹辰，其事遂繁……每见斯举多由士大夫之家倡之……又使贫贱之家，效而尤之"①。民间由于风水观念的原因，和坟地毗邻的土地的业主还负有一定的习惯上的义务，如在山东寿光，如果某人的地和别人的坟地相毗邻，那么在离坟地一百步以内，该人不能在自己的地内穿井或者建筑房屋。② 因为此举可能会影响到坟地的风水。

在民间契约实践中，卖主在出卖带有自家坟墓的土地时一般都要对其中的坟墓做出说明，如在清康熙二十三年（1684）休宁县王自长等卖竹园红契③中，卖主以再批的方式和买主约定"契内本家存地税贰分，以保坟墓。其地言过日后买主还得开穴"。这里，卖主以保留一定的税负的方式获得这一权利。在另外一些契约中，我们也可以看到类似的情况。如清雍正六年（1728）休宁县王谷臣卖竹园契中④，也有"契内卖过竹园地内西培之上本家开有生茔一穴，存税一分。日后用事，买人不得阻拦。除生茔之外，尽属买人之业，本家并无丝毫保留，不得于上动取一草一木"的字样。而在原业主将地出卖之后，新地主有提供其祭扫地内坟墓供役地的义务。而在民间习惯中，很多地方在卖主出卖地亩以后，卖主也有权利进葬。⑤ 因为"因旧时有待合葬之习惯，多半不能绝卖"。还有一些地方则根本不存在绝卖坟地的问题，也就是说无论出卖多久卖主都可以买回，买主不得拒绝。⑥ 在卖主迫于经济上的困境而为之时，只要双方在契约中稍作申明，买主就必须给予卖主进葬的权利。如在陕西雒南等地，"民间买卖地亩，如地内非筑台、坟不可，或确系葬有孤坟者，买主例将墓地划出一分或一分数厘归卖主所有，以便祭扫；粮归买主完纳，与卖主无涉，惟地价较平地稍减"⑦。在附有坟地的买卖中，给予卖主一定的便利甚至让卖主保留一些权利不仅仅是因为其中的坟墓对其有着头等的重要意义，对买主而言，这也是必需的。因为清代法律是不允许将他人坟墓平整为田

---

① 《清代经世文编》，中华书局2001年版，第1585页。
② 《报告录》，第116页。
③ 《汇编考释》，第1169页。
④ 同上书，第1207页。
⑤ 《报告录》，第15、42、50、55、61、72、74、83页等。
⑥ 同上书，第114、122、293页等。
⑦ 同上书，第305页。

地的①，不管该坟墓位于何处。因此，给予买主维护和祭扫坟墓的便利对卖主也是有利的。

　　由于民间很多土地买卖在契约订立的时候，地里已经长有农作物，因而对农作物的收益在契约上应该作出说明的内容。不过，从我们能看到的契约来看，绝大多数契约都对此没有作出明确的再约定，而是以"捆卖"或者"扫土卖尽"之类的用语概括对田地中的农作物收益的处理，如宣统元年（1909）新都县易三合捆杜卖水田红契②中说"立捆杜卖水田、秧苗、豆草、沟边、田埂等项"，也有在契约中言明"卖田并田内青苗"的，如光绪十五年新都县僧照清等扫土捆卖水田旱地红契。③ 以此来看，大多数契约在订立时，卖主似乎放弃了对土地附属作物的将来一切收益的权利。如在湖北京山县，就有所谓"当卖田地内种的谷麦，原随田听买主收割"的乡间俗例。④ 但不进行具体约定，也有可能是因为当地对于此类问题有买卖双方都熟知的交易惯例，因而即使没有具体约定也不会引起纠纷，如江苏江都县习惯，凡买卖田产，除特约外，其附属之果实，大概以契约成立时期而定其收益的归属。普通习惯以阴历为计算标准，如春季二月末日或者秋季八月末日以前成立的买卖交易，田地里的收益就由买主一个人所有；如果买卖契约是在夏季六月末日或者十二月末日以前达成的，买卖双方各按半收益。所以习惯上有"二八连青过，六腊一半收"的说法。⑤

　　因此，我们在考察清代买卖契约中所涉及的双方的权利义务关系时，不仅要着眼于契约中的文字规定，还要尽量联系其交易习惯，这样才能对民间的买卖契约秩序形成一幅比较清晰的图景。

　　清代房屋买卖契约的格式和内容差别不大，但有一个值得引起我们注意的地方，那就是在订立房屋买卖契约时，人们在多数情况下已经明显地意识到了卖房和房屋所占地基之间的区别。这点我们在很多契约中都可以

---

　　① 《大清律例·刑律·贼盗下》有专门的"发塚"条：平治他人坟墓为田园者，虽未见棺椁，杖一百。仍令改正。
　　② 《汇编考释》，第1479页。
　　③ 同上书，第1452页。
　　④ 详见刑科题本"湖北按察使司按察使德福招称"之案，见《清代土地占有关系和佃农抗租斗争》，第260—262页。
　　⑤ 《报告录》，第417页。

看到，如乾隆十九年（1754）天津县丁予范卖房并地基红契①、嘉庆十六年（1811）天津县王晖兄弟卖房地基契②等。从这里我们可以说，清代的民间契约实践中，虽然没有今天民法中所说的土地的所有权和地上权的概念，但起码双方都已经意识到了，卖房不卖地或者卖地不卖房，都可能会引起纷争。尤其是房屋买卖的交易中，对买主而言，如果卖主不申明"卖房连地基"的话，卖主就有可能在房屋出卖以后依然主张因为对房屋的地基持有所有权而向房屋的所有权人索要地租。而在清代很多地方，房屋和房屋所在的地基分开交易已经成为俗例，如福建漳州就有所谓"向有租地盖屋，卖屋不卖地之例"③的惯例。而在清代安徽的合肥等县，如果卖主卖房不包括地基的话，那么所卖的房屋就被称为"浮房"，而买主买得的房屋也被认为是"借地盖屋"④。由此可见，在清代频繁的土地房屋买卖中，人们对于类似于今天民法中的土地所有权和地上权等权能已经有了很敏感的意识。这也是人们在频繁的土地房屋流动中为减少纠纷、避免损失而形成的一种自我保护意识。只是中国传统社会由于将民间的田宅纠纷视为"细事"，也没有知识精英阶层从规范权利义务的角度出发对此进行分析总结，因而这种意识似乎只是民间社会的一种自发反应，没有上升到理论的高度。

对房屋买卖中所涉及的附属物及其权利问题，早在唐代社会人们就已经有了初步认识。这从学者们经常提及唐代名吏王义方买屋还钱的例子中可以看到。王义方买民人房屋一所，房价已付，并且已经入住，一日坐于院中树下，忽然发现所乘凉的大树没有付钱，便坚决向卖主补付院中树木的银两。不过，其朋友以为买房送树是不言自明的事情，因此觉得没有必要另外加付钱两。⑤可见，在唐代，对于买卖房屋中，如何看待房屋的附随物及其权利问题，并没有一致的看法。不过，在清代社会，我们则已经明显地从契约中感受到，对房屋附随物及其权利的说明已经是大多数房屋买卖契约中不可或缺的一部分内容了。对房屋地基问题就不用说了，对其

---

① 《汇编考释》，第1256页。
② 同上书，第1318—1319页。
③ 陈全仑：《徐公谳词》，第419页。
④ 刑科题本安徽合肥的一件案例中有供词称："贡生们这里有这俗例，借地盖屋，名为浮房"等语，而且买卖契约中也称"八斗六升半秧田，外有基地并浮房三间"，见《清代土地占有关系和佃农抗租斗争》，第406页。
⑤ 《新唐书》卷112《王义方传》，中华书局1986年版，第2117页。

他附随物品的说明有时候甚至已经到了事无巨细的地步,下列契约是其典型代表:

顺治三年(1646)休宁县汪学朱母子卖房地红契①

东北隅三图立卖契人汪学朱、主盟母刘氏,今因缺少使用,将承祖阄分基地土库房屋一所,土名南街宣仁巷,新杖字字七十号上则等贰百乙十四四分九厘步有零,计税一亩七毫二厘。自前至后入巷拾肆丈有零,横阔丈肆有零,于上临街楼屋一层,计四间,楼上楼下房五间,门扃竹篱尺壁具全,有砖墙木洞门厅、前回廊屋中门全,石石曼天井、暖厅一所,上下锡枧扃全,后中庭门庭扃全,左右两边小天井锡枧全,暖庭右边前偏庭内复造楼房屋一所,计门扃、地板桥、楼梯、接步台、石砖墙、石井一口、石井川一嵓,全朝上接步石横墙一伏,后偏厅计楼房屋两间,中间天井石石曼、砖墙、门扃、地板游擶阁桥、锡枧、楼梯、步石、尺壁具全,木洞门两扇全,有内砖墙、木洞门、中间天井、香火楼一层、梯一条,并神像座全;楼上计房两眼、四围门壁、游擶、大小扃、锡枧俱全;楼下计房四眼,地板、接步石全,中间坐几、掩门四扇;后面走马楼屋一层,梯一条;楼上计房七眼,内有夹阁并梯全;楼下计房八眼,地板、接步石、门扃、尺壁、游擶、锡枧俱全;中间天井石井一口,石古一介,石凳一付;楼上楼下四围门扃、尺壁、游擶、锡枧俱全;又砖墙、砖洞门,墙后厨、锥房、厕所、披屋五间,前后四面有土库墙、各房门扃、尺壁俱全。其地东至金宅屋,西至本家三房众屋。今将前项四至内本身合得一半,照旧管业(衍),计横阔二丈有零,入深七尺(丈)有零,于上地税五分三厘六毫,本身合得楼上楼下房并屋堂、坐几、中庭、厨房、椎、鸡房、厕所,及各项余地一半,自情愿凭中尽行立契卖与堂兄 汪学益名下为业。当日三面议作时值并搬移九五色纹银九百三十二两整,其银当成契日一并交收足讫,别不立领扎(札)。今从出卖之后,一听买人随即照旧管业。如有内外人拦占及重复交易、一切不明等事,悉是卖人承当,不涉买人之事。亩不不明,四至辖定。其税粮与兄共图甲,随扒入兄办纳粮差。其来脚因分年久,查觅未获,未

---

① 《汇编考释》,第1130页。

缴付；日后刷出参照。今恐无凭，立此买契存照。

  今就契内价银一并交收足讫，不另立领札。同年月日再批。

  这份契约简直就像一份房屋及其所有附随物品的清单。如果说这份契约中所列物件本身就是标的构成部分的话，那么我们也能在契约中看到对和房屋没有密切关系的其他附随物的单独说明，如宣统三年（1911）北京颜士朝卖宅契①的末尾说"土上土下并无除留，此宅上石榴树一株，枣树一株，大门外槐树一株，同中作钱贰拾吊正。此钱当交"。这种情况我们在很多契约中都可以看到。只是有时是在契约中以笼统的方式表达，并将其价钱全部算在房价之中，有时则是单独作出说明。而以上情形不仅发生在清代经济相对比较发达的安徽南方等省份，即使在北方地区也不例外，如在甘肃全省，买卖田地的时候，田地之中的道路、沟渠等也必须在契约内详细说明，买卖房屋的契约内则必须注明"金石、砖瓦相连"字样，标的重要组成部分之外的其他物件，如果不在契约中载明的话，其所有权就不随该不动产转移。② 不管什么情况，在契约中所蕴涵的浓厚的权利意识显然已非唐代社会可比。

第二节 并不清晰的"四至"："形式主义"及其功能

一 清代田宅买卖契约中的"物""权"界定

  明清以来的田宅交易契约中，有一个引人注目的现象就是，在绝大多数契约中都会交代标的在官方鱼鳞册中的登记号，并且还会不厌其烦地写出交易对象的四至，这种情形几乎通行于清代全国绝大部分地区，其一般情形如下例所示：

乾隆二十三年徽州张尧玉等卖地契③

  立杜卖地契张尧玉仝弟依玉等弟兄商议，情愿将祖遗张家坦公共熟地、荒地、树木，四至界坻，上以山顶为界，下以天河为界，左以

---

①《汇编考释》，第1485—1486页。
②《报告录》，第312页。
③《汇编考释》，第1261页。

魏宅坟山为界，右以余家冲为界。界内截出分授已名下熟地、荒地、树木大小片数不计，凭中踏看明白，并无遗留，立契出卖与江名下在上兴种蓄树管业。当日得受时值地价银十两整，高堂劝仪并一切杂项在内。此系情愿，并无逼勒等情。今欲有凭，立此卖地契永远存照。（下略）

乾隆四年福建建瓯县张有荣卖田契①

立卖契人张有荣，承自遗下有五升则民大小苗田一段，坐落本处，土名东历分，田即目，上至刘宅田，下至溪，左至刘宅，右至江田宅为界。又有漏段即目上至圹塝，下至溪，左至圹塝，右至溪为界。……（后略）

乾隆五十六年山东曲阜县袁朝熏卖庄田契②

立契约人袁朝熏，因无钱使用，将西北坡东西地一段，计地一大亩四分，同中说合，出卖于纪太中名下承粮，永远为业。言定时值价钱每亩七千整，卖日交足，无欠少。南至赵均，北至孔姓，东至畛头，西至路，四至分明。恐口无凭，立约存证。（后略）

嘉庆十年四川新都县谢大鹏父子卖水田契③

立杜卖水田文契人谢大鹏，同子典章、典超，……自请中证说合，出卖与刘、陈、张等名下承买为业。比日凭中邻踏明界址：东南与张姓田为界，西以官沟为界，被与卖主胞兄田为界。……（后略）

乾隆五十一年山西太平县柴毛氏卖地契④

立杜卖坡地文契人柴门毛氏，因夫甘省茂（贸）意（易）未归，毛氏度日不足，无奈将自己北沟坡地一段，计数一亩，东西亩。东至犹姓，南至犹姓，西至路，北至柴浔兰，四至分明，出入依旧。今出契卖与北南厢一甲柴正顺名下耕种。同人言明，时值价银四两九钱整。当日银业两交，并无逼勒短欠。倘有亲族人等争伦（论），俱系（住）卖主一面承当。恐口无凭，立杜卖文契永远存照。……（下略）

---

① 福建师范大学历史系：《明清福建经济契约文书选辑》，人民出版社1997年版，第42页。
② 《汇编考释》，第1297页。
③ 同上书，第1311页。
④ 田涛：《田藏契约文书粹编》，第29页，编号61。

房屋买卖契约的格式与此基本相同,

> 立卖契祁存礼、祁存义,中苏里六甲,今将坐落洞子门地一段、院一所,共三分三间,东至道,西至庙地,南至祁海曙,北至道。金石土木相连,凭中祁非豹、王明绩、祁士秀等立契卖与本里本甲祁基名下为业。讲定价银九两,价足业明,永无异说,合填契式为照。①

有时契约中没有写四至的具体情况时,则经常会有"四至照依清册"的字样,这在《中国历代契约汇编考释》以及《田藏契约文书》中都非常普遍。

从契约行文的用意来说,交代出卖田宅的官府登记号、开立四至清单,以及"四至照依清册"的说明,其目的都是为了说明标的的详细位置,以便买主前去管业,避免因界址不清而引起纠纷。但是,我们可以肯定地说,在多数情况下,交代田地的东西南北四至并不能准确地界定标的的范围。因为大部分田块都不可能是方方正正的,在一个方向上就可能和几家的地块相邻。而且,我们还注意到,很多契约中开列的四至范围很大,如前述徽州张尧玉卖地契中所言"上以山顶为界,下以天河为界";很多不同的地块四至模糊、重叠,如乾隆十九年大兴县陈门王氏卖地红契中说"东至旂地,南至旂地,西至河岸,北至民地"②,在杜文通先生所收集的河北沧州的土地买卖文书中,有不少两份契约所写的四至大同小异的③,这种情况也广泛地存在于清代官方发给台湾民户的垦照中(垦照即相当于官方颁发的承认所开垦的土地为开垦者所有的证明文书)④。反映在民间的契约习惯上,就是很多地方根据当地的地形地势及标的的实际情况而产生出不同的地亩范围界定的方式,如直隶清苑县"有以排计算之者,有以节计算之者,其实一排一节概指一小段落而言"⑤、奉天锦县

---

① 《乾隆四十二年山西临汾祁存义等卖房地契》,《田藏契约文书粹编》,第 24 页,编号 50。
② 《汇编考释》,第 1254 页。
③ 杜文通:《沧州土地文书辑存》,载《中国社会经济史研究》1987 年第 6 期、1988 年第 1、2、3、4 期。
④ 周翔鹤:《清代台湾土地文书札记二题》,《台湾研究集刊》2001 年第 4 期。
⑤ 《报告录》,第 15 页。

"称地之亩数,每称有地几天,不称有地若干亩"①、山东肥城县"买卖地亩,文约上但载地若干段,不详四至及亩数"②、山西乡宁、吉县习惯"民间地亩多以堆计算,每一堆约三分弱合,三堆为二亩"③、安徽"民间田产,有以亩数计算者,有以种数计算者,而庐江、六安、英山、合肥、舒城、桐城等县则多以种数计算"④、江西萍乡等县"计算田亩不计几亩几分,只云丘数、把数,即买卖契约内所载,亦只书明坐落土名某处,计田几丘、几把,共几百把或几千把"⑤、甘肃西宁"所属田地,多以下籽斗数计算……及典卖各契约中类率注明某处水地或旱地、山地一段下籽几斗几升字样"⑥,有的地方甚至在买卖契约订立时根本就没有也没办法固定标的界限,如甘肃华亭县"凡依河田地,因河流不定,界址常有损益,而习惯上均以抵河为界,不问损益"⑦,我们经常在契约文本中看到的"至河""至道"等说明应该也属于这种情形。

二 "物""权"界定的形式化及其功能

既然四至并不能起到准确界定土地范围的作用,那么其意义究竟是什么呢?可以说,这是在中国古代民法不发达的情况下,民间在交易实践中所形成的物权观念在书面契约中的反映。就土地买卖契约而言,就是要明确两个最重要的要素,一个是"物",另一个是"权"。对"物"的确定,就是要使它具体化,说明了其四至,或者以官方的登记号来指代(官方的登记中有对标的更准确的说明),对买主而言,"物"的确定在形式上就完成了。而"权"则要求卖主对所卖田宅的产权来源作出说明。因此,我们经常会在契约中看到卖主对标的是"祖遗"还是"自置"的说明,并且在交付契约给买主的时候还要将现存的老契一并交付,如乾隆十六年天津县江通候叔侄卖房地基契⑧中说"老契一纸买主收执"、顺治

---

① 《报告录》,第23页。
② 同上书,第116页。
③ 同上书,第119页。
④ 同上书,第179页。
⑤ 同上书,第193页。
⑥ 同上书,第317页。
⑦ 同上书,第318页。
⑧ 《汇编考释》,第1252页。

二年休宁县许在中卖地契①则云"其许高惠来脚赤契一道，缴付"，乾隆九年台湾欧愧武卖地契②末尾也有"并缴上手契共五纸，及各合约、垦单，告示统共九纸为照"的字样，类似的契约在各地都十分常见。

如前所述，在契约中确定"物"的时候，有的契约采取的是开立四至的方式，有的契约则以官方的登记号指代，或者以"照依清册"的方式予以说明。对此，有学者指出，后两种方式是国家权力干预的结果。由于"民间为了保护自己的权益以及使得地权交易顺利进行，就产生了详细地书写交易地块四至的需要。但在国家政权介入地权的情况下，交易双方就可以依赖当局而无须麻烦地书明四至了。中国传统社会中国家之介入地权及其交易，一般都从赋役方面入手。因此，准确地登录土地就成为地方官府分派赋役的一个基础工作。江南及其附近地区，明清两代，和里甲制相配合的黄册制度和鱼鳞图册制度是全国最严谨而有效的；而非赋役重地，比如说福建，黄册和鱼鳞图册就都没那么严谨。反映在'四至'问题上的，就是福建地区由于土地登记不完备，土地交易往往要书明四至，这和台湾地区是一样的。而江南及其附近地区，在土地登记（鱼鳞图册）完备的情况下，土地交易就可以根据鱼鳞图册等土地登记而毋须书写四至了"。并进一步举例说在福建等地方，土地买卖多写明四至，而徽州府的土地登记制度比较完备，所以"地权交易中往往就毋须书写四至了"③。但是，这种说法似乎缺乏足够的证据。在《中国历代契约汇编考释》一书中，收录了清朝历代大量徽州府休宁县的契约文书，笔者粗略统计，在该书收录休宁县各类92份田宅买卖契约中，有44份是详细书写了四至的，另外48份多以"自有保薄开载"或"照依清册"进行说明。由此可见，认为民间田宅买卖契约中是否详写"四至"和清代土地登记政策的执行强度直接相关的结论并不准确。

我们认为，首先，从契约的内容方面来说，无论是国家颁发的产权证明文书还是民间的交易契约，都要求以书面的形式明确"交易物"的界限，哪怕其所描绘的界限是模糊的。但没有这项内容，一份契约就不是完整的。因此可以说，清代田宅契约对内容完整性的要求已经达到了形式化

---

① 《汇编考释》，第1125页。
② 《清代台湾大租调查书·典卖字》，《台湾文献丛刊本》第一五二种，文海书局民国八十九年版，第147页。
③ 周翔鹤：《清代台湾土地文书札记二题》，第36—37页。

的程度。而内容的确切性，甚至是真实性都不是那么重要了。所以我们会看到有契约在交代标的的产权来历时，明明是刚买不久的，却在卖契中说是祖遗的。① 显然，只要标的不存在权利瑕疵，在契约中对"物"和"权"的说明都是契约形式上的必须要求，其内容已经不是那么重要了。契约格式的固定化和契约内容的形式化在田宅买卖的找契中也有着充分的体现，

> 立找尽根田契字人谢廷章，有承先父谢朝元自置水田一段，址在涑东下堡里来厝庄西片，四至界址并配纳供租及水份俱载上手契内明白。前年先父已经出卖于刘益熙官。今因廷章自中受病，日食难度，亦食为难，再托中人就向原买主恳求出佛银二十四大元，将此田找洗尽根，即日立字，同中银、字两相交收足讫。自此一找千秋，日后子孙永断找赎，而益熙子子孙孙永远可为己业。保此田系廷章明承先父自置之业，与别房亲人无干，亦无重张典挂他人财物。此系二比甘愿，各无反悔，合立找洗尽根田契字一纸，付执为照。（后略）②

从契约的内容可以看出，该田系买主自谢廷章之父手中买得，交易应该是在很多年以前就已经完成了的。中间既然没有发生任何纠纷，标的不存在任何权利瑕疵应该是不言自明的事。但在找契中又不厌其烦声明"保此田系廷章明承先父自置之业，与别房亲人无干，亦无重张典挂他人财物"，这完全是形式化的内容，没任何实际意义。

其次，由于清代的田宅买卖交易一般都是在同族、同村等具有血缘或地缘特征的狭小的范围内进行的，多数学者名之为"土地的村级市场"③，人们长时间地在一起生活劳作，人和人之间不仅彼此熟悉，甚至对彼此的土地等财产也不会陌生。因此，当双方成为土地买卖的相对人时，契约中模糊的"四至"界定一般也会比较准确地将买主指向交易的地块。

至于在契约中是以详细书写"四至"的方式还是以简略说明的方式界定标的的范围，从各地发现的契约文本来看，和当地的鱼鳞册登记执行

---

① 典型的契约可见《同治十年宛平县廖子集卖房红契》，载《汇编考释》，第1430页。
② 《台湾私法物权编》（下），第593—594页。
③ 赵晓力：《中国近代农村土地交易中的契约、习惯与国家法》，《北大法律评论》第1卷第2辑，北京大学出版社1999年版，第461页。

情况并没有太多的直接关系。我们以为，这应该和该起交易的履行程序有关。我们知道，清代的官方法律要求田宅买卖契约订立之后必须要缴纳契税和过割税粮，从法律上讲，完成上述程序，买卖交易才算正式完成。以"照依清册"的方式确定标的的范围，意味着买主如果想要详细了解标的的准确位置和面积的多少的话，就必须按章缴纳契税和过割税粮。而如果详写"四至"的话，履行缴纳契税和税粮过割的手续就变得不是那么具有迫切性了。也就是说，详写"四至"是人们在订立田宅买卖契约时的一种带有自主性的选择。当然，在那些鱼鳞册登记完备而且官方对田宅买卖控制严密的地方，人们规避法律的可能性也小得多，相应地，直接简要地以官方清册或登记号为准的契约也可能会多一些。

第三节　契约内容的片面性：功能要求下的"合谋"

现代各国民法中对于合同的内容都有基本的相同规定，我国《合同法》也规定，合同的内容虽然由当事人约定，但一般包括以下内容：即当事人的名称或者姓名和住所、标的的数量及其质量、价格或者报酬、合同履行的期限和地点以及方式、违约责任、争议解决方法等。[①] 就当事人在合同中的体现方式来看，一般的合同都会在开头简要列明当事人的个人相关信息，而作为当事人对合同内容认可的标志，双方在合同末尾的签名画押更是必不可少。但清代契约却有一个显著的特点：那就是在契约的文本内容中，对出卖人的个人信息详细列入，包括其姓名、具体的居住地址等，而买主的个人信息却很少涉及，很多时候在契约中连买主的姓名这样最基本的信息也隐而不见。这种情况的出现，和契约双方的主体地位的平等性并没有必然的联系，而是由中国传统契约（尤其是买卖契约）的功能所决定的，同时它还有着非常实际的目的，那就是规避官方的税收，并使交易双方尤其是买方在面临来自官方责难时，在和官方的交涉中占据的有利地位。而契约内容的"片面性"在清代所呈现出的南北方的差异和其讼风所具有一致性更说明了这种"片面性"的功利目的。

---

① 马俊驹、余延满：《民法原论》，法律出版社2005年版，第539页。

一　清代田宅买卖契约内容的"片面性"

很显然，和现代的合同订立一样，契约订立的首要条件必须要有明确的合法的双方当事人。① 可是，凡接触过清代田宅买卖契约文本（也可以说基本包括中国古代所有的买卖契约）的人，都会有一个明显的感受，那就是契约文本中所涉及到的当事人双方的个人信息是完全"不对称"的，契约末尾的签署上，也只有卖主一方，买主则很少出现，契约呈现出一种显而易见的"片面性"。我们先以《中国历代契约汇编考释》和《田藏契约文书》为基本依据，对契约文本情况作一简要考察。

《汇编考释》收录的主要涉及安徽、江苏、浙江、山东、四川等省份的买卖契约中，笔者对其买主为个人的契约进行了简单统计（在买主为民间各类会堂组织时，买主一般以该组织的名称或者会首的名称出现，因此没有计算在内）。总体上来看，绝大部分契约中，卖主的情况都进行了详细的说明，包括住址、姓名等情况，但买主的情况则相对要简单得多，也随意得多。在所统计的168份房屋田土的买卖契约中，仅仅以姓代指买主的有84份，占50%，以买主的名指代买主的有9份，占5%，还有34份契约根本没有交代买主的姓或者名的（其中有部分是以卖主的亲属称呼出现的，如叔、嫂等，也有相当一部分仅以"族……处"指代），占21%，明确说明买主完整姓名的契约仅有41份，约占24%，而买主在契约末尾签字画押的更是极为罕见。从上列的数据我们可以看出，在我们今天的合同中，交易双方的姓名是一项必不可少的内容，但在清代的买卖契约中，买主的具体姓名交代与否显然对契约的成立没有什么影响。不过，由于《汇编考释》中所收录的契约以南方农业经济发达的省份居多，尤其是安徽各地的契约数量占有很大一部分的比例。为了能够更加全面了解清代契约在这方面的情况，我们再以收录契约的地理范围更广泛一些《田藏契约文书》为对象，进行一个简单的统计，由于《汇编考释》中以安徽的契约最多，因而，我们在此不再重复，而是侧重于清代中原和北方等地区的情况。当然，即使是这样，笔者同样要说明的是，由于在当前的条件下，我们不可能对所有的契约都进行量化的统计，不过，从对这些契约的简单统计中，我们还是可以归纳出大致规律来。

---

① 李祝环：《中国传统民事契约成立的要件》，《政法论坛》1997年第6期。

表3-4　《田藏契约文书粹编》有关买主姓名情况

省份或地区	载买主姓	载买主名	载买主姓和名	买主姓和名均不载
山西	91、169	265	18、27、28、29、31、32、34、36、37、39、40、43、44、46、47、48、50、51、52、58、59、60、61、64、65、67、72、73、74、75、77、78、79、80、81、84、85、97、100、101、102、103、104、105、106、107、108、111、112、113、114、115、117、118、119、120、123、124、125、126、133、135、136、137、139、140、141、142、143、144、145、146、147、148、152、155、156、157、158、159、163、164、166、167、168、171、172、174、177、178、179、180、182、183、185、207、212、213、214、218、221、224、238、243、250、261	
直隶、顺天		42、45、54、56、63、226、236、249	66、98、231、251	
浙江				82、99
河南			165、229、246、301	
江西				186、187、188、189、190、191、215、216、219、220
陕西			210、233、235、302、304	
山东			90、109、222、225、237	
奉天			232	

注：上述数字为该契约在《田藏契约文书粹编》中的编号。

从上述情况来看，山西契约最多，但书中收录的全部 109 件契约中，只有三件没有写立买主完整的姓名，其中两件写明了买主的姓，另一件则写了买主的名，只字未提买主姓名情况的则一件也没有。其他几个省份，如河南、陕西、山东、直隶、顺天等府，收录的契约数量虽然比较少一些，其情形也略有不同，以买主名字出现的情况比较多一点，但也没有出现譬如在江西、安徽、浙江等地对买主姓名隐而不提的情况。在朱文通先生收集的河北沧州土地文书中，清代的买卖契约共有 37 件，其中 35 件都明确写立买主的姓名，另外两件则写省姓。① 可见，虽然契约中透露出的买卖双方的个人信息都存在不对称性，呈现出卖主信息远远多于买主的情况。但清代的各地区间存在一定的差异。从买主信息详略的角度看，虽然都比较简略，但北方地区的情形相对于南方来说，要稍好一些。

民国初年的民事习惯调查也显示，这种存在于契约文本中的内容"片面性"现象在全国很多地方普遍存在，并且和上述以契约文本为对象的统计结果基本吻合。很多地方不仅买卖契约中对买主的姓名不加填写，而且还有在订立买卖契约时不填写具体的交易日期的：

福建晋江：……典契、断契均载明产业四至、坐向及典断价额，典户、卖主及中人在见代书等，均署名画押，惟买主于契内或载姓名，或只载姓，或姓与名均不登载。②

江西赣南各县：买卖不动产契据，往往只填写年月日三字，但具体的某年某月某日却并不填写明白。③

江苏东台县：卖契上不填买主姓名，称之"空头名下"。……待持契投税时，始填姓名。习惯沿袭已久。④

安徽全省：田宅买卖契约，以书列买主姓名为最普通，而皖省习惯，于卖契内所列之买主多略名而书姓，历来如是，不得据此指为瑕疵而为撤销或无效之原因。⑤

---

① 《沧州土地文书选辑》，《中国社会经济史研究》1987 年第 6 期，1988 年第 1 期、第 2 期、第 3 期。
② 《报告录》，第 249 页。
③ 同上书，第 453 页。
④ 同上书，第 169 页。
⑤ 同上书，第 423 页。

江西上饶、安远、乐安等县：买卖田土房产，订立契约时，对于价额一项，往往空出不填，既不写明数目，也不载明具体交易日期。推其缘故，人民为减轻或隐匿税银起见，遂不恤立此不完全契约，如至无可避免必须投税时，始将其契价空格任意减价补填，交易日期也如此。相沿莫改，视为故常。①

浙江嘉兴：以堂名立卖契，卖主列名居间。是项习惯，因素有声望之人往往顾全体面，不肯用自己真名姓出卖产业，乃以堂名写于契内立契人项下，复以不能见信于买主，则即以真正卖主之姓名，列于见卖人之地位②。而永嘉县则在书立卖契之时仅载"出卖与□宅边为业"，宅边者，之买主而言，宅字上空一格，所以表示尊重之意③；浙江平湖之"平头契"与此同。④

湖南全省：书立不动产买卖契约时，只写代价名色，而不写数目，其数目系由受业人于投税时自行填写⑤，常德、衡山各县则有卖价、出卖月日、受业人姓名均不填写的，谓之"卖契三空白"。⑥

陕西长安县：民间出卖田宅所，立卖契仅书买主之堂名或姓氏，并不书其名字。⑦

无论从契约文本还是从民间习惯中，我们都可以看出清代买卖契约所带有的内容片面性甚至"缺省"在清代社会相当普遍。

二 契约片面性的原因及其功能意义

这种现象的出现，首先是缘于清代田宅买卖契约采取的是"单契"的方式。其情形如张传玺先生所言，这种"单契"是"片面的义务制，由义务的一方出具，由权利的一方收执"。虽然说一方愿买，一方愿卖，双方完全平等。但在田宅买卖中，因为卖主方面的原因而引起交易纠纷的可能性要比买主大得多，这是因为田宅不仅仅是维持家庭生活最重要的物

---

① 《报告录》，第459、465页。
② 同上书，第478页。
③ 同上书，第485页。
④ 同上书，第493页。
⑤ 同上书，第545页。
⑥ 同上书，第550页。
⑦ 同上书，第567页。

质资料，而且还对家庭兴旺与否有着浓厚的象征意义，因此交易还存在着很多来自卖方的影响交易稳定的不安全因素，而买主则只要交付了足够的价金，就足以证明其是可以信赖的。在这种情况下，卖主的信息自然要比买主重要得多。换言之，这主要是因为清代的田宅买卖契约并不同于我们今天的合同，它不是相对人请求对方在约定的期限内履行约定义务的依据，而更像我们今天的"发票"，是买方取得标的产权的凭证。体现在契约上，就是卖主个人信息丰富，而买主则多付之阙如。其实就清代田宅买卖而言，它和罗马法上的现金买卖多有相似之处，因为在这里一方面价金的交付与标的物的获得同时发生，买卖关系的任何一方都不能获得延期交付或付款的信用①，另一方面，现金买卖和田宅的买卖一样，都是即时交易，如果用法律语言来表述，就是说，买卖不借助债的工具，而直接通过标的物与价金的交换而完成，买卖并不产生债的效果，无论买受人还是出卖人都不受面对将来的交付标的物和支付价金的义务的约束②。因而，在清代的田宅买卖交易中，从结付的角度来说，只要卖主获得了价金的完全支付，其权利就已经完全实现，但卖主虽然也已经完成了其最核心的标的物的交付义务，但其还要承担一定的瑕疵担保责任。这一点也使得卖主的个人信息出现在契约文本中的意义要比买主大得多。

有学者认为，"从地位不对等和信用'落差'能更好地理解'单契'中总是一方当事人签名的现象"，这里的地位不对等首先是"在买卖方之间往往有事实上的弱势与强势之分。一般来说，卖方往往处在经济上的弱势，相反，买方往往处在优势的经济地位；其二，买卖双方也因外部情势的原因而不对等。这里'外部情势'主要是指'不能轻易出卖田房'这样一种观念上的客观存在"③。"外部情势"已如上文所述，这乃是清代社会田宅买卖无法走脱的场景。而经济上的强弱之说，并不必然促成这种现象的发生。因为买卖双方在经济实力上完全对等的情况即使在今天也难以发生，而且我们还看到，当田亩承担的赋税过重时，还往往有田主以自己

---

① 当然，清代的买卖契约早已走出了罗马法早期的那种严格形式主义的羁绊，而且事实上中国古代的交付和付款信用发端很早，至少在宋代就已经有了很普遍的赊买卖以及预买预卖的情形。不过，可能是由于田宅作为标的特殊性，这种情况在田宅买卖领域很少发生。
② 刘家安：《买卖的法律结构——以所有权移转问题为中心》，中国政法大学出版社2003年版，第13页。
③ 俞江：《"契约"与"合同"之辨》，《中国社会科学》2003年第6期。

作佃户为条件将田地出卖给他人的。不仅如此，在清代的田宅交易中，"家族关系、互惠原则、礼品、道德以及诸如此类的因素无不起着重要作用"①。因此，所谓的买卖双方的"地位不对等"并不是促成田宅买卖契约中买主姓名缺省现象发生的重要原因。

同时，如果我们将清代契约中买卖双方个人信息的"片面性"和契约中对交易和契约订立日期这样重要的内容也缺省不写的情况结合起来考察的话，我们可以对此现象有进一步的深入理解。如果说，在契约中买主姓名的缺省有时确实缘于买卖双方的地位不对等，卖主出于对买主恭敬的话，那么对契约订立日期等的缺省更多的恐怕是出于规避契税的目的。事实上，我们认为包括买主姓名的缺省也同样具有更实际的目的。因为从规避风险的角度上看，买主姓名的缺省会使其在万一出现相关的纠纷时，能够比卖主处在更容易逃避责任的位置。首先，当纠纷出现在买卖双方之间时，买主可能因为契约中没有其名字而拒绝承认和卖主发生过直接交易；其次，在万不得已要和官府打交道时，买主也极易找人充当其责任替代者。我们知道，从国家规定的契约订立程序上讲，在田宅契约订立完毕后，买主和官方打交道的可能性比卖主大得多，因为契税的缴纳和税粮的过割都需要买主的参与。而和官府打交道往往意味着可能随时要受到书吏胥役的勒索而付出经济代价。而契约订立日期的缺省也为买主灵活应付官方验契提供了极大的便利。一旦遇到官府要求查验契约是否纳税，买主可以根据自己的需要填写日期，即使已经过去了很多年的田宅买卖交易也可以填上最近的日期，宣称还没来得及向官府缴纳契税而免于受罚。从这个角度上说，买卖契约中买主姓名以及交易日期的缺省都可以看作是对买主利益的一种保护性反映。也可以说是买卖双方针对国家法律的"合谋"的结果。

从上面我们以契约文本统计的买主姓名、交易日期以及交易金额的填写情况以及民间交易习惯来说，在区域分布上，农业经济更为发达的南方比北方在习惯事项的填写缺省表现得更为突出。如江西、安徽、浙江、福建、江苏等省份，买主姓名的缺省几乎是一种普遍现象，而与此形成对比的是，山西、直隶、顺天、陕西、奉天等省份，除个别县（如陕西长安县）在习惯调查中有姓名缺省的情况外，基本都在契约中写明买主完整

---

① 黄宗智：《长江三角洲的小农家庭与乡村发展》，中华书局1992年版，第94页。

的姓名或者至少是只略姓而写名，姓和名完全不写的比较少见。有趣的是，清人对民间讼风的感受与此似乎具有一定的关联性。清代官吏袁守定以自己的亲身感受说，"南方健讼，虽山僻州邑，必有讼师。没运斧斤于空中，而投诉者之多，如大川腾沸，无有止息。办讼案者不能使清，犹挹川流者不能使竭也。若北方则不然，讼牒既简，来讼者皆据事直书数行可了。即稍有遮饰，旋即吐漏。此南北民风之不同"。① 清代名幕万维翰也认为，"北省民情朴鲁，即有狡诈亦易窥破；南省刁黠最多，无情之辞每出意想之外，据事陈告者不过十之二三。"② 而我们知道，契约文书在一般的田土钱债等"细故"纠纷中具有举足轻重的地位，南北方体现在契约文本上的内容差别显然不是一种孤立偶然的现象。从上文的分析中我们也可以说，就契约写立方面来看，在和官府周旋方面，南方似乎也比北方"狡猾"得多。

从我们现今所看到的绝大多数契约来说，卖主的详细住址、姓名都是契约中重要内容，而买主则在契约中处于可有可无的地位，所以往往只是简单地提及其姓或者名，有时甚至缺而不提。不过，除少数个别地方习俗，在买卖契约中对卖主的姓名以隐讳的方式出现外，如浙江嘉兴，"以堂名立卖契，卖主列名居间。是项习惯，因素有声望之人往往顾全体面，不肯用自己真名姓出卖产业，乃以堂名写于契内立契人项下，复以不能见信于买主，则即以真正卖主之姓名，列于见卖人之地位"。③ 契约中关于买卖双方的个人情形的说明也和他们的社会地位存在一定的关系，我们以在历朝历代享有特殊地位的孔府家族的卖地契约和买地契约中可以看到这种差别：

李崇教立宅基卖约④

立卖约人李崇教，为无钱使用，今将自己南北宅基壹处，陆分肆厘肆毫陆丝，并瓦过车门一间，瓦耳房一间，西土房两间，南厂棚三

---

① 袁守定：《听讼·南北民风不同》，载徐栋编《牧令书》卷十七《刑名上》，道光二十八年刊本，第193页。
② 万维翰：《幕学举要·总论》卷3，浙江书局光绪十八年刊本，第72页。
③ 《报告录》，第478页。
④ 曲阜师范大学历史系、中国社会科学院历史研究所：《曲阜孔府档案史料选编》，第三编第6册，齐鲁书社1983年版，第377页。

间，托中说合，出卖与　　圣公府名下为业，言明宅基房屋共价京钱叁佰陆拾千文，卖日交足。恐后无凭，立约存证。

南北同阔九步零五寸　　中长十七步

中人　张在文

李宗退

邢修政

宣统二年五月二十五日　　　立卖约

这张卖宅基给孔府的契约和一般的契约基本没有什么差别，虽然对出卖人的住址没有交代，应该是由于卖主和买主比较熟悉或者本来就居住在同一个小的生活圈子之内，这在其他的买卖不动产契约中也时有出现。而在孔府的卖地契约中，我们能看到其明显有不同于一般人所立的卖地契约：

圣公府立卖约①

今将杨家楼庄家西场园东西地一段，计地十五亩六分，出卖与朱深名下，承粮为业，言定卖价每亩京钱九千文，共价一百四十钱零四百文，其钱当交不欠。自卖之后，土上土下尽系买主，并无违碍。如有违碍，卖主一面承管。恐后无凭，立约为证。乾隆五十二年二月二十九日立约。

我们看到在其他契约中作为重要内容的卖主的基本情况（起码要有完整的姓名）在这里只字未提，而且就是在所有的不动产买卖契约中均有的中人的情况居然也没有。可见，大概因为孔府的家世声望，在不动产出卖契约中不但讳提其府号，就是连在买卖交易中充当重要角色的中保人等也不需要了。

可见，身份因素在清代的买卖契约中还有一定的影响，但在很大程度上只是契约形式上的。但政治地位不平等的主体之间能以契约的形式缔结经济关系，本身就已经说明在清代社会中，身份问题已经不是人们在经济

---

① 曲阜师范大学历史系、中国社会科学院历史研究所：《孔府档案选编》，中华书局1982年版，第197页。

生活中平等交往的障碍。而清代买卖契约内容中买卖双方个人信息的"片面性"的出现主要是由清代契约的功能的"过去性"指向所决定的，和契约双方经济上是否平等并没有什么必然的直接联系。因为中国传统的买卖契约都是在交易已经完毕后写立的，其主要作用是证明交易已经发生、买方获得交易物的权利的正当性的证明。在此情形下，卖主在完全得到双方约定的价金后，其契约利益已经完全实现，而买主则还需要买主就标的的权利瑕疵提供担保，以保证其权利的完全实现。契约中买卖双方个人信息的不对等性乃是缘于双方权利的实现在时间上的非同步性。而结合契约中交易及契约订立日期的缺省，我们也可以说这是买卖双方为规避国家税收，使双方尤其是买方在面临来自官方责难时占据有利地位的"合谋"的结果。

第四节 "无重复典挂"的含义：兼论存在权利负担的买卖契约

《大清律例·户律·典卖田宅》条云："若将已典卖与人田宅，朦胧重复典卖者，以所得（重典卖之）价钱计赃，准窃盗论，免刺，追价还（后典买之）主。田宅从原典买主为业。若重复典买之人及牙保知（其重典卖之）情者，与犯人同罪，追价入官；不知者，不坐。"可见，清代国家法律是严厉禁止"朦胧重复典卖"田宅的行为。从法理上说，已经卖给别人的田宅原业主已经丧失了一切权利，自然不能将其再行出卖。但是，由于法律条文中将"典卖"并提，在很多民间契约中，我们也会看到卖主为证明标的无权利瑕疵而作的"未卖之先并无重复交易""未卖之先并无重复典挂等情事"之类的承诺。无论官方法律还是民间契约都强调，"重复典卖（挂）"标的是绝不允许的。只是这里的"典卖"是否包括"出典"呢？也就是说，已经设定了典权的标的物，产权人还可以再将他出卖给第三人吗？如果可以的话，它和一般的田宅买卖契约有什么分别吗？

由于典权是中国古代很早就已经存在的一种极具民族特色的法律制度，这种制度也为现代民法所采纳。但关于典权的性质在民法理论上存在很大的分歧。概况来讲，主要包括以下几种观点：一是担保物权说，二是用益物权说，三是特种物权说（即认为典权具有用益物权和担保物权的双重属性),四是买卖合同说(即认为是一种附买回约款的买卖合同)①。从理论上说,如果认为典权契约是买卖性质的契约的话,那么出典人就不能再将标的出卖给他人了,否则就是"重复买卖"。但清代的契约实践证明这种观点是难以成立的。从契约文本来看,就有卖主在写立卖契时,关于其标的的出典情形的说明:

  道光七年(1827)南海县李恒谦卖田契②
  立永卖民田契人李恒谦,系南海县五斗口司佛山镇人氏。今因急用,兄弟祖母商议,愿将此祖遗下经分名下田三丘:一丘坐落土名栅下海边,一丘坐落土名围眼基,一丘坐落土名二步闸,共该今杖税四亩七分。出帐召人承买,取今时价银二百七十两。先召房亲人等,各不就买。次凭中人引至义仓承买,依口还实价银二百七十两正。所有签书、折席俱在价内。三面言定,二家允肯,预日写立空帖,坚明界伕,卜今书立大契交易。银契两相交讫,并无低伪少欠。此系明卖明买,并非债折抑勒加写,又非蒸尝办祭。其田果系恒谦名下之业。倘有来历不明,别人争认,系卖主同中理明。该田于道光六年(1826)十二月内典与李粹钰堂,今备足价赎回。至上手印契,日久霉烂,不能付执,当中将分单注明为据。今欲有凭,立此用卖契一纸,并赎回李粹钰堂典契一纸,付执为照。

  此契约表明田主李恒谦在卖该地之前先将此地典给了李粹钰堂,将卖给义仓时,典期已经届满,因此他将田地赎了回来,然后出卖,并将赎回的典契一起交给了买主。从对物的权利上来看,并不存在叠加的情况。不过,在卖主将要出卖已经设有典权的标的物时,典权人拥有对该物的先买权。而下例这纸契约是直接在立契时就对其出典情况作出了说明的:

  清道光十四年(1834)休宁县仇启玉卖地红契③
  二十都二图乙甲立杜卖地税契人仇启玉,今因钱粮急用,自愿将

---

① 马俊驹、余延满:《民法原论》,第387页。
② 《汇编考释》,第1335页。
③ 同上书,第1340页。

承祖遗受凤字七百十八号内分庄地税壹分贰系，土名轩塘。东至地磅，西至无碑坟，南至熟地，北至田磅。四至开明。凭中立契尽出杜卖与二十一都二图二甲许修业户为业。三面言定得受时值价纹银九四平足兑六两整。其银当即收足，不复另立收领，其地税随即自行定界过割，交买人户内支解输粮，其地听凭扦造风水，无得异说。其地前已典许姓，并未典当他人重复交易之事。此系两相情愿，并无勉强等情。倘有房内外人等异说，俱系出卖人一力承担，不涉受业人之事。恐口无凭，立此杜卖地税契永远存照。

而且，在出卖人出卖标的物时，如果买主对标的物上所存在的权利负担已经完全知晓并且没有异议时，也并不影响交易的进行。我们从下面的一组契约中可以看到这种情形。

清乾隆二年（1737）镇洋县潘门薛氏母子杜绝田文契①
　　立杜绝田文契潘门薛氏同男凤观，为有先夫潘仲卿祖遗东一都短字圩官田七亩八分，于康熙四十七年得价卖与殷处，殷亦转卖与潘晋扬处，见在管业。今田尚亏原价，为此协同原中，向潘晋扬找绝田价银二十四两整，契下一并收足。自找之后，其田任凭潘姓建房造坟，开河掘沟，与潘、殷二姓永无干涉。欲后有凭，立此杜绝田文契为照。
　　　　　乾隆二年九月　日　　立杜绝田文契　潘门薛氏
　　　　　　　　　　　　　　　　　　同男　　凤观
　　　　　　　　　　　　　　　　　　过手　　殷门顾氏

清雍正十二年（1734年）镇洋县殷门顾氏嫂叔找绝田文契②
　　立找绝田文契殷门顾氏同叔殷足，为因钱粮急迫，曾有契卖东一都短字圩田七亩八分，卖到潘处为业，已经得价。因原价不敷，复央中金胜贤三面议定，找绝银七两整，契下一并收足。自找之后，再无不尽不绝。欲后有凭，立此找绝田契为照。
　　　　　雍正十二年五月　日　　找绝田文契　殷门顾氏

---

① 《汇编考释》，第1232页。
② 同上书，第1225页。

<pre>
                              同叔　　殷足
                              原中　　金胜贤
</pre>

清雍正十三年（1735）镇洋县殷门顾氏叔嫂找贴绝田文契①

　　立贴绝田文契殷门顾氏同叔殷足，为有昔年契卖东一都短字圩田七亩八分，卖与潘处为业。已经得价得找外。因原价不敷，复央原中金胜贤，三面议得贴绝银四两整，契下一并收足。自贴之后，再无不尽不绝，永远潘姓为业，与殷姓无干，欲后有凭，立此贴绝田文契为照。

<pre>
       雍正十三年五月　日　立贴绝田文契　　殷门顾氏
                              同叔　　殷足
                              原中　　金胜贤
</pre>

　　这三份契约是针对一个相同的标的物而立的。其地权转移情况是，康熙四十七年该地由薛氏之夫潘仲卿卖给了殷处（从找贴情形上看，应该是活卖），后殷处又将该地转卖给了潘晋扬。通过这几份契约我们看到，殷门顾氏已经向潘晋扬要求找贴多次了，虽然每次找贴后都立契说明"再无不尽不绝"，但找贴的事情并没有停止。而最初的田主潘仲卿的家属也向买主潘晋扬找贴，而不是向其当初的直接买主殷氏找贴。从清代民间契约普遍约定"如有一切不明等情，尽是卖人理直"的情况来看，潘晋扬既然同意潘门薛氏找贴，是明知有前手未找绝并承认其权利的。如果买主在知悉存在典权以后，认为还要清偿典价，价格太高不能接受的话，双方订立的买卖契约是可以撤销的。在前述贵州巡抚周人骥所题的案件中，苏应逵先将地典给了姚登朝，十年之后又将此地绝卖与雷时通，姚登朝的典价由雷时通清偿，后来雷时通觉得价格太高而反悔，就到县衙控告，后来由一个叫吴祖光的人认买该田产，此纠纷也就"立约销案"了。

　　因此，在清代的买卖契约中，标的物如果存在其他权利时，并不必然对所有权的转移构成重大影响。但其前提是买主以及其他权利持有人都知情。同时，在标的物上已经设定有典权的情况下，由于典权人拥有除了所有权以外的所有权利，因而同一个标的物上不可能存在分属于不同权利人的典权，即有典权负担的标的物可以出卖给第三人，但不能再次出典给第

---

　① 《汇编考释》，第1227页。

三人。这种情况我们在刑科题本"按察使司叶存仁招详"的题本中可以看到,内有供词称,"缘双贵故叔胡新宝,有地四亩,先典与胡子猷,得价四两。继于康熙五十八年,复将地典重典与美臣之故父胡廷玉,得价十两。嗣廷玉查出重典情由,向新宝理论。新宝以无力向子猷回赎,欲将地退给廷玉,作为绝业,凭中胡华玉等议找退价银十四两,令廷玉向子猷赎地管业"。① 在民间交易习惯中,很多地方都有"租不拦当,当不拦卖""租拦不了当,当拦不了卖"等惯习。②

而官方对"朦胧重复典卖"含义的认识,我们从乾隆年间文非群转卖田亩案中可以看出来,"缘少六之父曹徵缇,于乾隆四年出银一百五十两,典文非群田种六石,契载七年回赎,田仍非群佃耕。乾隆七年,非群欲将前田并另田三石五斗,一并归卖,先向徵缇尽问,徵缇无银找买,有以年限未满回覆,非群即卖余宾之波,得银八百两,未经清偿徵缇典价",因此,刑部在判决中认为,"文非群虽非朦胧重卖,但田既出售,不将典价归偿,亦属不合,照不应重律,杖八十,折责三十大板"。③ 由此可见,在清代的官员看来,《大清律例》中所说的"朦胧重复典卖"也是指在标的物上已经存在典权的情况下,卖主在出卖之先没有回赎,而在出卖之时,也没有如实地告知买主。这种看法在民间交易习惯中也可以得到证实,如清代山东商河县习惯,乡间典当田房,如果年限没有届满,只要向原典主说明,就不算是蒙混。④

在实际生活中,原业主将业产先出典或者抵押之后,如果又将它出卖给第三人,并用所得的价金消灭物上的典权或者抵押权,以使买主获得无负担的所有权,这应该是没有什么问题的。但如果卖主在出卖之前已经设定了典权或者抵押权,在又将标的出卖时,没有告知买主,而且又不及时行使回赎权,以致在买主和他人之间产生纠纷,就会背上"重复典卖"的罪名。清代民间的买卖显然一般都认为,如果在一个标的物上面已经设定了典权或者抵押权的,是可以再将其出卖的,只是必须事先向买主声

---

① 《清代的土地占有关系和佃农的抗租斗争》,第233页。
② 《报告录》,第22、31、37、43、46、49、50、51、53、54、57、60、63、65、67、100、122页等,几乎为全国通行之交易习惯。
③ 《清代土地占有关系和佃农抗租斗争》,第219—222页,第096号案例。
④ 刑科题本"按察使叶佩苏招呈",见《清代土地占有关系和佃农抗租斗争》,第284—285页。

明，因为这将直接关系到买卖价格的确定。这就是我们在绝大多数契约中都会看到，卖主在契约中一般都写有"此地未卖之先，并无重复典挂等情。如有内外人等拦占等情事，一应卖人支当，不涉买人之事"之语的原因。从实质上说，"并无重复典挂等情"的承诺，与其说是卖主对其所有权无瑕疵的保证，不如说是其对交易价格无欺诈的保证更合适。这我们在前述刑科题本中对文非群的判决中可以看出来。因为典权的存在对所有权的转移并不构成影响，但对买主所要交付给卖主的价钱影响却很大。因此，《大清律例》中所说的"将已典卖与人田宅，朦胧重复典卖"侧重于指重复出卖，而不是说已经出典的标的物不能再出卖。在清代名吏徐士林审理的《韦让三盗卖弟田案》中，周健一先是借了韦让三十两银子，以园地作抵押，后来又将地绝卖给了宋倍九，宋倍九受业之后，就在所买的地上建房居住，对此韦让三也没有过问，因为在周健一给他写立的抵押契约上写着"二年不赎，方许上庄管业"。但在审讯时，当"让三供明（周）健一质地事由。又称'周家将地转卖'"时，"健一混称，此地现在，并未转卖"。① 可见，他知道自己将已经抵押的土地在抵押权人不知情的情况下出卖给第三人是理亏的，所以加以否认。不过，从徐士林最后判定"宋倍九虽然买地在后，但不知韦姓质当情由。价重契绝，又经造屋，现将园地断给宋倍九管业。仍着宋倍九找银十两，缴县收存，待健一偿还韦价，涂销原契"。因此我们可以看出，在清代的司法实践中，在抵押权存在的情况下，所有权的转让依然是有效的。

现代民法一般认为"不动产所有人设定抵押权之后，得将不动产让与他人，但其抵押权不会因此而受影响。不动产所有人于抵押权设定后，得自由将标的物让与他人，然不妨碍抵押权人之行使抵押权。此时自抵押标的物之时价减除抵押债权额，以其余额为买卖价金，然第三取得人亦得因清偿代位而使抵押权消灭"②。清代的契约实践中，当出卖的标的上已经设定了其他权利的话，对交易价格以及标的的交付会有什么样的影响呢？在清代名吏徐士林审理《沈瑞告赵威案》中，徐氏判语的开头就对这个问题做出了明确的回答：

---

① 《徐公谳词》，第275页。
② 《中华民国民法》第867条、《德国民法典》第1136条，转引自史尚宽《物权法论》，中国政法大学出版社2000年版，第284页。

> 凡买卖田产，或先出典于他人，立契成交之时，未能当下取赎，即于买价内扣除典价，议令买主措备取赎。价清，则买主执业；价未清，则仍典主执业，两不相碍。此各处买田之通例也。①

也就是说，在买卖田产时，如果卖主事先已经将该田典给了别人，在买卖田产已经成交并且订立了买卖契约的时候，还没有被赎回的话，那么在买田的价格里就要扣除典田的价钱，日后当典期届满时由买主备典价将田赎回，那么该田就归买主掌管经营；如果买主没有偿清典价的话，该田仍然由典权人掌管经营，两者相互之间并无妨碍。审理的官员认为这是全国各地买卖田产通行的做法。这个结论是徐士林在福建漳州为官时所说的，但他所言"此各处买田之通例"也的确不是夸张之词。我们在清代刑科题本《河南淇县韩一元赎回典地另行出卖》的本子中，也可以看到与此完全一致的记载，供词中称"小的族人韩一元，有一顷六十亩地，雍正五年上，典与余可陈耕种，当价银四十二两。雍正十二年上，韩一元把地卖与小的，共是一百两银子。除下当价，交了韩一元五十八两银子，当时立下卖契。韩一元嘱小的向余可陈回赎，余可陈说年限未满，不肯收价。到乾隆二年二月十五日，才交明当价回赎了"②。即使是在清代比较偏远的贵州地区也是已经通行的交易习惯。③ 可见，清代买卖契约中在有权利负担的标的买卖中对买主以及标的原权利设定人权利和义务的规定和现代民法几乎毫无二致。而在上例《韦让三盗卖弟田案》中，徐士林的审案结果则和现代民法中所说的抵押权因买受人的代位清偿而消灭如出一辙。

至此，我们可以说，在清代的买卖交易中，如果标的物上已经设定了典权或者抵押权，对于买卖契约的成立并不构成影响。但是，在契约订立时，卖主必须向买主申明标的物上的权利负担，因为这将对买卖的价格产生重要影响。同时，在民间交易习惯中，典权人一般都拥有对典物的先买权，从《民事习惯调查报告录》中来看，东北诸省、河南、江苏等地都普遍存在。对于此种情况下买卖交易价格的确定，清代契约实践中的做法

---

① 陈全仑：《徐公谳词》，第 510 页。
② 《清代土地占有关系和佃农抗租斗争》，第 207—208 页。
③ 刑科题本"贵州巡抚周人骥题前事"，载《清代的土地占有关系和佃农抗租斗争》，第 245—247 页。

和现代民法中的相关规定几乎是完全一致的。从这里我们可以看出，中国古代社会虽然到前近代时期也没有自己的民法理论，但在民间的契约实践中，却形成了具有一致性的民事法律习惯，而且这些民事法律习惯和我们今天以西方引进的法律概念所构建的法律体系并不是格格不入。而这也向我们表明，即使站在今天的民事立法技术的高度，在国家法阙如的很多民事领域，清代的民事契约权利义务安排的智慧也是值得称道的。

从静态的角度看，清代买卖契约的文本让我们看到了民间自我生成的交易秩序的特点，可以归结为以下三个方面。

第一，清代田宅买卖契约文本内容的第一个显著特征是契约关键概念（这里主要是指契约的根本属性）使用的"不真实性"和内容的"片面性"以及某些关键内容的"缺省"。前者除了和民族禁忌文化有一些关联外，更普遍的原因是契约双方共同形成的对国家权利限制的突破。而在很多时候它也是为了维护买主利益而在交易双方之间达成的针对国家法律"合谋"的结果，当然这也和中国传统买卖契约固有的单契特征有关。

第二，清代买卖契约文本内容的第二个特征就是用语上出现了明显的固定化甚至是"虚置化"的迹象。也就是说，很多契约中的内容用语并不一定真实反映客观的事实情况，有的契约内容也纯属多余，给人的印象是这些买卖契约似乎是在依一种固定的模式"制作"而成的。从这点来看，只要买卖双方交易达成了一致的合意，买卖双方的权利能够得到顺利实现，契约中一些不太重要的内容即使不真实，也不会影响契约的有效性，即使是对标的"物""权"的界定也是如此，只要彼此对"物"的范围明了，对"权"的正当性不表怀疑已足，至于在契约中是否要说清楚，究竟是祖遗的还是自置的已经无关紧要。这说明，在清代社会中人们已经把握了契约的最本质的特性，那就是诚信与合意。

第三，从清代田宅买卖契约所反映的权利意识来看，清代社会的权利意识较之以前已相当浓厚。对买卖标的及其附属物的权利都有详细安排，不仅如此，出于顺利、充分实现物的收益的需要，类似于现代民法上的地役权的重要性在契约中也有了充分体现，而宅舍买卖契约中所体现的房基分离观念也显示着清代社会已经有了类似于今日之地上权观念。

第 五 章

契约订立之后：不易完成的交易

第一节 标的的交付与契约的效力确定

一 标的的交付与契约作用

在中国传统的契约实践中，在契约的成立和契约的生效之间并没有什么严格的界限。而在清代的国家法律中，买卖契约的生效是从契约订立之后立即开始，还是以标的的占有转移的为契约生效的标志等问题没有相应的规定。对于卖主离业是否构成不动产买卖契约生效的必要条件的问题也是语焉不详。对此，我们只能在官颁契纸中所列的契纸条例中看到只言片语。在清乾隆十一年（1746）山阴县孙茂芳叔侄卖田官契[①]中，我们不但看到了官颁契纸的使用，而且在契纸后面，还有官方给予民间土地交易使用契纸的规定，并有一条关于卖主离业的规定：

> 一、绝卖者不（应为止字）用此契，止作戤当；戤当者若用此契，竟作绝卖；
> 一、契不许倩人代写，如卖主一字不识，止许嫡亲兄弟子侄代写；
> 一、成交时即投税。该房查明卖主户册，号下注明某年月日卖某人讫；
> 一、由帖不许借人戤当，如违者不准告照；
> 一、买产即便起业，勿许旧主仍佃，以杜影骗。

---

① 《汇编考释》，第1248—1249页。

从最后一条要求"买产即便起业"的规定上看，清代国家法律是要求在买卖契约订立之后，卖主必须转移对标的的占有。但其目的显然并不在于否认契约的效力，而是为了"勿许旧主仍佃，以杜影骗"。即便如此，在民间的买卖实践中，尤其是田宅买卖中，卖主在出卖标的后并不离业的情况多有存在，卖主和买主之间往往形成新的契约关系，其中尤以租佃关系为最常见。如下列契约中所显示的就是这种情况：

> 清乾隆十四年（1749）武进县刘文龙卖田租再找契①
> 又立找契刘文龙，向有惊字号平田一亩八分，卖与陈名下为业，原价清轻浅，找过一次，仍未敷足，今再央中向找银七两，前后共银十五两。自找之后，田虽由原主承种，如有租息不清，听凭业主收回自耕。恐后无凭，立此存照。
> 乾隆十四年二月　日　立找契　刘文龙
> 中　　王元　陈瑞章
> 代笔　　元襄

这桩土地交易我们在文中已经作过多次分析。卖主刘文龙将其土地出卖之后（从此契约为找契来看，属于活卖），已经找价两次了。但契约中仍然说"自找之后，田虽由原主承种，如有租息不清，听凭业主收回自耕"。可见，原卖主刘文龙已经和买主之间形成了租佃关系。而买主在拥有该地所有权的基础上进一步取得占有的前提是刘文龙"租息不清"。从刑科题本所载的案件情况来看，卖主将田地出卖之后，仍然佃耕该地并向买主交租的情形相当普遍，如广东茂名县蒋高嵩将田卖给黄捷荣后，仍"批回自耕"②，江西临川王孟太绝卖田地后仍然佃耕该地③，此外，我们在福建、贵州、安徽、浙江、湖南、江苏等地都能看到这种情况，更有甚者，在广东兴宁县的一件案子中，蔡廷献的故祖将地卖给了曾道宏，曾道宏的后人将地转卖给了曾梧凤，曾梧凤的儿子又将地卖给了曾文龄，该地

---

① 《汇编考释》，第1250页。
② 《清代土地占有关系和佃农抗租斗争》，中华书局1988年版，第216—219页。
③ 上述江西、福建、贵州、安徽、浙江、湖南、江苏等地的类似情形分别可见《清代的土地占有关系和佃农的抗租斗争》，第224—226、242、245、299、350、356、364—367页。

"虽经三易,俱系蔡廷献与蔡廷树兄弟佃耕输租"①。这种在当事人之间形成的多重关系往往更容易导致纠纷的产生。尤其是当卖主出现欠租时,就可能以田价太低为由要求买主以租抵价,甚至不愿意割断和原属于他们的土地的联系,要求回赎已经立契绝卖多年的土地,最后就有可能和买主形成强烈的冲突。刑科题本中所记载的许多命案都是因此酿成的。直至在民国初年的民事习惯调查中还发现,在全国很多地方都存在卖主出卖田地后,仍然留田自耕的习惯。

在现代民法中,合同更多地指向对将来发生的权利义务约定不同,中国古代的契约所起的作用主要是对交易事实的一种确认和对交易后买主对标的主张权利的一种证明。因此,契约的订立,往往意味着交易已经完成。但在清代的田宅买卖交易中,这并非总意味着买主已经支付了完全约定的价金,并在理论上已经取代买主获得了对标的的完全所有权,在实践上已经对标的实现了占有状态,而且以此作为对抗卖主的占有状态的依据。民间的房屋买卖中,习惯上往往有"典三卖四"的说法②,也就是说,在房屋出典契约订立之后,出典人一般在三个月内离业,而在买卖的情况下,则一般要给卖主四个月的离业缓冲时间,因为在买卖契约订立之后,卖主需要寻找一个安身立命之所以及准备搬离等事项。而在江苏省,民间交易中,买卖不动产"杜产价清后,以六个月为期,典产四个月,租产三个月,方可向原业主索产管业……是谚所谓'租三典四买半年'"③,因此,从这个角度讲,说清代民间买卖中,完全不存在所有和占有的区分意识似乎并不是绝对的。以房屋买卖交易而言,起码在买卖契约订立以后到卖主交付标的占有以前,双方应该很清楚所有和占有的区别。这在田宅交易契约中也有充分体现:

  明洪武二十五年(1392)祁门县李彦善退地契文书④
  休宁县卅三都李彦善昨用价买受到祁门十四都谢允恭名下王公尖立山木一片。今有十四都翔先睐出上手文契参照,系是翔先上人用受得谢允恭、谢昇叔名下山地文契。今而家系干亲眷,不在争竞。今彦

---

① 《清代土地占有关系和佃农抗租斗争》,第347页。
② 《报告录》,第117页,山东黄县;第17页,直隶清苑、容城等县。
③ 同上书,第169页。
④ 《汇编考释》,第708页。

善情愿将所买谢允恭山木文契退还谢翔先名下管业为始，本家日后即无阻挡。就退契日收去价钞贰拾捌贯正，其钞当收足讫。其山木未退之先，即不曾内外交易。如有内外占拦一切不明，系退产人支当，不涉受产人之事。今恐无凭，立此退契文书为照。

洪武廿五年廿二日　　　李彦山（押）契
依口代书人　　李德有（押）

就上举契约来说，从实质上讲，买主李彦善和原业主谢允恭订立山地买卖契约仅仅一天，可以说，他对标的的所谓"管业"还没有进入事实状态。但是，当翔先持契前来证明李彦善所卖的山林早以由谢允恭的长辈卖给了他的先人，因此谢重复出卖该地时，李立即表示将他和谢订立的买卖契约退给翔先，并声明"其山木未退之先，即不曾内外交易"。当然，这种申明具有形式化的色彩，可能没有什么真实的内涵。从程序上来看，李彦善和谢允恭订立的买卖契约和谢翔先并没有什么关系，谢翔先提出自己对该山林早已拥有所有权，谢允恭无权出卖，这种主张只能对谢允恭提出，而李彦善也只能对谢允恭提出买卖无效退还价款的请求。但我们看到的是：李彦善直接将他和谢允恭订立的买卖契约交给了谢翔先。这里所交的一张根本还没发挥任何实际作用的契纸其实质就是"所有权"的物化符号。从这里我们也可以看出，清代的田宅买卖实行的是类似于古罗马法上典型的要物契约①方式。在罗马法上，"要物契约是指除当事人合意外，还以交付标的物为成立要件的契约"②，它和只经合意承诺即告成立的诺成契约相对应。而且，从上述李彦善退地契的案例中我们还可以看出，在明代田宅买卖契约的实践中，书面契约的订立过程往往同时就伴随着标的物的交付，二者是同步进行的。因此，我们在几乎所有的田宅买卖契约中都能看到诸如"银、契两相交足完讫，即听买主前去起耕招佃管业"之类的用语。由于明清民间契约的相似性和民间习惯的连续性，上述例证也

---

① 从中国民法理论学界的情况来看，一般学者都没有再采用要物契约的说法。抛开"契约"和"合同"的术语争论，中国的民法学者所说的诺成合同和实践合同的分类大致近似于罗马法上的要物契约和诺成契约。即诺成合同是指不以交付标的物为成立要件的合同，实践合同则是指除当事人意思表示一致外，还须交付标的物才能成立的合同。详述可见马俊驹、余延满《民法原论》（法律出版社 2005 年版）及其他民法论著中的相关内容。

② 周枏：《罗马法原论》，商务印书馆 2005 年版，第 710 页。

可以同样说明清代的情形。

二 契约的获得途径及其效力的确定

（一）契约获得的途径及其作用

我们的确可以说，契约就是所有权人管业的唯一证明，即使所有人并没有进入实际"占有管业"的状态。所以寺田浩明认为，在明清时代"无论国家还是社会中，都找不到离开事实上的领有关系而证实抽象的权原存在和保护其存在的所谓'土地所有权制度'。在那里，买卖时由卖主写下并交给买主的契据本身就是买主唯一的权限证书，发挥着争取来自社会的一定支持或保护这一功能"。① 有学者对此提出异议，认为如果这种判断是正确的话，那么卖者向买者交付证明其所卖标的合法性的"前脚"就应该成为土地买卖契约成立的必要要件。但民间的契约信息向我们显示的是，"前脚"交付并没有成为契约成立的必要条件，很多契约中说明"前脚"丢失或者和其他契约相连而不便交付。② 不过，我们也应该看到，如果在订立契约时，卖主没有向买主交付"前脚"的话，也往往会在其余中对具体情况加以说明，或者作出"捡出作废纸论"的承诺。没有交付"前脚"并不能否定契约作为"管业"的唯一合法性的证明的判断。所以民间买卖交易习惯中，一般都需要交付老契，如果老契遗失或者有其他情形致使不能交付的，必须在契约中注明，这些习惯流行于中国的大部分地区。③ 同时，假如我们考虑到绝大多数交易本身就是在亲族或者熟人之间进行的，因而相互的信任有时也可能使交易的手续简单化。

而清代各级地方政府在处理有关土地所有权纠纷的原则也是首先以契约为最关键的依据，"凡民人告争坟山，近年者以印契为凭。如系远年之业，须将山地字号亩数、及库贮鳞册、并完粮印串，逐一丈勘查对，果相符合，即断令管业。若勘查不符，又无完粮印串，其所执远年旧契及碑谱等项，均不得执为凭据，即将滥控侵占之人，按律治罪"。④ 只是如果年代久远，契约内容真假难辨，而且和官方的鱼鳞图册的记载以及完粮印串

---

① ［日］滋贺秀三等主编：《明清时期的民事审判和民间契约》，法律出版社1998年版，第200—201页。
② 李力：《清代民法中"业"的表达及其意义》，第140页。
③ 《报告录》，第97、103页等。
④ 《大清律例·户律·条例》，第223页。

不符的情况下，才会认定既定占有者拥有所有权。在司法实践中，在对产权争议进行判定的时候，真实契约的效力一般是要高于其他证据的。《徐公谳词》中一件坟山产权归属的案子中可以说明。案中作为证明产权归属的证据包括乡保地邻的证词、家谱以及坟地的墓碑，在这些证据出现分歧的时候，判语中说，"若谓乡邻之供不足凭，汪家之谱不足据，止就王行所卖契而论，契载山价止一两六钱耳，些微之价，何能得许多之山？"可见审判官吏就是以契约为最主要的分析入手的。在很多关于田宅所有权纠纷的案例中，其起因正如徐士林在其判语中所言，是有人"偶窥东主券内开载老契未付，辄起枭心"，而这也从一个反面说明了契约在标的所有权证明方面有不可替代的作用。契约是管业人管业合法性的唯一证明，但没有老契却并不能否定管业的合法性，因为"盖一契田产，先后分售，不付老契，情事之常"①。这也的确是我们在很多买卖契约中老契不能交付所作说明的一种常见情况。

我们也可以进一步说，正是因为没有保护所有权存在的"国家所有权制度"，才使得民间自发建立起了以契约为凭证的"所有权"（更多的时候表现为一种"管业"权）保护机制。这种机制有时建立在国家对"所有权"的确认上，那就是通过向国家纳税的方式获得国家颁发的契约式的凭证，所以我们可以看到很多为了获得国家给发的凭证而主动前去投税的契约文书，典型的如下：

  清同治十一年（1872）宛平县全吕氏补税房红契②
  立补税契人全吕氏，原有祖遗自置住房一所，坐落在前门外安南营西口路南，南房两间，北房二间，西平台两间，后院灰棚一间，共计房七间。价银柒拾两整。此房老契实因赴江苏候补被贼乱遗失无存，今情愿遵例赴县补税，以便管业。其中并无虚捏重复情事。如虚，同知底保人情甘认咎。恐后无凭，立此补税契据为照。
  再批：此房老契倘日后查出，作为废纸。
（宛平县挂号讫）
  同治十一年四月   日立补税人 全吕氏

---

① 陈全伦等主编：《徐公谳词》，第194页。
② 《汇编考释》，第1432页。

知情铺保

事实上，这种认同也并不仅仅局限于官方，它同样可以通过民间的途径自我获得，以下这张契约就是典型代表：

立补契人涂桂芳，因祖遗房地老契失迷，无法查找，特请亲族地邻人等，按地勘丈。
各地亩麦弓口合理补契，谨将地段亩数开列于左：
计开弓口五尺四寸　　刘忠地计地六亩，南北长科二百四十弓，
北、中、南横科均六弓。
. 东河地计地三亩，东西长科一百二十弓，
西、中、东横科均六弓。①

很显然，在一般的民众看来，官方所颁给的契据自然可以成为自己管业的有力凭证，但这显然不是因为官方所具有的某种权威，而仅仅是使人们的管业合法性获得确认的一种途径。不过，这种获得认证的渠道并非只有官方一途。如上文所举的契约一样，人们还可以通过亲族地邻等人的共同参与来获得管业的凭证。② 这种情况在有些地方还演化为一种习惯，如浙江的平湖县，如果房屋田地的所有权人将其业单遗失的话，就可以持完粮的印串或者凭保人重新出具所有权证明。③ 这种习惯一直延续到民国时期，还依然为乡间民人所遵循。而在湖南湘阴等地，民间还有清理字据的习惯，即如果人们管业的证明字据出现不清的情况时，就可以请来乡保和地邻等人进行现场勘丈，并书写新的清理字据作为以后管业的证明。④ 很显然，民间通过自己的"认证"方式获得证明其管业正当性的契据，不仅可以避开官方的税赋，免受贪蠹胥吏的敲诈勒索，而且其证明效力也不存在任何瑕疵。人们之所以还能依靠民间的机制获得"管业"的凭证，

---

① 杜文通：《沧州契约文书选辑》涂氏文书第 5 契，《中国社会经济史研究》1988 年第 2 期。
② 该例契据虽然是民国初期的，但在不动产物权设立以登记为生效要件的做法逐步被确立的时期尚且如此。在清代缺乏专门的不动产物权变动登记情况下，应该会更普遍。民国初年的习惯调查材料也说明了这种作法所具有的长期性。
③ 《报告录》，第 232 页。
④ 同上书，第 285 页。

一方面说明了人们对这种证明其产业来历正当性的凭证的重视，而这种非官方的凭证能被人们所认同，正是因为产业的交易不会扩展到陌生的环境中去，而且万一发生产权纠纷的时候，一般也不会提交给官府去解决，而大多是在交易区域的范围内加以和解。所以请"亲族地邻人等，按地勘丈各地亩麦弓口合理补契"，其证明力在将来可能发生的交易中已经绰绰有余了。①

因此，在清代证明人们对田宅等拥有所有权的契据可以有三种方法取得途径，首先是在买卖交易中由出卖人出具给买受人的，这是最主要的途径，除此之外，当人们手中的契约字据因各种原因不再存在时，人们既可以通过向官方纳税的方式获得官方的契据，还可以通过民间"认证"的方式满足对权利合法性证明的追求。

就买卖契约的作用来说，如前所述，中国古代虽然没有形成自己的物权理论，但就田宅买卖而言，人们在实践中也形成了自己的对"物"和"权"的具体理解。要保证一份田宅买卖契约有效、安全和稳定，最重要的内容就是确定"物"的界限和"权"的无瑕疵。而卖主手里的上手老契无疑是证明其"权"正当性的最简便也是最有力的依据。因此，我们看到在很多田宅买卖契约中都对上手老契的交付情况作出了说明，如乾隆十六年天津县江通侯叔侄卖房地基契②中说"老契一纸买主收执"，顺治二年休宁县许在中卖地契③则云"其许高惠来脚赤契一道，缴付"，乾隆九年台湾欧愧武卖地契④末尾也有"并缴上手契共五纸，及各合约、垦单，告示统共九纸为照"的字样，这种类型的契约在清代十分普遍。在少数地方，甚至因为没有老契而使交易不能进行的情况，如在河南信阳、罗山、潢川、固始等县，"其小户人家买田，多因无老契拒绝购买"⑤。从民间初年的调查报告来看，在当时所调查过的地区，绝大多数地方在田宅买卖中都有要求卖主向买主交付老契的习惯（这些地方包括直隶、黑龙

---

① 有学者认为，在中国传统社会，那些通过原始取得的土地等财产由于不存在可以签订契约的对象，"对这种财产合法性的追求，只能向官府请求了"。此种观点可参见韩秀桃《明清徽州的民间纠纷及其解决》，安徽大学出版社2004年版，第70—84页。这种看法显然忽视了民间自我满足这种追求的途径及其有效性。
② 《汇编考释》，第1252页。
③ 同上书，第1125页。
④ 《清代台湾大租调查书》，第148页。
⑤ 《报告录》，第103页。

江、山西、陕西、河南、福建、浙江、安徽、甘肃、绥远、热河、江苏、奉天等地区），如果卖主不能交付的话，就必须在买卖契约上注明老契不能交付的原因以及声明老契作废的字样，如同我们在大量的契约文本中所看到的一样。而众多的交易第三方的介入无疑为"权"无瑕疵证明提供了第二道保障。其中还包括和上手老契有着直接联系的上手业主。如在安徽来安，"不动产买卖契约成立时，须将上首卖契出业人邀请到场，商明界线有无错讹，凭中画字"①，而在河南确山"买卖土地，以四邻为凭，若四邻不到场，即不能成交，亦不必交付老契。四邻既到场，当然无边界及其他不清之纠葛，老契无甚用途，故全以新契为凭"，在这里，四邻对"权"的证明能力显然已经超过了老契。但无论哪种情况，我们都可以看到，在田宅买卖交易中，人们在努力为标的的"权"提供可靠的证明，只不过有的地方特别倚重于"物证"（上手老契），有的地方更倾向于"人证"（四邻及上首业主等交易的第三方）。最普遍的情形则是"物证""人证"双保险。这点我们从民间习惯和契约文本中很容易体会到。

  日本著名学者寺田浩明认为"在那里，买卖时由卖主写下并交给买主的契据本身就是买主唯一的权限证书，发挥着争取来自社会的一定支持或保护这一功能"的判断，无论是从契约文书的来源还是契约文书在民间纠纷中所发挥的作用来说，都是能够令人信服的。不过，寺田浩明进一步认为，"所有的对象与其说是'物'，不如说是一种'经营'权，因为成为转移和持有对象的始终是眼下的经营收益行为"②。这里，寺田浩明否定了清代买卖交易中人们对交易的对象作为"物"的意识，认为在当时的人们看来买卖的过程中转移的始终是"经营收益的权利"。李力在讨论清代"业"的含义的时候，指出了寺田浩明将理解为"经营收益权利"的局限性。他认为，"在现代社会的语境中，经营概念具有对物的占有，并为了收益的目的而加以利用的含义。然而，如果看一下清代社会中存在永佃权的状态下田主所享有的权利的实际状况，便可以看到，田主虽然也拥有'业'，从而被称为'业主'，但是并不享有现代意义上的经营权。由此，寺田将'业'界定为'经营收益的地位'便失去了普遍性"，并在

---

① 《报告录》，第438页。
② ［日］寺田浩明：《权利与冤抑》，载王亚新等主编《明清时期的民事审判和民间契约》，法律出版社1998年版，第200页。

此基础上提出"'业'这一概念的基本含义就是获得收益的权利,而'管业'则是对这一权利的行使,即实际获得收益的行为"①。在笔者看来,寺田浩明和李力虽然对"业"认识存在一定的差别,但他们显然都将其和"收益经营"行为紧紧地联系在一起。从而认为土地田宅的买卖行为就是一个转移"经营收益"的过程,而契约文书正是买主"经营收益行为"合法性的证明。但是,我们在清代的契约实践的确也能够看到,有时候卖主并没有在其所有的土地上进行任何经营,自然也没有获得任何收益,但却可以将它估价出卖的情形。下例契约可以为我们提供这方面的例证:

> 清雍正四年(1726)大兴县刘门王氏母子卖空地白契②
> 立卖空地契约人刘门王氏同子永文、武,因无银乏用,自有祖遗空地一块,坐落草场三巷,地宽一丈,长六丈二尺,今卖到
> 俞 名下,言定卖价银捌两。自卖之后,倘有弟男子侄亲族人等争竞,有卖主、中保人一面承管。

当然,由于土地所有权的最重要意义在于对其"经营"并以此"获得收益",因而在清代这样一个以土地为最重要的生产资料的农业社会,人们对经营收益权的重视往往胜过人们对简单的"所有权"的意识。同时需要再次强调的是,清代社会的土地所有权具有中国封建社会的自有特点,它和西方近代以来那种完全排他性的所有权观念存在着很大的差别。

在此契约中,业主出卖的是一份空地,他在此土地上并没有进行任何经营,他的"管业"在此处来讲就等于他的所有权。很显然,业主之所以将其出卖,只可能转移其所有权而获得相应的价银。

(二) 买卖契约效力的确定

不仅如此,官方税契和过割税粮既不是田宅业权转移的充分条件,也不是业权转移的必要条件。根据清代法律的规定,如果发生盗卖他人的田宅的话,真正的业主是受到绝对的保护的,盗卖者不仅要受到严厉的刑事处罚,而且"盗卖与投献等项田产及盗卖过田价,并各项田产中递年所

---

① 李力:《清代民法语境中"业"的表达及其意义》。
② 《汇编考释》,第1200页。

得花利，各应还官者还官，应给主者，给主"①，无论买主是否履行官方规定的程序，是否善意，他都无法成为新的业主，原业主的权利一般都会受到绝对的保护。也就是说，即使买卖契约是经过了官方加印的"红契"，如果出卖人是非法处分或者是无权处分人，交易的有效性也很难得到官方的认可。

进一步说，这不但涉及"红契"的效力性问题，而且还涉及无权处分人出卖他人之物的契约的效力问题。对此我们以清代初期浙江金华知县李之芳审理的一起案例来展开讨论，原案判语大致如下：

> 审得王叔美买张汝荣之田也，并不细查来历，询问有无写明丘亩，而竟成交易。此事卤莽特甚。推其心则以张姓膏腴密迩，契券入手，可以蚕食境上耳。……所谓前一契七石九斗者……实系其父张伯用之赡田。又一契写田六石，并田亦无之。……总之，前后写田二契，交易原未分明，不得以父之赡田、弟之别产妄指管业，遂其奸计。王叔美所付之价，以至原中朱用交未付火腿、银两，应着汝荣清楚以还叔美。②

该案中，出卖人把其父的养赡田和其地的田产为标的卖给了王叔美，从案情来看，当时王叔美并不知情。但是，由于张汝荣出卖的是自己没有处分权的田产，因此即使王叔美不知情，交易也被认定为无效。王叔美不能取得田产的所有权，而只能获得张汝荣返还的价钱以及为此交易所付出的其他费用。如果知情而买他人无权处分的财产的话，不但交易无效，而且买受人还将受到严厉惩罚，这我们在李之芳审理的方子善知情故买房屋一案中可以看出来。③ 不仅如此，如果出卖人误认为有处分权而出卖事实上无处分权的田产，无论买受人是否知情，买卖同样会被认为是无效的。如在李之芳审理的顺治年间的一件案子中，刘伯祚之父先与刘惟有、俞文澄合买田庄一处，共田四十石，后因借文澄银两无还，遂将田庄并为文澄所有，后其子不知，将其中的二十石卖给了黄克志，闹上公堂后，被判

---

① 见《大清律例·户律》"盗卖田宅"条。
② （清）李之芳：《棘听草》，载杨一凡、徐立志主编，苏亦工点校《历代判例判牍》第九册，中国社会科学出版社2005年版，第141—142页。
③ 同上书，第145页。

"杜伯祚而将原价给还克志……田仍归文澄管业"①。

当然，买受人也可能因为有权处分后以其他形式使无权处分人获得处分权而获得标的所有权。如康熙年间眉县知县叶晟审理的一件案例中，杜可达死后，其子杜凤成移到他乡，留下一块有地无房的庄基多年，后凤招在此地上筑墙盖屋，并将房屋以八两银子的价格出卖给杜金龄，后来杜凤鸣以此地曾有一半被杜可达当给了其父而将凤招告上了公堂。因为杜金龄作证说买房时是按房价二两、地价六两计算的，因此，县令批断"应断地价六两，着杜凤成另立契约。其凤翔先年当字，凤成自行取赎"②。

而一物两卖的情况下，一般都是以时间先后作为判断交易有效性的标准，即第一个买卖契约为有效，无论其是红契还是白契，第二个买受人只能获得被出卖人返还已经支付的价金的救济。如在雍正年一起父子重典私卖案③中，王越万将其七斗农田先典给了周兼两，后来又找齐差价卖给了周兼两，不料其子王泽雅又将该田卖给了汪见武，汪见武还去办理了契税的手续，后来事发造成了激烈的纠纷。但该案最后的审理结果是"田归兼两，照契管业。王见武买契，发县涂销"。当然，这种以时间先后判断契约有效性的标准同样适用于两份契约均为"红契"的情况，在《讯秦榜魁一案》中④，"缘敖朝远有田地一分，先与光绪二十六年冬月初十日卖与秦榜魁，于十二日投税，粘连司纸八百九十四号；复于冬月二十二日，又卖与袁清晖，二十七日粘连司纸九百七十八号"，这种一物两卖的情形下，卖主自然会受到"一业两卖，有意刁狡，实属可恶"的斥责，而对于契约有效性的认定则是以契约上的交易时间先后为准的，因此最后判定"袁清晖买约印契在后，此业自应归秦榜魁先买管业。而袁清晖已付正价六百八十串，外付画字钱四十串，共计七百二十串。查秦榜魁尚欠有三百五十二串价未付清，当堂书立期票，交袁清晖收执。下余尽归敖朝远补出。外补袁清晖税契钱三十串文，如敖朝远拖欠不给，准袁清晖呈控，传敖朝远押追。秦榜魁约据发还，袁清晖约据注销"。但如果出卖人

---

① （清）李之芳：《棘听草》，载杨一凡、徐立志主编，苏亦工点校《历代判例判牍》第九册，中国社会科学出版社2005年版，第148页。
② （清）叶晟：《求刍集》，载杨一凡、徐立志主编，苏亦工点校《历代判例判牍》第九册，中国社会科学出版社2005年版，第276页。
③ 陈全仝等主编：《徐公谳词》，第156—159页。
④ （清）熊宾：《三邑治略》卷四《讯秦榜魁一案》，载杨一凡、徐立志主编，俞鹿年、李琳、高旭晨整理《历代判例判牍》第12册，中国社会科学出版社2005年版，第18页。

死亡或无力全部返还第二个买受人的价金，那么仅仅承认第一个买卖契约完全效力的话，第二个买受人将会业财两空，没有任何获得救济的途径，尤其在其不知情的情况下，显然有失公平。因此，司法实践中就根据双方支付的价金的比例，取得对标的的按份共有的所有权。而不是以是否履行官方的法定程序为判断标准。① 在前述李之芳审理的一件案子中，"楼拱台以楼泽七十之名，受仲祯之价，卖与（仲祯田）十石；而继在京师，复受凤仪之银，卖与二十石"，但事实上他总共只有十石田，"……但契则两立，价亦两收，孰肯多让？……今拱台物故，既不能责其价而鸣其罪"，因此就判定"较银数之多寡，将此十石之田楼六、黄四均剖"②。

不仅如此，在司法实践中我们还看到有时即使是买受人没有任何过错地从有权处分人处买得田宅，而且在已经办理了税契等手续的情况下，也会因为一点和交易的合法性与正当性没有关联的原因而被否定交易的有效性的。如在牟奇翠买田一案中③，刘松魁有地出卖，因地内有刘名著等祖坟，中介人杨焕章就先劝刘名贤买，但刘名贤故意压价不买，于是刘松魁就卖给了牟奇翠，而且牟奇翠还到官方缴纳了契税，取得了"红契"，但后来知县熊宾考虑到地内有刘姓祖坟，仍"始终错误即在刘名贤一人，断令此地仍归刘姓户族刘银魁接买，将牟姓所出之税契中资，均归刘银魁户族付给，杨焕章另代牟奇翠再买地一分，以免轇轕"。

总之，在清代众多的判牍中，我们都没看到以是否是"红契"作为判定买卖契约有效性的标准的案例，这在正常的交易、一物两卖和出卖人是无权处分人的情形下的买卖契约中都有全面体现，通过缴纳契税而获得的官方登记显然也没有获得绝对对抗第三人的效力。这是前工业社会维护所有权稳定、不鼓励所有权流动的必然反映。其实，就是在西方法律史上，那种通过对土地等的权利状况建立登记公示制度并使其得以对抗任何第三人的情形都是很晚才开始实行的，而且有些国家直到今天对于不动产的流转仍在实行"时间在先，效力优先"（prior in tempore, potior in jure）

---

① 王泰升：《台湾法律史概论》，元照出版公司2004年版，第90页。
② （清）李之芳：《棘听草》，载杨一凡、徐立志主编，苏亦工点校《历代判例判牍》第九册，中国社会科学出版社2005年版，第162页。
③ （清）熊宾：《三邑治略》卷四《讯牟奇翠一案》，载杨一凡、徐立志主编，俞鹿年、李琳、高旭晨整理《历代判例判牍》第12册，中国社会科学出版社2005年版，第9页。

的规则。① 由此，我们也可以看到清代人们对通过税契等手续获得的"红契"的非依赖性，以及由此而来的权利合法性追求自我满足的可能性。

在清代的土地法秩序中，契约不仅是持有者"经营收益"正当性的唯一权限证明，而且也同样是买主获得该地某种抽象的所有权的证明。但这种证明的获得并不是唯一的，首先是在买卖交易中由出卖人出具给买受人的，这是最主要的途径，除此之外，当人们手中的契约字据因各种原因不再存在时，人们既可以通过向官方纳税的方式获得官方的契据，还可以通过民间"认证"的方式满足对权利合法性证明的追求。换言之，由于清代社会实现的并不是田宅所有权的"登记"绝对生效主义，"红契"的效力并不是绝对的，因此，离开代表政治权威的官府，民间也可以自我提供一套近乎完整的田宅产权转移秩序链条。同时，官方倡导的田土细事纠纷的"非诉讼"解决也为民间这种秩序链条提供了有利的存在环境。如果再看看民间买卖交易中，白契的普遍存在及其效力完全不逊于"红契"的事实，一幅比较清晰的和官方秩序并存的清代民间田宅交易的秩序就会浮现在我们眼前。

第二节 "画字银"：看似不合理的"理性"存在

一 名目繁多的"画字银"：普遍性及其主要类型

在清代的田宅买卖契约中，买主所要支付的费用，除了契约中所议定的田价以及官方法律明文认可的中费和代笔费用以外②，在民间交易习惯中，一般还存在各种不同名目的其他费用，这些费用一般都由买主支付。按其支付的对象来划分，主要有如下几种情况，一是支付给卖主的，二是支付给卖主的亲属的，三是支付给卖主的上手业主的。也有少数地方有卖主要付给本家亲族喜礼银两或给其上首业主的。

这些有时也被写入了契约文本之中，如清乾隆十一年（1746）山阴

---

① 刘家安：《买卖的法律结构》，第101页。
② 《汇编考释》第1464页收录的《光绪二十二年蓟门乔顺卖房官契》后的写契投税章程中，对民间田宅交易中官牙纪的收费标准作了明确规定，"民间嗣后买卖田房，务须令牙纪于司印官纸内签名，牙纪行用与中人、代笔等费，准百分中之五分，买者出三分，卖者出二分。系牙纪说成者，准牙纪分用二分五，中人、代笔分用二分五。如系中人说成者，丈量立契，诋准牙纪分用一分。如牙纪人等多索，准民告发，查实严办"。可见这些费用是被官方法律所许可的。

县孙茂芳叔侄卖田官契①中云"俗有推头之例,每两出银□□"的字样,在同县乾隆十八年谭元烽活卖田官契②也有"俗有推头通例,每两出银五分"的说法,而在嘉庆十年(1805)新都县谢大鹏父子卖水田契③中,则称"所有画字情礼,均议价内"。

更多的时候,向卖主支付正价以外的费用无须在契约中进行说明,而是交易双方都熟知的习惯做法:

> 江苏砀邑买卖田房习惯,除正价及中赀外,尚有所谓绝卖契费者,由买主纳入卖主,初无一定规则,临时磋商,按正价约不过百分之三。相沿既久,视为当然。④
>
> 江苏高邮、淮安等县:各种土俗费加一抽丰之习惯。例如,甲卖田与乙,该田正价一百元,按百元加一计算,甲再向乙索取抽丰费十元;找足抽丰费之习惯,例如,甲卖田与乙,业经立契,杜绝价已付清,而卖田人往往向受田人乙一再找足,乙视之亦为应付之义务者然。甚至对于找足,亦按加一抽丰计算。⑤
>
> 山西稷山、襄陵、解县、怀仁、大同等县:买卖田宅,书契时,买主于买价之外,另给卖主银若干,谓之"画字银"。⑥ 安徽五和县"民间买卖不动产,卖主必于契内亲笔画押,若不识字,则写一十字。画押时,于契价外另有画字钱,每有价洋百元,而画字钱出至三、四、五元不等者,务须先将画字钱议定,然后卖主方肯画押"。⑦
>
> 安徽全省:加添字。不动产买主于支付价金,领受买得物后,卖业人于正价外,另索找价一次,名曰添,其设立之书据,名曰加添字,一曰增加字,找价之额总以不逾正价十分之一为限。⑧
>
> 江西赣县、玉山县出房礼:买卖成交后,卖主不将祖牌堂匾迁

---

① 《汇编考释》,第 1248 页。
② 同上书,第 1153 页。
③ 同上书,第 1310 页。
④ 《报告录》,第 171 页。
⑤ 同上书,第 177 页。
⑥ 同上书,第 383 页。
⑦ 同上书,第 438 页。
⑧ 同上书,第 424 页。

移，则买主不敢擅动，必经中调处，再由买主出费若干，始允迁出。①

湖北全省亦有画字礼及出屋礼之习惯。②

湖南沅陵、辰溪、泸溪等地：买主按照原卖契内的价额，每百串付钱三十文给卖主，谓之"脱业钱"，若买主将该项不动产转卖与第三人时，原卖主有向卖主索要"原业钱"，其数与"脱业钱"相同③；沅江则称为"挂红钱"④。

陕西长安县：凡买主置买房舍，其中如卖主悬有牌匾等类，当落卸时，买主须于买价外给银若干，谓之"落匾"，又其中有神主等类，当移出时，亦须给银若干，谓之"迎神"⑤；华阴县卖主画押时有"画字银"，契约成立后交付标的物时有"出窝银"⑥、此习惯尚存在于南郑县⑦。

甘肃：平凉、静宁、庄浪等县，卖主于约中所定价格完全收清后，复对买主另立约据一张，索钱数串，约当价银百分之二三，谓之"舍业杜绝"⑧；皋兰则有卖主业经卖业数年后因生计等困难复向买主请求续价者，谓者"吃盖棱"⑨。

如前所述，大概由于土地和房屋在清代的社会生活中所具有的不同一般的意义，出卖田宅往往是人们到了山穷水尽的时候不得已而为之的行为，交易中的每一个重要环节都体现出了卖主不愿舍弃的心态，但他们唯一能做的，就是在履行这些重要的环节时获得一定的象征性的银两，以便能够最大限度地缓和目前遭遇的困境。

在田宅买卖中，如果卖主的父母还健在的话，买主往往还要支付在场或者不在场的卖主之父或者之母另外一些报酬，不管他们是否列名于契约

---

① 《报告录》，第 463、470 页。
② 同上书，第 517 页。
③ 同上书，第 559 页。
④ 《清代土地占有关系和佃农抗租斗争》，第 566 页。
⑤ 《报告录》，第 568 页。
⑥ 同上书，第 577 页。
⑦ 同上书，第 579 页。
⑧ 同上书，第 588 页。
⑨ 同上书，第 592 页。

之中。例如在江西省新都县，"凡出卖产业者，如有父母在堂，须于契后写'主卖父'或者'主卖母'，由父或母签字，然后双方议定，于契价之外，买主须出卖钱数串或数十串不等，以业价之大小定之"。① 这种情况并非个别地方习惯，而是一种带有一定的普遍性的现象，我们在远离江西千里之外的北京也能看到这种现象的发生，如宣统三年（1911）北京颜士朝卖宅契②中云"言定时值价京钱贰千伍百吊整，外送二伯母京钱伍百吊正，其钱当日交足，并不短欠。恐后无凭，立文契为证"。该契约中，出卖人颜士朝在契约中称"今遵母命"处分家产，在契约的末尾我们看到买主除了向他支付 2500 吊的房价以外，还"外送二伯母京钱伍百吊正"，无疑，此处的二伯母就是指颜士朝之母，而其所送的"主卖钱"也是数额不菲的，相当于房屋正价的 20%。

在儿子作为订立契约的主要责任人，其父或母主盟或者其他情况下，买主给卖主的父亲或者母亲"主卖钱"的习惯，不仅存在于田宅买卖交易中，而且在奴婢等的买卖契约中也有体现，下列的一例买卖奴婢的契约③大概也能代表清代的情形：

休宁县一都二图立卖婚书人方长儒，今有使婢旺俚，家下人多，不用，自愿凭中将使婢旺俚出卖与同乡

程　名下乳女。三面言定时值财礼纹银二十二两正，其人、银当即两相交付明白。倘日后家人积贵回来，将原礼三年满取续（赎）。如若不回，三年之外听凭配人，无得异说。所有婢女月伢，来正领回，无得阻碍。倘有风烛不常，天之命也。今恐无凭，立此婚书永远存照。

外主母画字银一两。又批。刘德甫（押）

不仅如此，在民间交易习惯中，付给另外杂费的对象不光是卖主的父母，有时还有卖主的兄弟，如刑科题本四川涪州的一件案例中，"杨显之弟杨榜，将己田卖与杨仕荣为业。杨显与兄杨鹑各得过画字银九两。杨椿

---

① 《满铁旧惯调查报告》录Ⅲ—10—15，转引自滋贺秀三《中国家族法原理》，第 181 页。
② 《汇编考释》，第 1485—1486 页。
③ 同上书，第 983 页。

又另得写契银一两"①。这种情形有时在契约中也会笼统地交代一下,如乾隆五十二年(1787)休宁县许配孚卖田红契②中说"当日凭中评定时年时价河平银肆拾两,比日亲手收讫。外高堂伯叔兄弟亲族交庄过割书契,一切杂项喜礼银拾两,卖主领去给散,与买主无干"。

更多时候,买主所要支付"画字银"的对象是卖主的所有亲族甚至邻佑等人,这种情形在全国很多地方广泛存在:

> 甘肃静宁:甲向乙写出卖契,而宗族、邻佑各于契后署名画押,乙须分润以钱财,数则多少不拘,曰"画字钱",杜日后之争执也。③
>
> 江苏高邮、淮安等县各种土俗费:甲之弟乙卖田与丙,甲虽与乙分拆有年,亦必向丙索取亲房费,丙以为必出此费而获得交易上之安全。④
>
> 山西保德县:亲族画字礼。出卖房地,写立契据,必须卖主亲族署名画押,证明所卖房地并无纠葛,由买主予以酬金,谓之"画字礼"。⑤
>
> 安徽和县:不动产买卖,除正价及中用外,尚有各项费用……如田土则有折席费、画字礼,房屋则有搬家费、香火礼。折席费尚有亲房折席费……合肥县有族人卖田,其弟兄亲族分喜资银之俗。⑥
>
> 江西新建县:出卖产业者,如父母在堂,须于契约后写主卖父或主卖母,由父或者母签字,然后双方议定于契价外买主出主卖钱数串,以业价之大小定之。⑦
>
> 湖南沅陵、辰溪、泸溪等地:不动产买卖契约,既经缮就,必待价值书妥后,方由卖主及亲属画押,以示成立。但卖主、亲属人等每以价值不满意或祖业外出而不愿画押者甚多,于是买主各予以金钱为画押费,社会沿用已久,遂为通行常例⑧;武陵、绥宁卖主本

---

① 《清代土地占有关系和佃农抗租斗争》,第386页。
② 《汇编考释》,第1293页。
③ 《报告录》,第318页。
④ 同上书,第177页。
⑤ 同上书,第401页。
⑥ 《清代土地占有关系与佃农抗租斗争》,第405页,案例147。
⑦ 同上书,第462页。
⑧ 同上书,第551页。

族弟侄都有画押钱。①

　　陕西栒邑、宝安等县：凡民间出卖田地，须由买主之亲族于契尾画字，另由买主于正价之外给钱若干，名曰"画字钱"，其钱之多寡，恒以正价十分之一为准。②

　　四川涪州：卖主兄弟得画字银。③

"画字银"或称"画字礼"的来历，我们从山西的交易习惯中可以看出："人民买卖产业，迨其契约成立之后，买主令卖主老人合其家长到场，于契约上画押，而买主酌给洋三元或五元，俗名'画字礼'。"不过，从实际情况来看，由于画字银的对象有时包括卖主亲族及邻佑这样一个庞大的群体，他们并不一定都在契约上画押。这项费用已经演化为一种民间交易惯例，与收领人画押与否已没有直接关系。一般来说，这些费用并不是太高，大致维持在正价的10%左右。

除此之外，需要买主支付杂费的人员还包括上首业主甚至上首业主的亲属：

　　江苏高邮、淮安等县：……上业人即将原业卖与乙之卖主，亦往往因乙卖田与丙，径向丙索取上业费而肇讼者亦多。④ 泰州则有付给原业主画押钱之俗。⑤

　　山西朔县、平鲁县：上手原业主画字钱。田房买卖，须由买卖人通知上手原业主或其亲属到场，其上手原业主立给现受人之约，约"画字约"，其现受人给与原业主之钱，曰"画字钱"。⑥

　　江西铅山县原业按俗例索要画字钱。⑦

　　安徽和县：有所谓的"折席费"。其中支付给上首业主的称为

---

① 《清代土地占有关系和佃农抗租斗争》，第514、517页。
② 《报告录》，第564页。
③ 《清代土地占有关系和佃农抗租斗争》，第386页，案例140。
④ 同上书，第177页。
⑤ 同上书，第580页。
⑥ 同上书，第386页。
⑦ 《清代土地占有关系和佃农抗租斗争》，第491页。

"上业折席费"①。安徽六安、霍邱、寿州等县都有上业索要喜礼银之俗。②

安徽巢县、南陵县、来安县：上业礼。不动产买卖，契约成立时，上业主对于买主得请求上业礼（一曰上业科，又名上首钱）之支付，上业主收受上业礼之价金后，书立字约，交与买主收执，名曰上业礼字。其支付之多寡，则以该不动产现在买卖价额而定，有十分之一与二十分之一不等。③

河南固始县：乡俗，凡买产业都要给原业主赏贺银两。④

湖北江陵：原业主索要脱业钱文。⑤

湖南安化、湘乡：卖田上首业主有脱业钱。⑥ 湘潭称为"画字银"。⑦

从交易程序上看，面对如此众多的支付杂费的对象，的确是一件让买主有些心烦的事，其中的任何一个疏漏都可能给交易带来麻烦。我们在清代的档案材料中，也的确看到一些因为画字银问题而产生纠纷甚至酿成命案的。如安徽寿州陈宣案⑧、湖北江陵邱云友案⑨、湖南平江县朱谦益案⑩等。不过，从大多数案件来看，其起因并不是买主对画字银等不认同，而往往是因为在具体的操作过程中出现问题而酿成纠纷的。

二 因势而异：官方对"画字银"的立场

而在司法实践中，官吏对于这些通行于民间的惯例也并非总是斥为"陋俗"而断然否定的。有的地方官吏甚至还以此为常，有时甚至觉得如果和标的相关的人员没有向买主索要礼银是不可思议的。在清代名吏徐士

---

① 《报告录》，第424页。
② 《清代土地占有关系和佃农抗租斗争》，第410、413、431页。
③ 《报告录》，第432、438页。
④ 同上书，第344页，案例123。
⑤ 同上书，第362页，案例130。
⑥ 同上书，第551、559页。
⑦ 同上书，第576页。
⑧ 同上书，第418页。
⑨ 同上书，第362页。
⑩ 同上书，第357—359页。

林审理的《吴陶若告陈国等案》中，陈候和陈昂将房屋卖给了吴氏，后来吴氏又将此屋转卖给了陶若，徐在审理该案的时候就认为，陈候、陈昂"既不画押，亦不索礼，恐闽省无此人情"①。这种逻辑和清代另一名吏樊增祥对待民事性质案件的态度如出一辙，"州县终年听讼，其按律详办之案之多不过十余起，中简州县有终年不办一案者。其所听之讼，皆户婚、田土、诈伪、欺愚，贵在酌情准理，片言立断，不但不能照西法，亦并不必用中律"。② 一句"贵在酌情准理"道出了判决的核心，而画字银之类的费用，自然不在官方的规范之中，且毫无疑问属于乡间的"情"。即使很多后来上报到刑部的案件，判决中也没有否决画字银的正当性。如在湖南湘乡彭捻外的案例中，由于买主不愿承认原业主事隔几年之后还讨要画字银的权利而引起纠纷，最后被判决清还别人垫付的画字银。③ 在湖南沅江县的一件案子中，判决中也认为买主答应给卖主挂红钱，后来又反悔不给，以致引起了纠纷，这是很不应该的，而且"挂红钱文，系乡俗相沿，仍照追给领"。④ 在湖北随州一起因分配脱业钱而引起的案件中，原审官吏也认为"讯系脱业遗念，俗例相沿，免其追缴"，这个判决也得到了湖北按察使的认可。⑤

不过，官方对民间买卖交易中类似的向买主索要脱业钱、挂红礼银等习俗的认同也是有限度的，如果因为这些习惯而直接引起剧烈的纠纷甚至酿成重案的话，那么司法官吏的态度就会有很大变化。在湖南武陵县郭友文讨要挂红礼银一案中，审理案件的巡抚就认为，"郭维藩将久经绝卖之田辄行索找，虽有不合，但系原主，应请免议。郭友文索受添位银六钱，

---

① 陈全仑等主编：《徐公谳词——清代名吏徐士林判案手记》，第 470 页。
② 樊增祥：《樊山政书》卷 20，《批拣选知县马象雍等禀》。
③ 《清代土地占有关系和佃农抗租斗争》，第 561 页，我们应该注意到该案的起因并不是买主不愿意承认给付画字银的俗例，而是因为原业主过了很多年后才来讨要，以致造成买主的反感。
④ 同上书，第 569 页。
⑤ 同上书，第 503—506 页，案情大致如下：向高怀无嗣，后抱养陈世洪为义子，更名向正明，向高怀夫妇去世时，向正明无钱安葬，就凭中陈宗远等以一百一十千文的价格出卖水田十亩，另外给脱业钱二十千文，共计一百三十千文。因为当地有俗例：绝户卖田，要给族戚们脱业钱文，分给族戚遗念。后因凭中人私分钱文引起纠纷，闹出了人命。值得我们注意的是，地方官对此脱业念钱的俗例持认同立场，因而在判决中写道："向正明不将余价分给，均合依不应重律……仍于向正明名下，追出钱十七千五百三十五文，陈宗远、向高云……各名下，共追出钱十千文，一并分给向姓族戚具领。……聂开周（系向正明姑夫）等分受钱文，讯系脱业遗念，俗例相沿，免其追缴。"此判决也得到了湖北按察使的认可。

照数追给尸兄陈添玉收领"。此案中，审理官吏认为卖主向买主索找挂红礼银的做法还可以原谅，但郭友文作为卖主的亲属也向买主索找，并且因此而闹出了人命，因此其行为被完全否决。① 而在乾隆九年河南固始县杀伤人一案中，张鸣九置买了许廷彩的产业，原业主许长太因为该县有"凡买田产，有给原业主赏贺银两"的乡间俗例而向张鸣九索讨银两，张鸣九也认为"依着乡间俗规，应该给原业主许长太十五两赏贺银子"，但由于许长太不叫人作证写立收据，因而拖延未给，以致最后酿出了命案。② 对于这种当事人都认可的乡间俗例，河南巡抚在判决中认为"张鸣九所欠赏贺银两，系是乡间俗例，应免追给"。这和徐士林在审理民事案件时，对类似的乡间俗例往往采取认可的立场显然有别。这是因为上报到巡抚一级的案子基本都是事关人命的重大刑事案件，审理官吏认为这些乡间俗例往往就是这些命案酿成的重要原因，因而一般都对此持排斥否定的态度。安徽寿州一件因为原业主索要转业喜礼银的判决语中能够明显看出，司法官吏在对涉案的各人犯作出相应的刑事判决后，进一步补充说，"至喜礼银两，据讯原系乡间俗例，分外多索之项，今既因此酿成人命，应饬严行禁止，以杜争端"③。这种态度和前述湖北随州地方一件因脱业念钱分给不均而引发的命案中，司法官吏作出"讯系脱业遗念，俗例相沿，免其追缴"的判决也存在很大的差别。不过，在这两起都和买卖交易俗例有关的人命案子中，司法判决对乡间俗例的态度出现重大差别的原因在于，前者的纠纷集中在讨要者和被讨要者之间在给与不给问题上的争执，而后者则是出现在讨要之后的分配问题上。

综合来看，当事人双方对于乡间俗例的认同一致与否直接影响着司法官吏对乡间俗例的评判。如果因为一方的不认同而产生纠纷，并由此酿成严重事件，毫无疑问将引起司法官吏对乡间这类俗例的极大反感，并因此在判决中将此视为"陋规"，坚决否定其合理性。而如果矛盾的发生并非发生在双方对俗例的认同与否问题上，那么司法官吏一般就不会对乡间俗例主动作出明确肯定或者否定的判断。

---

① 《清代土地占有关系和佃农抗租斗争》，第316页。
② 同上书，第344—347页。
③ 同上书，第432页。

三 "画字银"普遍存在的深层原因及其功能

清代田宅买卖中画字银等习惯广泛地存在、并在乡间社会被普遍地遵循，缘于它所处的"社会场景"。在这里，交易的主要场所是有着突出血缘、地缘关系的村级市场①，交易的相对人之间彼此存在很多的"人情""情面"，并因此在交易的长时段背景中显示出"互惠"的原则②。而在实际的操作过程中，交易的中间人有时也起着十分重要的作用，他们就如同润滑剂一般，促使着这些惯例在民间交易中顺利被实现。其情形我们在很多案例中都可以看到，如刑科题本中所记载的乾隆年间的朱谦益一案中，李齐贤的父亲李二蓁在康熙五十七年将田绝卖给了朱谦益，朱谦益于乾隆十年又将田转卖给高荣仑，李齐贤就以自己是原业的理由向高荣仑索要银两，高荣仑不情愿，就将此事告知了交易的中间人李洛文等，结果李洛文等劝高给银六两五钱，李齐贤嫌少没收，后来他父亲因穷苦难度，就又向李洛文等索取原来许下的六两五钱。③ 而在湖北江陵县一件和索要脱业钱有关的案子中，原业主朱在位向新买主郑金南讨要脱业钱，但他不肯，后来也是"中人们劝解，叫从乡例每两给银三分"，所以他才"因情面难却，也就应允了"。④

除此之外，中国封建社会土地所有权的特点也是这些乡间俗例存在的深层次原因。对于中国封建社会的土地所有权的特点，笔者以为杨国桢先生的观点是很有见地的。他认为中国封建社会的土地所有权和西欧中世纪的封建所有权具有相似性，那就是土地所有权表现为共同体所有与个人所有的结合。而中国的封建社会私人土地上的共同体所有权是两重的（国家的和乡族的），他们和私人所有权的结合，便构成中国式的封建土地所有权。这个特点决定了土地的品格不完全是它的主人的等级，也不完全是国家主权，社会土地关系的基本构成是国有、乡族所有和私人所有（地主所有和自耕农所有）并存的。而在明清时期，中国封建社会土地所有

---

① 赵晓力：《中国近代农村土地交易中的契约、习惯与国家法》，《北大法律评论》第 1 卷第 2 辑，法律出版社 1999 年版，第 461 页。
② 张研：《中国传统社会地权属性的再思考》，《安徽史学》2005 年第 1 期。
③ 《清代土地占有关系和佃农抗租斗争》，第 357—359 页。
④ 同上书，第 362—364 页。

权构成的变化趋势是私人土地所有权的上升。① 以此理论为思路,我们就可以对何以清代的土地买卖契约中会涉及如此范围广泛的人群获得一定的理解。从买卖契约的层面来看,私人土地所有权上升的直接表现就是土地买卖自由度的空前剧烈。但是,乡族或者说家族的所有权意识仍然在私人土地所有权中具有或强或弱的体现。因此,我们在很多田宅业主在出卖田宅产业寻求承买对象、签订买卖契约时,很多族人都会以所卖为祖遗财产,不许出卖给外人为理由对出卖人进行限制。而在向出卖人讨要画字银时,也往往会谈及个中缘由,如在湖南武陵县的一件因索要画字银引起纠纷的案子的供词中,供述人首先说"因小的武陵俗例:凡遇卖产,亲房弟侄都有画押钱文",后来又补充说"这田是本房产业,应该候他到场画押"。② 而我们从前面所提及的存在于湖北随州地方的"脱业念钱"的名称中,也可以体会到其中的韵味。

可见,在清代民间,虽然在一个宗族之内,很多家庭早已经成为一个个单独的生产和生活单位,他们对自己的各种财产拥有很大的自由处分权,但在同族的人看来,田宅房屋等产虽然现在已经归各个相对独立的家庭所有,但它们仍然是"祖遗的本房产业"。家族共有的意识鲜明地反映在其因"家族共有"而产生的索要画字银等乡间俗例之中。这些乡间俗例不仅是对这种意识的认同,而且也为田宅买卖的顺利进行提供了必要的前提。因为接受"画字银"等费用就是表示同族的人已经对该起交易没有异议了。

最后,画字银等的支付也对保障交易的稳定和安全有着实际的作用。对买主而言,其在买得他人田宅产业的过程中,无疑最关注的是两个问题,一个就是如何才能以最实惠的价格买到最有价值的产业,另一个就是要确保对自己所购买的产业拥有所有权的正当性和稳定性。但在清代社会,"当时在那里,对于一种能够达到不言而喻地向社会主张并得到确保的'请求权',以及与这种权利成为一体并构成商品的'土地所有权'而言,却似乎没有支撑足以成为这种权利的特定制度基础存在。无论国家还是社会之中,都找不到离开事实上的领有关系而证实抽象的权原存在和保护其存在的所谓'土地所有权制度'。在国家和社会中比较清楚地存在着

---

① 杨国桢:《明清土地契约文书研究》,人民出版社 1988 年版,第 10—18 页。
② 《清代土地占有关系和佃农抗租斗争》,第 515 页。

的，只是一种通过契约文书形成的'土地买卖制度'。在那里，买卖时由卖主写下并交给买主的契据本身就是买主唯一的权限证书，发挥着争取来自社会的一定支持或者保护的功能"。① 如果我们将契约的这种功能和清代社会私人所有权的特点结合来看，就可以对在买卖交易中存在的种种名目的礼银获得一个初步的理解。买卖田宅过程中双方订立的契约自然是保证买主获得标的所有权合法性的最重要的依据，但正是由于卖主出卖的对象不仅仅关涉卖主一个人，他的房亲等人的认可也不可忽视，获得他们的确认会使买主获得标的所有权合法性和稳定性得到更进一步的强化。遵循这个逻辑，卖主出卖标的的合法性，除了以上手契作为最有力的证据以外，原业主的确认自然强化了卖主出卖行为的合法性，和卖主的房亲一样，原业主的房亲也在此逻辑循环中以程度各有不同地参与进来。更有极端者，在民间买卖交易习惯中，有的地方还存在买卖房地时，老业主必须到场，否则不能订立契约的情况。如在河南息县，买卖房地，无论甲卖于乙，乙卖于丙，丙卖于丁，如老业主有人，成交书约时，老业主可以主张权利，但不限多寡。然书约时，必须老业主到场，该地俗呼为"地老娘"②。这大概是在产业所有权变动时，卖主的房亲人等以及卖主上手甚至上手的房亲人等也会和一桩简单的田宅买卖交易发生程度不同的联系的重要原因。其表现方式就是在清代的各个地方所广泛存在的各种名目不同的礼银俗例得以形成，并且能为买卖双方所接受。

  本来，通过向官方缴纳契税并过割税粮的方式也可以使买主得到最有力的权属证明。从程序上说，这可能比向通过卖主各方亲属以及上首业主给付画字银以获得他们的确认的方式更为简便。但是，官方程序履行中所出现的腐败，会使人们付出更高的交易成本。经济学界的学者们也多认为，"晚清中华帝国的经济大力扩张维持了世界上绝无仅有的人口。习惯法的广泛使用，或由第三方执行的并为帝国所默认的合法的私人契约交换，似乎说明了交易费用的下降"③，因而民间更乐于采用习惯来保证田

---

  ① [日] 寺田浩明：《权利与冤抑》，载《明清时期的民事审判和民间契约》，法律出版社1998年版，第198页。
  ② 《报告录》，第106页。
  ③ [美] 拉蒙·H. 迈耶斯：《晚清中华帝国的习惯法、市场和资源交易》，载盛洪主编《现代制度经济学》，北京大学出版社2003年版，第323页。

宅交易的顺利进行。① 如在安徽和县，"不动产之买卖，除正价及中用外，尚有各项费用，名曰'使费'。如田土则有折席费、画字礼，房屋则有搬家费、香火费。折席费尚有亲房折席费、上业折席费两种。其额数照正价加一，以为各项费用分配之用。此项费用即为预杜后累起见，有此分润，庶使亲房、上业均经到场，不致另生枝节……于立契时随正价交兑，买卖双方均乐于从事，毫无留难"②。

"画字银"等在清代田宅买卖契约中的普遍存在，在清代社会具有深刻的社会经济和文化原因，它不仅有得以实现的机制保障，而且在田宅买卖契约中也具有实际的功能。由于清代的国家成文法对此并没有统一的规定，因此，在和买卖契约有关的司法实践中，只要纠纷的起因不是直接源自对"画字银"承认与否的问题上，清代的司法官吏一般对其持不主动干预的立场，甚至往往还在其"依情拙理"的范围之内。这无疑对其存在的巩固与流行具有一定的强化作用。

第三节　契税：影响民间立契方式的重要因素

要求民间田宅买卖契约订立后缴纳契税，是清代法律对田宅买卖最重要的程序之一，"凡典买田宅，不税契者，笞五十"③，通过缴纳契税得到官方的钤印也是交易能够得到国家法律确认的必经途径。我们在前文中已经看到清代国家政权为配合契税征收而制定的若干契纸、契尾使用的规定以及对契税征收过程的严格监控制度。有清一代，虽然官府在不断改进对契税征收的管理，但在民间的田宅买卖交易中，人们为了节省交易的费用，往往私立契约，不到官府缴纳契税，或者在订立契约过程中采取各种灵活的方式来达到不缴契税的目的。

> 山东平度县习惯：（前清旧例，文契投税须按银数纳费）乡俗买卖均以钱计算，故税契之时，其文契多是另誊，而原约反藏而不税。④

---

① 赵晓力：《中国近代农村土地交易中的契约、习惯与国家法》，《北大法律评论》第1卷第2辑，第454页。
② 《报告录》，第424页。
③ 《大清律例·户律·典买田宅》。
④ 《报告录》，第108页。

江苏省各县：此间习惯，如正契卖价若干，找契则写外有乡例使费，初次加一、二次加一、三次加一、四次八折、五次七折、六次六折、七次加一抽等情，以备各项使费，总共计钱若干，凭中一概收讫，再照云云。有声明于正契后者，有另立一契者，实则所得找价买者仍核入正价之内。①

浙江长兴县习惯：不动产绝卖须备正、找两契，并附推单。②

甘肃庆阳县：凡不动产之买卖，居中说合者，名曰地媒，卖主指界，买主交价，均须地媒当面。其立契约也，须写约二张，一曰卖约，一曰杜绝约。例如，买价钱百串，则卖约只填写八十串，于杜绝约中填写二十串，共合成百串之数。③

江苏靖江县：绝卖房屋须分立二纸契据。一为房屋及基地契，一为装修契。其价亦系分而为二：房与基为一价，写入房基契内；装修为一价，写入装修契内。毋有两契，不能管业。④

安徽全省：买卖田房，将卖主亲笔签押之原契存留，另照原契抄录一份投税，谓之"抄税"。⑤

浙江永康县：不动产买卖契约之分立。分为三种，一为卖契（即正契）、二找契（即中契）、三找截契（即尾契）。例如，价值一百元之产，先立卖契一纸，写价三十元，又立中契一纸，写价六十元，后立找截契一纸，写价十元。……查是项习惯，买主至验契之时，为取巧起见，仅持正契及找截契两纸投税呈验，而中契则藏匿不出。⑥

湖北黄安：出卖田地立契时，……所立卖契内，例不填载实价，其用意系为瞒税而设，每于约外另立"满收字"，载明真价。故卖契内虽曰满，不另书，其实另有收据。⑦

湖南全省：书立不动产买卖契约时，只写代价之名色，而不写数目，其数目系由受业人于投税时自行填写。⑧

---

① 《报告录》，第146页。
② 同上书，第224页。
③ 同上书，第324页。
④ 同上书，第412页。
⑤ 同上书，第424页。
⑥ 同上书，第494页。
⑦ 同上书，第539页。
⑧ 同上书，第545页。

甘肃：平凉、固原等县，不动产买卖，率立约两纸，一纸立为卖约，一纸立为续约，如产业一处卖价一千两，卖约书为八百两，续约书为二百两。①

可以看出，由于清代对于契纸的使用并没有固定的规定，而契税缴纳的数目是和交易价格的百分比确定的，因此反映在对契约的订立方式上，我们看到在民间最常用的避税办法有三种：一是契约订立之后，再重新抄写一份作为缴纳契税的凭证，而原契则由买主保留，当然投税的那份契约上的交易金额肯定比原契上的要少；二是将契约分写为若干份，将交易的总金额分写到各契约中，纳税时只出示其中的一部分；最后是在契约上干脆不写具体的交易价金数目，而是由买主在投税时自行填写。

对于清代田宅交易逃避契税的情形，地方官吏也有明确的认识，正如清代名吏徐士林所言，"彼乡间愚氓，希图省费，有买产而数年不税契者，更有买产而数十年不税契者，一遇争讼，联翩投税，往往皆然"。② 不过，民间想方设法规避契税，除了"希图省费"外，更主要的原因还在于在缴纳契税的过程中，人们要受到经办书吏的层层盘剥，极大地增加了交易的成本。20世纪30年代，傅广泽在安徽调查时发现，人们如果按照官方的程序缴纳契税的话，其费用一般包括这么几项（以交易价格50元为例），见表4-1：

表 4-1

费用项目	金额（元）	占交易价格的百分比（%）
草契纸费	0.05	0.1
监证人书契费	0.50	1
官契纸费	0.50	1
契税	3.00	6
契税附加	3.00	6
合计	7.05	14.1

资料来源：傅广泽：《安徽田赋研究》，根据赵晓力文数据第454页整理。

---

① 《报告录》，第588页。
② 陈全仑等主编：《徐公谳词》，第428页。

这是民国时候的状况，清代的费用可能比这还要高。书吏索要的各种"润笔费""油纸费"不必说，就是税率到了清代后期甚至还提高到了9%左右。如果逾期不纳，其代价更大。

但与此形成鲜明对比的是，民间对于官方的产权确认却根本没有达到普遍倚重的地步。换言之，在一般情况下，缴纳契税后的"红契"（经缴纳契税以后盖有官方红印的契约）和"白契"（没有经过投税加盖官印的契约）并没有什么太大的差异。对于民间的土地交易秩序来说，"白契"已足以维持其顺利运转。一般学者认为"白契"的效力要高于"红契"。但事实上，如果不遇到因争讼上公堂的情况，就民间对契约的态度来看，根本不存在"白契"和"红契"效力孰高孰低的问题。人们之所以在遇到争讼的时候"联翩投税"，更主要的原因是担心没有缴纳契税的事情被官方知晓而受到责罚。在清代社会，即使遇到因田宅交易引起纠纷时候，往往都是先由中人或者各类比较有威信的人进行调解，这在明清"已向制度化方向发展"①。可以说，田宅买卖纠纷被真正提交给官吏审理并作出判决的概率是微乎其微的。即使真的闹上了公堂，一般官吏也并不会因为买主没有缴纳契税而否定契约的有效性。在《龙岩县民林景庵告李允标等案》中，徐士林对初审县令以先后不同时间的买契但同时缴纳契税为由断定契约是伪造的说法大加训责，认为这是"胶执之论"②。这恐怕也是我们在存世的各类契约中，发现数量庞大的"白契"的原因吧。

第四节　税粮过割程序对民间买卖契约的影响

按照清朝官方的法律设计，进行税赋的过割是民间在土地买卖交易完成以后所要完成的最后一道程序。买主在缴纳契税之后，就要及时到官府办理税粮的推收过户，也就是将官府登记在册的交易田亩的税赋由卖主的户下推入买主的户下。嘉庆手抄本《钱谷必读》中记载了其基本程序，"立契成交之后，原主同现业赍带契纸推字赴庄书处。如原业田粮，本在一都二图，现业住在二都三图，则应过入二都三图册内。一都二图之庄

---

① 刘广安：《中华法系再认识》，法律出版社2002年版，第44—45页；也可参见胡谦《清代民事纠纷的民间调处研究》，博士学位论文，中国政法大学，2007年，第112页。
② 陈全仑等主编：《徐公谳词》，第427—430页。

书，查收卖主推字，将粮于册内注除出应过亩分数目之条，交于二都三图之庄书，照数科则，添入册内"①。具体来说，在买卖契约订立完毕之后，先由卖主写立一份草单（也称为推字或推旗），交到卖主所在都图的庄书处。其格式如下：

乾隆二十二年（1757）山阴县胡德言出湖田推旗②

立推旗人胡德言，今将自己户内卅三都四图胡睿礼户内菜字七百八十四号湖田贰亩五分叁厘四毛，出推于十七都四图陈元户内。二十二年入册，二十三年输粮为始。此炤（照）。

其主要内容除了推出推入的户册之外，最重要的就是买主承输税粮的起始时间了。卖主所在都图的庄书在查看了推单以后，就在本都图的粮册内注出卖主应推出的税粮亩数并立单说明（也称为旗），然后再由买主执旗到其所在的都图庄书处登记，并获得收户执照：

收 户 执 照③

绍兴府山阴县正堂加三级记录刘　　，为设立收照联但以杜私偷并严苛索事：据业户　赍同契、旗，将十八都（坊）二图茅晋公户内后开号亩收入十七都（坊）四图陈元章户内承纳乾隆六年银米为始。其收田需费，遵照　宪颁定价，每田一亩，给钱十文，山地池塘每亩给钱五文。如庄书多索，许即禀究。合给收照归农。此照。

不过，对于税赋粮差的起推过割，从民间的契约实践来看是比较灵活的，有的在契约中说"随即推入业户办纳"，有的约定"奉新例起过办纳"，还有的根本没有约定具体的起推过割时间的，如清雍正五年（1727）休宁县王绍周等卖基地红契④中约定"其税今现在祖（租）户得业办纳。倘日后买主另立己户，任凭照契推入买人户内办纳无辞"，康熙

---

① 《钱谷必读》，转引自杨国祯《明清土地契约文书研究》，人民出版社1988年版，第253页。
② 《汇编考释》，第1259页。
③ 同上书，第1236页。
④ 同上书，第1203页。

五十年休宁县胡希臣等卖地契①中则说"其税早晚过割入户支解",这些契约都是经过官方加盖钤印的红契,可见这种做法在官方的经办书吏那里也是得到承认的。而在民间土地买卖交易中,很多地方还有根本不进行过割的习惯。

  直隶束鹿县:民间买地往往不即时过割,据称有钱即行过割,无钱即不过割。②

  山东新泰县:"买地久不丈割,至后买主转卖得高价时,原业主可分其增价一半"。③

  山西应县:"买卖田地,约定多出代价,而不过粮,仍由卖地人完纳者,谓之'遗粮'。"④

  浙江武康县:民间置买产业,有不即时过户,即以应完粮银交付于原业主代完,由原业主出立报粮收票交付买主。⑤

  萧山县:出戤田地有写绝契字样而并不推收过粮者。⑥

  福建建阳县:业主将田地出卖,买主每畏完粮之苦,议定每年贴给原业主粮钱若干,该粮仍由出卖之原业主完纳。议贴之后,关于该田之粮与新买主无干。⑦

  陕西长安县:民间买业,往往爱惜小费,不肯投税,其因田宅纠葛,涉讼法庭,竟以白契呈验,比比皆是。⑧

  洋县:民间有负债非卖业不能偿还而欲卖不舍者,凭中向买主言明,卖后准限期留粮若干年。卖主书立卖契,交由买主收执,约内注明价钱若干,即日同中一手领清廒银若干,准留粮若干年。限内买主每年由卖主名下完纳,不得过拨。⑨

  甘肃文县:买地留粮。民间置买田地,于地价外给银若干,约由

---

① 《汇编考释》,第1182页。
② 《报告录》,第16页。
③ 同上书,第111页。
④ 同上书,第124页。
⑤ 同上书,第226页。
⑥ 同上书,第228页。
⑦ 同上书,第239页。
⑧ 同上书,第290页。
⑨ 同上书,第306页。

原业主抱粮,故地虽为甲有,而租税永远由乙完纳。①

安徽青阳县:土地买卖成立后,所有应纳之粮额即由卖主推出,若卖主仅有田一亩,将田全数出卖,而粮则只推九分,仍留一分自完,谓之"不倒户",实际有田而无粮。——应为"有粮无田"之误。②

太和县、泗县:民间买卖田地,有田地买受多年,而其钱粮仍由卖主完纳者,卖主于每年完纳银粮时,向买主索取代纳稞金,俗谓之"倒差使费"③。安徽黟县恒有卖产而粮不过割,每遇开征,则买主给钱,卖主完纳,名曰垫粮④;安徽贵池买卖田产多不推收粮稞,由买主另立贴字,交给卖主,按年在卖主原有户内贴钱完粮。⑤

江西金溪、吉水等县:民间凡买不动产者,多不随时收粮过户,仍由原业主完粮,由买主岁给钱若干,金溪人谓之抱粮费,吉水人谓之帮粮钱。究其原因,盖买主避户有之名,免过割之累,故愿多给若干,使之自纳,且卖主每有以为奇货,不肯过割,藉为重索抱粮费之地步⑥。江西新建县之"完抱纳粮"同。⑦

浙江缙云、泰顺等县:民间买卖田宅,向有业主易至数手,而粮不过户,实成积习。审其原因,均有前清推收粮吏需索规费甚巨,民间为规避起见,遂各隐匿其买卖事实,另由原承粮户向管业主责钱纳粮,称曰税户。相沿既久,视为习惯。⑧

不仅如此,在税粮的过割问题上,很多的经办书吏也并没有严格按照官方的法律规定去要求民间的契约实践,他们往往只关注于税粮是否有人缴纳,至于由谁来缴纳,则并不是特别关心,下面这例契约就是一个很好的说明:

---

① 《报告录》,第320页。
② 同上书,第433页。
③ 同上书,第433页。
④ 同上书,第442页。
⑤ 同上书,第449页。
⑥ 同上书,第459页。
⑦ 同上书,第462页。
⑧ 同上书,第496页。

清咸丰八年（1858）山阴县张德润绝卖田官契①

　　山阴县十七都柒图立绝卖田契人张德润，今将祖遗自己户内淡字号中田内迁伍分正，凭中情愿出卖与本县族处为业。三面议定时值估价钱陆拾千文正，其银当日一并收足。自卖之后，不准回赎，亦无重找。恁（任）凭银主管业收户办粮。并无重叠交关。倘有事端，卖主自行承值，不涉买主之事。欲后有凭，立此绝契为照。

　　计开

　　东至　西至　南至　北至

　　淡字肆百捌拾号　　中田伍分

　　再批：自卖之后任凭钱主开掘造葬，各无异言，并照。

　　再批：此田原系拾柒都柒图张圣勋户内承粮。因老户公产，推收未便，公同酌议帮粮钱肆千文，每年起息，以作完粮之用。并照。

　　再批：陌兑田议单壹纸。并照。

　　旧管　都　　图　　户

　　新管　都　　图　　户

　　坐落　私湖楼　　土名四亩

　　咸丰拾年拾贰月　　日立绝卖契人张德润（押）

　　今收到契价钱一并完足。中人　均□（押）南金（押）延沛（押）春霖（押）

　　见中　和轩（押）德光（押）城□　源川

　　代笔　钱收唐（押）

　　（计开条款例　略）

　　从契约中我们可以看出，该地在出卖之前就不是由现在的田主张德润负责纳粮的，现在在出卖契约上，双方也约定并不进行税粮的推收，其理由是"因老户公产，推收未便"因而要求买主"帮粮钱肆千文，每年起息，以作完粮之用"。此契约使用的是一份官颁契纸，而且还有官方加盖的印钤，可以看出这种做法也是得到官方的认可的。从现在发现的契约文本来看，买卖双方的户名和推入推出的税赋承担者的户名不一致的情况十

---

① 《汇编考释》，第1404—1405页。

分常见,前述清雍正五年(1727)休宁县王绍周等卖基地红契①也属于这种情形。对于已经绝卖的土地,税粮都是转由买主负担的,只是有时卖主和买主之间没有履行官方规定的过割事宜,因此在形式上依然是卖主出面交纳的,但实质上是买主出税粮由卖主经办而已。而对于没有卖绝的土地,我们在文章的其他部分作过分析,从买卖契约的内容来看,绝大部分都对税粮过割的事宜进行了说明,即使有时候没有到官府进行过割的,一般也是买主以卖主的名义缴纳税粮的,如清代浙江遂安县乡例,"不曾卖绝田地,是不过户的,仍是卖主包佃交租,贸(买)主出粮交与卖主完纳的"②。于是,在这种情况下,许多卖主也往往以无力完纳税粮为理由,不断地向买主要求找价,这也是即使是绝卖的土地交易中,找价依然频繁的一个重要原因。

有时为了防止双方在税赋问题上出现争议,买卖交易的双方就在私立的推单中约定不到官府进行税粮的过割,而在私下自行解决,下列两张推单生动地反映了这种情况:

顺治十二年(1656)李有功推单

立推单人李有功,原卖过上名溪底,系人字八百十三号,计税二分五厘乙毛五系六忽,又土名何六坑,系人字四百六十一号,计税乙分乙厘二毛;又土名木杓丘,系官字五十九号,计税五分七厘乙毛。三共计田税　正。其税本户推入希勋户输纳。两家不必赴局而会,立此推单存照。

康熙二十年(1681)李光林推单③

立推单人李光林,今将卖过官字六百五十九号土名楼关口,地税三厘整,自四图乙甲李义相户推入二图十甲李希勋户输纳无阻,不必赴局面会。恐后无凭,立此推单存照。

更有甚者,有的田宅买卖交易不仅不到官府履行过割税粮的手续,许多卖主还以粮差理由,在买卖交易中获利,或者把没有粮差负担作为吸引

---

① 《汇编考释》,第1203页。
② 《清代的土地占有关系和佃农的抗租斗争》,第351页。
③ 这两例契约可见中国社会科学院历史研究所《徽州千年契约文书·清民国编》第五卷,《康熙黟县李氏抄契簿》,花山文艺出版社1999年版,第2132页。

买主的一个重要因素。如在江苏砀邑，对于因各种原因而没有税粮负担的土地，在买卖时，卖主总会将他自己其他有税粮负担地块的粮差过割给买主，若卖主实在没有任何税粮可过，也一定会商量别人，将别人的税粮过割给卖主，抑或买卖双方商量，不进行税粮的过割，而是向卖主交纳一定的钱财，俗称"买差卖差"①。这种现象也并非个别，在一些少数民族居住区域也同样存在。在雍正三年四月，兵部在议覆云贵总督高其倬条奏苗疆事宜时指出，当地"土司贫苦，往往将有粮之田作为无粮之土，卖与绅衿商民，以致完纳无资，没致派累苗户"，因此，要求"敕令查核清楚，令个买田之人，照例输纳"②。

很多地方大吏对民间田宅买卖不过割税粮的情形也深有感触。如田文镜在署理河南巡抚的时候，为此专门发布"禁漏税不过"的告示，因为"豫省田粮有经年累月并不过割者，甚至买主转卖而地粮尚在原业主户下者。以致重叠典卖有粮无地等弊，纷纷讦告。日远年长，官亦无从稽查，案久不结"③。胡林翼在《札各州县论钱粮吏胥》中谈到湖北的情形时也说：该地"往往买田数年或数十年，竟不赴过割，只潜里书处，开一户名，私相授受。更有田已更易数主，变产已经数世，而粮名未换，仍在旧户下完纳者，而官与粮书，皆昏然不知，始意不过欲隐匿税契，久而飞洒诡寄之弊生矣。久而私受欺隐之弊作矣"④。

民间田宅买卖不行税粮过割的现象之所以如此普遍，首先是因为官方对过割税粮的问题不如契税管理得那么严格，是从管理的难度上讲，税粮的征收是按地亩固定收取的，而且也具有一定的规律性，即每年的征收时间等事宜都是比较固定的，而且不容易遗漏，民间虽然"变产已经数世"，但税粮"仍在旧户下完纳"，并没有造成征收无着的情况，因而"官与粮书"往往"皆昏然不知"。虽然这种办法有可能让卖主承担田去粮存的风险，而买主也可能在交易完毕后面临卖主以办纳粮差为名不停地被要求找价的麻烦，但出于不愿意和官府打交道的心理，"隐匿税契"以降低交易成本的打算，以及在官府过割税粮可能遭受经办书吏的种种刁

---

① 《报告录》，第173页。
② 《清实录·世宗实录》卷三一。
③ 杨一凡、王旭编：《古代榜文告示汇存》之《田文镜告示·条禁事》，社会科学文献出版社2006年版。
④ 转引自陈登原《中国田赋史》，商务印书馆1998年版，第218页。

难、勒索等，都让他们更乐意将这一切留在民间"内部"解决。真的到了因为田土纠纷在民间无法解决而必须提交公堂之上决断时，再行补办过割手续也不算太迟。下例一纸投税说明，正好再现了这种情形：

> 具禀掌书官王锺珩，年五十六岁，系诸城县人。
> 　　为因无印契，牵连票传，恳　恩行文到县投税，以免牵连入官事。切职蒙恩选补掌书，在供职。昨接家信并来人云，缘今春有职服侄王汝翼，与族侄曾孙王大赖，因为　沙地边界不清而致讼。县尊追逼伊等印契，因此牵连票传。职系前明旧家，合邑皆知，所有先祖遗业，至今近三百年，后世分劈，皆以分册为凭，细查文契，失迷者多，而存留者少，或有存留，亦不过白头契纸，不但职等如此，即诸邑臧、王、刘、李、丁五旧家，凡系前明清初产业，皆无印契。乃于乾隆十三年始开税契条例，自开例后，凡买卖地土，俱各投税，开例以前曾无印契。职与服侄王汝翼公有祖传沙地四十二亩，每岁承纳粮银八钱三分，有粮票为证。回溯咸丰、同治年间，迭遭兵燹，即有印契亦归乌有，仅存康熙年间白契一纸，乾隆年间分册一本，并恳殿验，实无印契，若临讼投税，恐干罪戾。而地无印契，又恐入官，完出无奈，仁明公爷恩准行文到县投税，以免牵连入官。施行。

从上述说明中我们可以看出，王锺珩之所以"行文到县投税"，正是因为没有印契，害怕"牵连入官事"。

因此我们可以说，虽然清代国家法对田宅买卖的程序作出了明确的规定，但即将面临可能的官司牵连才是最重要的使民间田宅买卖和国家法发生直接关系的一个契合点。而如前所述，清代国家一直竭力倡导"田宅细事"纠纷在民间以非讼的方式加以解决，因此，这就大大降低了民间因为田宅买卖纠纷而上公堂的概率。

第五节　难了的"纠缠"：田宅买卖后的找价和回赎

一　找赎的普遍性：无论"绝卖"还是"活卖"

从理论上讲，清代的田宅买卖存在两种情况，一为"绝卖"，一为"活卖"。所谓"绝卖"，是指卖主转移标的的所有权与买主并一次性获得买主支付价金后，双方之间的权利义务关系便告终结，从法律规定上看，"绝卖"要求在契约写明"绝卖"或者"永断葛藤"的字样；而"活卖"则是指卖主转移标的所有权并获得买主支付的价金后，双方的权利义务关系并没有完全结束，卖主还拥有再次向买主要求"找价"的权利。不过从清代的田宅买卖契约实践来看，契约上是否写明"绝卖"并没有什么实际的意义，在很多情况下，即使契约上写有明显的标示"绝卖"字词，卖主在出卖田宅多年以后，总是以各种理由要求买主加找。这期间，或由于买主的经济状况已经开始恶化，无力满足卖主的加找要求，或由于对卖主无休止的加找要求感到厌烦，因此干脆声称不能加找了，否则就放弃田宅的产权，要求卖主买回，将买主的给付全数退回的。而在"活卖"交易中，加找和回赎也是时松时紧地联系在一起的。

由于加找的银两也应该算是交易价格的一部分，属于买卖契约中重要内容的补充。因此，卖主在得到加找的银两后，也要向买主写立一份加找契约，交由买主保存。下例几份契约是关于同一份土地（"田皮"）在订立买卖契约之后又经历的加找情况：

清康熙六十年（1722）武进县刘文龙卖田租契①

立卖契人刘文龙，今将惊字号平田一丘，计一亩八分，央中卖与陈名下收租，得受价银七两。每年完租夏麦五斗四升，冬米一石八斗。如有不清，听凭业主自种，立此存照。

康熙六十年七月　　　日　　　立卖契人　　刘文龙

清雍正七年（1729）武进县刘文龙卖田租找契②

立找契刘文龙，向有惊字号平田一亩八分，卖与陈名下收租。今因原价轻浅，央中找得银一两整，其田仍照契，业主收租。立此存照。

雍正七年八月　　　日　　　立找契　　　刘文龙

---

① 《汇编考释》，第1196页。
② 同上书，第1213页。

清乾隆十四年（1749）武进县刘文龙卖田租再找契①

又立找契刘文龙，向有惊字号平田一亩八分，卖与陈名下为业，原价清轻浅，找过一次，仍未敷足，今再央中向找银七两，前后共银十五两。自找之后，田虽原主承种，如有租息不清，听凭业主收回自耕。恐后无凭，立此存照。

乾隆十四年二月　日　　　立找契　刘文龙

在这起交易中，原业主刘文龙在和陈姓买主订立了买卖契约之后，至少又向买主提出了两次加找要求，并且都得到了满足。由于在最后的一份找契中也没有说明是否已经"找尽"，不再要求加找了，此后的情形我们无从知晓。事实上，也有很多买卖田宅的契约即使在订立卖契之始就明确说明是"绝契"而且申明"亦无重找"，但找价仍旧发生，而且没有遇到任何障碍和遭到道德上的指责的：

咸丰四年（1854）萧山县王本仁卖屋官契②

萧山县廿四都上四图立出卖屋契人王本仁，今将自己户内驹字号基地　亩壹分正，凭中情愿出卖与本县　高处为业。三面议定时值估价银陆拾两正，其银当日一并收足。自卖之后，不准回赎，亦无重找，任凭银主管业，收户办粮。并无重叠交关。倘有事端，卖主自行承值，不涉买主之事。欲后有凭，立此绝契存照。

此契约中卖主称"自卖之后，不准回赎，亦无重找"，而且在契约的末尾还称此契为绝契。但不到一个月的时间，卖主就向买主要求找贴，买主答应了他的要求，双方为此再次订立了一个找价杜绝契约③，而且前后参加订立契约的人员完全一样，可见他的找价行为也是被当初订立卖契时的证人们所支持的。在卖契上注明是绝契以及"亦无重找"的许诺并没有成为找价被拒绝的理由。

从契约的文本内容来说，我们在很多买卖契约中所看到的"永不言

---

① 《汇编考释》，第1250页。
② 同上书，第1391页。
③ 同上书，第1393页。

"找言赎"等话语事实上没什么意义，因为出卖人往往会以各种理由推翻契约中的这些承诺。官方的法律中关于找贴的法律规定，关于从典而卖的法律要件，在民间的契约实践中，虽然不能说毫无意义，但也绝对没有成为指导民间土地交易的主流规范。在官方而言，只要买受人对卖主的加找表示接受，找多少次都是双方之间的事，因此也没有主动过问的必要。

清康熙二十二年（1683）南安州苏世茂
活卖田收付合同文书①

立收付合同文书人苏世茂，系南安州县#（下缺）

民张国用名下额卡喇水山场，田价纹银捌拾两整。当日收足明白。日后不致加收。今恐无凭，立此收付存炤（照）。

外

当年里长不得扳扯国用。如有扳扯，世茂一色承当。永远代为（下脱）。至于钱粮##事项，分厘不得短少。立此合同，永远为炤（照）。

康熙二十二年三月二十八日　　　　立收付合同文书人苏世茂

附一：清康熙四十七年（1708）南安州谭睿者父子找约（红契）

立找约人谭睿哲同男谭克盛，今凭中找到张怀轩弟兄三人名下五钱，系是额可朗（正契作额可喇）田价。日后不致重收。此炤（照）。

康熙四十七年八月初四日　　　　立找约人谭睿哲（押）

附二：清康熙四十九年（1710）南安州谭可盛找约（红契）

立找约人谭可盛，为因缺用，今找到张怀轩弟兄三人名下银叁钱。收足明白。日后不致重找。此照。

康熙四十九年四月十四日　　　　立找约人　谭可盛（押）

找贴存照

上述三份契约是粘连在一起的，而且粘连处都加盖有官方的钤印，可见后面的两次加找行为经办的吏胥是完全知晓的。

---

① 《汇编考释》，第1165页—1168页。

在这里，如我们看到的，在清代，很多官方制定的有关田宅交易的有限法律法规并没有在民间被普遍遵从，因为官方制定法律的出发点主要是为了征税，田宅出典找贴一次就视为绝卖，从而被纳入征收契税的范畴。但民间的绝卖过程显然没有那么简单，除非双方已经在订立的新的契约中，明确表示已经"杜卖""绝卖""永断葛藤"，不过，正如张传玺先生所言，即使在一些已经写明"杜绝找契"的土地交易中，找贴的现象也时有发生。① 在清代的很多地方，甚至已经形成了杜卖仍然可以要求加找的乡间俗例。

  河南偃师县：凡买卖土地，契约内仅书卖字者，无论远年近月，卖主仍可向买主回赎，必至同中人说，令买主找价若干，再立杜卖契据，然后始断葛藤。②

  江苏省各县：此间习惯，如正契卖价若干，找契则写外有乡例使费，初次加一、二次加一、三次加一、四次八折、五次七折、六次六折、七次加一抽等情，以备各项使费，总共计钱若干，凭中一概收讫，再照云云。有声明于正契后者，有另立一契者，实则所得找价买者仍核入正价之内。③

  浙江长兴：不动产之绝卖必须备正、找两契，并附推单。④

  寿昌县：绝卖房屋仍可找价。例如，甲有房屋一所，托中绝卖于乙，设定价洋为五百元，当日凭中收足，契约上亦载明"任凭受买人管业，永不再找"字样，房屋亦完全移转于乙。隔数年，甲可向乙照原价五百元二成找价，计可找洋百元；又隔数年，甲又可向乙照前找百元二成找价，计可找洋二十元；再隔数年，甲复可向乙照前找二十元二成找价，计可找洋四元，买受人不得拒绝，俗称"房屋一卖三找"。⑤

  福建古田县：古田人将产业卖断后，卖主如果贫不聊生，仍得向买主索钱若干，名曰尽卖。甚有一田尽卖数次者，陋习相沿，颇为社

---

① 《汇编考释》，第1166页。
② 《报告录》，第105页。
③ 同上书，第146页。
④ 同上书，第224页。
⑤ 同上书，第491页。

会所苦。①

　　　　霞浦县：……写明永断葛藤，不敢言贴之业，尚得立字找贴一、二、三次。②

　　　　安徽皖北之找价、皖南之加添均系找价性质：其风俗在安徽全椒、来县更盛。田地、房屋买卖，契内虽书明价已清楚，但民间仍有找价之风习，甚至一找再找，纠缠不休，每至年关拉驴牵牛，或耸令老朽卧食受业之家，……积习相沿。穷极无聊者无论也。中等社会亦有借找价二字任意需索。而来安县有多次找价之习惯，找至三次，俗语谓之"倒根"。③

　　　　江西粤都县：凡买卖田土、房屋等不动产，订立一契即定确定。必须先立退卖契，以便物权之移转，然后再立找绝契，使其不动产之所有权移转确定，故俗称曰"一退一找买卖确定"。④

　　总体上来看，清代田宅买卖交易"完毕"后，出卖人或其后人又要求找价甚至因而导致赎回的情形已经非常普遍。不过其流行范围主要还是在汉族文化区。在许多边远的少数民族居住区，虽然买卖契约的格式已经和内地没有什么太大的区别了，但到目前为止，还没有发现"活卖"契约的存在，更没有内地普遍流行的找价、增洗之类的习俗。⑤ 其原因除了罗洪洋博士所说的少数民族习惯法所具有的质朴和重信守诺外⑥，应该和这些地区以林业和畜牧业为主的生产方式有关。这个问题与本书主题关联不大，兹不赘述。

二　找赎的社会经济原因

　　在清代的田宅买卖交易中，在约定的价金已经交付完毕，交易也告结束的情况下，买卖双方的权利义务关系却并不一定就此了结。从理论上

---

① 《报告录》，第237页。
② 同上书，第256页。
③ 同上书，第441页。
④ 同上书，第475页。
⑤ 梁聪：《清代清水江下游村寨社会的契约规范和秩序》，博士学位论文，西南政法大学，2007年，第43页。
⑥ 罗洪洋：《清代黔东南锦屏人工林业中财产关系的法律分析》，博士学位论文，云南大学，2003年，第32页。

说，是因为中国从来就不存在由占有转为所有的时效观念和系统的法律制度，土地权能的转移和合并，不是通过严格的法律行为来完成的，而是以人们相互之间的最终允诺为终点的。所以，找贴行为双方只要没有最终达成一致，就有可能不停地上演。官方法律和民间契约实践的最大差别就在于，国家从征税和经济秩序稳定的角度出发，希望民间的土地买卖交易能够使土地的所有权在尽可能短的时间里尘埃落定，因此对民间的找贴行为实现的是有限度的认同，即只准"公估找贴一次"，双方的买卖关系即告终结。但现实却是，民间田宅产权交易要比官方想象的复杂得多，即使是真正的买卖性质的交易，田宅的产权也往往只是处在由卖主向买主转移的一种可能性之中。

田宅买卖中的加找行为之所以能够发生，和民间普遍流行的交易模式存在很大的关系。如前述刘文龙卖田加找契约中，刘文龙虽然出卖了自己的土地，但依然佃耕着该地，这就可能成为他向买主要求找价的一个砝码，因为他还要向买主交租，不满足他的加找要求，他可能会以拖延交租甚至少交或不交为理由，为了使其按时足额交租，不致因小失大，买主不得不妥协。而这种卖主卖田后依然自耕的现象在清代社会十分常见，有些地方甚至成为民间通行的习惯，如湖南安仁等县，"民间有卖田而不退耕者，该项买卖，买主每年只向卖主收取租谷若干，其田仍归卖主永佃耕种"①。另外，我们在税粮过割的环节中也看到，卖田后不过割税粮，依然以卖主的名义纳粮的情形往往也成了卖主要求加找的重要理由。

除了上述和土地买卖操作程序直接相关的原因外，加找在清代社会的盛行还有更深层次的社会原因。刘研在《关于中国传统社会土地权属的再思考》②中明确指出，"清代土地交易之中书立卖地文契、交纳田价环节中，许多地区都存在给付卖主（业主）族属、上手卖主（原业主）及其族属正价之外附加价的'乡规'"。同时，我们也应该看到，找价之所以往往能够得到满足，和中人的作用乃至中国民间社会普遍的同情贫弱者的舆论也有着密切的关系。在很多情况下，卖主自己也承认找价已足，而且已经完全断卖，但当经济上遇到极大的困境而手足无措的时候，就将目光转向了曾经让他赖以为生的土地，而这种情况也往往能够得到周围人们

---

① 《报告录》，第281页。
② 刘研：《关于中国传统社会土地权属的再思考》，《安徽史学》2005年第1期。

的同情，从而促使买主更多地站在道义的角度，在周围乡邻的舆论压力以及中人的斡旋之下，同意卖主的找价要求。这种情形我们从很多契约的用语造词中就可以明显地看出来：

> 立洗断契黄天策，原父有民天田数号，坐产闽清十五都白汀地方。雍正年间，父手已典与张弘盛处为业，其土名租石银两，俱载原尽断契明白。于乾隆十九年二月，策托亲向张处尽断出价银拾两正纹。价足心愿。已立尽断契一纸付张永远管业，永不得言取赎字样，殊难求尽。但策父柩暴露已久，母亲日薄西山，其坟墓寿具，家贫无措，载已托亲友向张处洗断出价银捌两正，纹广，准为造坟寿具之资。其银随文交足，其田永远付张家管业收租，理纳粮差。向后永不敢别生枝节。如敢再生枝节，愿蹈覆灭之灾。两家允愿，各无反悔。今欲有凭，立洗断契一纸，永付为照。（下略）①
>
> 立贴断字人康文宾，情因先年自手将小苗田一段，坐落冲村，土名寺前垅，出卖与陈华樟边为业，先年找贴已过，理无可言，因年尽岁暮，托亲苦劝得业者，再向业主边贴出纹银叁两叁钱正。成贴之日，一顿交讫，无欠分厘。自贴之后，再不敢言找言贴。此系先言后定，恐口无凭，敬立贴段字为照用。
>
> 今交得所贴前小苗田价银叁两叁钱正纹，交收，再照。

从地理范围上看，这种情况并不是为南方所独有，而是具有一定普遍性的现象，北方也不例外：

> 立字人高殿栋，因身不便，将空基一段、西河地一段二契，卖与本家祖兄高段武名下为业，无返悔。连年荒歉，因身糊口无资。适遇皇恩广大，有明示，凡卖出者，许回赎，无力回赎者许找钱使用。今烦中人同高公议，从中调处，因身无力回赎，找给卖主高殿栋钱四吊五百正。两家情愿，各无返悔。自此一（以）后，照旧行事，永断葛藤，如有葛藤，罚钱二十两入官公用。恐口无凭，立字存照。

---

① 福建师范大学历史系编：《明清福建经济契约文书选辑》，人民出版社1997年版，第244页。

在上列的找价契约中，卖主都承认自己在此之前"得价已足""理无可言"，为了说明自己目前的窘境，在契约中也将这些内容写了进去，其目的自然是为了证明自己并非不守信用，而是确实有不得已的苦衷。在很多情况下，卖主在卖断田业后多年仍然向买主要求找价，并不是他们真的贪得无厌，而是往往因为生活上确实到了山穷水尽的地步，他们找价的目的不是为了获得更多的钱财，而是希望以此求得暂时的活路。在乾隆年间江西粤都县钟卓仁一案中，卖主的供词生动地再现了这种情况：

> 小妇人今年六十二岁。康熙三十七年，小妇人丈夫温仪尚在日，把唐村里田租一十六石六斗，卖与钟卓仁的父亲钟伯如为业。丈夫在日，原找过价银八两五钱，后小妇人丈夫死了，儿子钟景篆家里穷苦，听见钟伯如已把这田分授他儿子钟卓仁。乾隆四年上，小妇人没有饭吃，向钟卓仁找过价银一两二钱。乾隆五年，小妇人又去求钟卓仁说，小妇人年纪老了，没有养老，又找了价银十两。乾隆六年，小妇人因病起没有得吃，又央朱春贵仔扶到钟卓仁家，找了银二两。向后原找过四次价是实。乾隆七年十一月二十九日，小妇人因饥寒不过，没个打算，只得又雇朱春贵仔挑担去钟卓仁家，想找些价银。……小妇人实因别没打算处，只得往钟卓仁家想找些田价，或没有银子，就弄得数斗谷吃也好……"①

卖主的处境确实令人同情。但无论如何，在田宅已经绝卖甚至已经有过"不再加找"的承诺的情况下，还要向买主要求找价，是根本没有契约依据的。

很显然，卖主在田宅绝卖后还向买主要求找价的行为能够进行并非来自双方的契约约定，而是源于中国特有的乡村社会伦理及田宅买卖市场的自身特点。在这过程中，买卖交易的中人和周围的邻人也都发挥着很重要的作用。我们在契约中一般都能看到"托亲苦劝得业者"或者"托原中从中劝谕"之类的用语。而正如我们在很多契约中所看到的那样，充当中人角色的人往往都能得到交易双方的信任，如果交易双方本身就是一个

---

① 《清代土地占有关系和佃农抗租斗争》，第328—329页。

族属的话，那情况自然还要简单得多①，如果交易双方不是一个族属的人，契约中的中人也一般会有多个，仅仅姓氏上看，一般至少有一个和卖主同姓，还有一个和买主同姓。这种情况在买卖契约中很常见，我们在《汇编考释》中就很容易看到，如顺治六年（1649）休宁县吴启佑卖园契约中②卖主为吴启佑，买主为一毕姓，而居间作中的一个叫吴仲正，一个叫毕国忠。在这种情形下，我们可以想见，只要卖主的找价请求获得了中人的同情和支持，其实现的可能性自然是很大的。同时，我们还应该注意到，在买卖交易中充当中人的，一般都是在民众的生活场景里具有一定的威信和影响力的人，更有甚者，在有的地方习惯中，买卖契约的订立必须以本地的团保为中人，"倘契内无地保签字，则所立契约可作无效"③，所以在民间的契约中，一般都以"央中"来表达延请中人的过程④。在中人出面就找价一事和买主斡旋的情况下，如果买主依然坚持自己的利益毫不妥协，那在一定程度上就是对民间威信的挑衅，而且还可能背上"为富不仁"的道德骂名，受到周围人们的孤立。而他人的不满，乃是有力的约束；社会上的孤立，是可怕的惩罚，在中国清代这样一个依然以小空间、小地域生活为场域的社会里，集体的嘉许或者非难的力量，在任何小群体中都是非常强大的。⑤ 正是由于中人在乡间是具有一定威信的比较有"面子"的人，所以，对在买卖交易中作中的人来说，为别人作中本身就是一件证明和提高自己威信的事情，因而，如果在一桩相关联的交易中，中途撤换中人的话，对原中来讲，这是一件很令人尴尬的事情。（刑科题本所题的一件发生在山西汾阳的一件案子中，田主在以地作抵押借钱时请一个叫殷朝相的人作保，后在出卖该地时就因为"不令朝相作中，仅邀饮酒"，因此"朝相嗔怒，不肯赴饮"）。⑥

当然，找价的发生也和清代土地价格总体上呈一种较快的上升趋势有着比较密切的关系。清代雍乾以后土地价格的持续上涨，我们从该契约发生地的邻近区域龙岩的情况可见一斑，道光《龙岩州志》卷七《风俗志》

---

① 李力：《清代民间契约中的民法》，第94—96页。
② 《汇编考释》，第1133页。
③ 《报告录》，第167页。
④ 李力《清代民间契约中的民法》，第98页。
⑤ ［英］斯普林格尔：《清代法制导论》，中国政法大学出版社2000年版，第121—123页。
⑥ 《清代土地占有关系和佃农抗租斗争》，第424页。

云:"耕人田者曰佃户,受耕时向业主认批,按田定租,租以桶计,二桶为箩。上则田每亩载租十箩,中下递至五六箩不等,今田价日昂,租亦稍增。"地价持续上涨,在清代也不是局限于某个地区或者某个短暂的时间段的,而是具有一定的普遍性。清代著名的文人钱永对清初上海地区的地价状况也有具体的评述:

> 前明中叶,田价甚昂,每亩值五十余两至百两,然亦视其田之肥瘠。崇祯末年,盗贼四起,年谷屡荒。咸以无田为幸,每亩只值一二两,或田之稍下,送人亦无有受诺者。至本朝顺治初,良田不过二三两。康熙年间,涨至四五两不等。雍正年间仍复顺治初价值。至乾隆初年,田价渐涨,然余五六岁时,亦不过七八两,上者十余两。今阅五十年竟涨至五十余两矣。①

在地价上涨的情况下,卖主将地转卖给新的买主时所获得的价银自然要比当初他购买该地的价银高得多,卖主的上手心里往往难以平衡,不管他和该地之间的关系已经断绝多久了,他仍然觉得他也应该从地价上涨中得到一点好处。这种心理在刑科题本河南息县的一件案子中的供词中展露无遗,"讯俱谭绍思供:小的与傅良卜是邻居,平日并无仇隙。小的有四亩多地,乾隆二年间,卖给傅良卜,价钱是两千四百文。今年(乾隆十四年)十二月里,傅良卜托王尚珍说合,把地转卖与小的族间侄子谭德盛,照时价议了七千五百文钱。到二十四日,谭德盛请小的到家立约,小的原向傅良卜说:你今日卖地,比我当日卖地价钱多了好些,我是原业,年近了,我家里穷苦,你借给我几百钱罢。……"。卖主自然知道其上手现在借钱其实就是以地价上涨为由要求加找,肯定是有去无回,所以拒绝了,并由此酿出了一起人命案子。② 也有原业主见现业主要将土地转卖,而且价格比他当初出卖时要高得多,因而就干脆要求回赎本来已经绝卖多年的土地的,刑科题本中江西瑞金县的一件案子就是典型:萧奕俸的伯祖在康熙三十五年、三十八年时,将山地一片以五十六两银子的价格卖给了周媿展的父亲周锡祺,但仍一直由萧家耕种,后来萧奕俸听说周媿展以一

---

① (清)钱永:《履园丛话》,辽宁教育出版社1999年版,第86页。
② 《清代土地占有关系和佃农抗租斗争》,第320—321页。

百五十五两银子的价格把山地卖给了陈家为业,就想"当日我家只卖他五十六两银子,今他得重价,想要赎回这山……"①。有些地方,还有因为"买地久不丈割,至后卖主转卖得高价时,原业主可分其增价一半"的习惯。②

在我们今天看来,许多情况下,一些找价告赎完全是"无理"的出尔反尔的行为,因为双方在契约中已经约定不得再行告找告赎,而官方法律也明文规定"卖产立有绝卖文契,并未注有'找贴'字样者,概不准贴赎。如契未载'绝卖'字样,或注定年限回赎者,并听回赎。若卖主无力回赎,许凭中公估,找贴一次,另立绝卖文契。若买主不愿找贴,听其别卖归还原价。倘已卖绝,契载确凿,复行告找、告赎,及执产动归原先尽亲邻之说,借端掯勒,希图短价者,照不应重律治罪",现业主完全可以借助官方诉讼的渠道断了原业主的念头。但这显然是我们今天社会生活的经验思维。事实上,在司法实践中,那些审理案件的司法官吏对于那些法律明文规定禁止找价的卖主,但在中保或者乡老的劝处下,买主答应给找的价银也认为是自愿的,并因而对此没有否决。如刑科题本中广东龙川县就发生过这样的情况。康熙五十五年间,邹癸生故祖邹立坤将一片地以三十千的价格立契绝卖给了曾世通之伯曾玉登,到乾隆三十年正月,曾玉登准备迁居阳春,就将田以五十二千的价格转卖给了曾世通之父曾玉堂,邹癸生听说转卖多钱,就去找价,因为曾玉堂已经迁到阳春去了,他就向曾玉堂讨要,后来在乡老谢德捷的劝说下,曾玉堂答应给邹癸生一千二百文。审理巡抚在判决词中虽然说"……已经绝卖,按例不应找贴,但曾玉堂所出钱一千二百文,系听从谢德捷劝处,情愿领给,应免追还"③。此案虽然最后还闹出了人命,但审理官吏依然认为既然是在乡老的劝处下,当事人自愿答应找价的,所以领受人也没有必要给还了。如上述案例中我们所看到的那样,在很多情况下,当当事人双方就找价问题出现争执的时候,他们(尤其是买主)一般都会首先到凭中处(凭中在很多情况下也是由有声望的乡老充任的)要求理论,而凭中一般大都会劝买主稍作妥协,在一定程度上满足卖主的请求以获得安心管业的期望。因

---

① 《清代土地占有关系和佃农抗租斗争》,中华书局1988年版,第359—362页。
② 《报告录》,第111页。
③ 《清代土地占有关系和佃农抗租斗争》,第367—369页。

此，我们也可以说，找价告赎等出现在绝卖交易中的"非正常"秩序能够在清代民间社会普遍运行，中保、乡老等角色起着至关重要的作用。

更为重要的是，清代社会的民间生活语境也注定我们今天觉得是最简单的理所当然的事情在那时则可能是双方事情"闹大"了以后的无奈之举。因为在那样一个"熟人社会"里，尽量避免撕破脸皮的实用主义生存哲学是制约人们走向公堂的一个重要因素，而"饿死不做贼，冤死不告状"这种"忍"的日常生活规训则是存在看似"无理"的找价等要求的契约秩序能够在民间顺利运行的强大润滑剂。① 这种情况我们在很多地方的田宅买卖交易中，卖主的上手向买主索要"脱业钱"等习俗中强烈地感受到。如在湖北江陵县一件和索要脱业钱有关的案子中，原业主朱在位向新买主郑金南讨要脱业钱，但他不肯，"中人们劝解，叫从乡例每两给银三分。小的因情面难却，也就应允了"②。

最后，找价回赎在所有类型的买卖交易中都会发生，也和民间对"活契"和"死契"的认识以及他们对官方法律的认知具有一定的联系。由于在民间订立的契约中，很多契约虽然标明是活契，但对回赎年限没做任何约定，还有的契约则既无死契活契的标志，也无回赎事宜的说明，而民间社会对国家法律认识上的空白，使得很多年后买主要求回赎或者以放弃回赎为条件而要求买主找价时，买主往往也有口莫辩。下面这份供词为我们提供了鲜活的证明：当审理案件的官吏诘问当事人说"这地卖给杨刘氏家，已经五十多年，虽是活契，并未注明回赎字样，例不准赎"时，当事人回答说："小的们是乡间愚民，不知律例，只道活契就该回赎，所以小的杨鹤向刘氏讲明赎地，卖给杨四。"③

三 官方对找赎的立场：在矛盾中摇摆

从清代中央政权的立场来看，其法律条文的制定虽然在继承明代法律的基础上，力图明确典和卖的区别，以此来遏制民间在田宅交易中因找价和回赎而造成的愈演愈烈的纠纷。雍正八年及乾隆十五年的定例就是这种

---

① 徐忠明：《小事闹大与大事化小》，《法制与社会发展》2004 年第 6 期，原文此处的本意主要是在剖析民事案件调处的原因。笔者以为这也是民间契约秩序能够尽量在官府干预之外能够运行的重要原因。
② 《清代土地占有关系和佃农抗租斗争》，第 362—364 页。
③ 同上书，第 531 页。

努力的结果：

> 《大清律例·户律田宅》"典卖田宅"条附例：
>
> （雍正八年定例）卖产立有绝卖文契，并未注有"找贴"字样者，概不准贴赎。如契未载"绝卖"字样，或注定年限回赎者，并听回赎。若卖主无力回赎，许凭中公估，找贴一次，另立绝卖文契。若买主不愿找贴，听其别卖归还原价。倘已卖绝，契载确凿，复行告找、告赎，及执产动归原先尽亲邻之说，借端捏勒，希图短价者，照不应重律治罪。
>
> （乾隆十八年定例）嗣后民间置卖产业，如系典契，务于契内注明回赎字样，如系卖契，亦于契内注明永不回赎字样。其自乾隆十八年定例以前，典卖契未明，（追溯同年）如在三十年以内，听其按例分别找赎。若远在三十年以外，契内虽无绝卖字样，但未注明回赎者，即以绝卖论，概不许找赎。如有混行争告者，均照不应重律治罪。

但是，当民间因各种原因出现贱价绝卖土地时，卖主的回赎权等问题却不再是一个简单的法律问题了。换言之，此时最高统治阶层注意的问题并不是卖主是否具有回赎权的问题，而是买主趁天灾时、卖主在极度贫苦状态下贱价购卖土地是否具有合法性的问题。朝廷的立场从乾隆到嘉庆时期的几道上谕中可以明显地看出来：

> （乾隆五十一年五月辛未）申邻省富民准折牟利之禁。谕：据毕沅奏，豫省连岁不登，凡有恒产之家，往往变卖糊口，今更有青黄不接之时，将转瞬成熟麦地贱价准卖。山西等处富户，闻风赴豫，举放利债，藉此准折地亩。贫民一经失业，虽遇丰稔之年，亦无凭藉。现在饬属晓谕，勒限报明地方官，酌覆原卖价值，分别取赎，毋许买主图利占据等语。……饬属详查，此等贱买贱卖之田，覆其原值，勒限听原主收赎。其连麦准价之地，仍令原主收回刈割，除原价归还外，酌量给与一二分利息，毋许买主图利占据，不行放赎，致失业之民有岁无田，坐听丰年桴腹。倘财力不赡，不能给与本利回赎者，在买主已获厚利，自当于本利十分之中，酌减三四分听赎，方合人情天理。

……（在此年六月的谕议中再次就此问题作了批复）前因豫省荒歉，贫民失业，致令准折地亩。而晋省豪强希图牟利，趁机占据，是以降旨令酌减原价取赎。以卖断之产仍得收回，在原业已属便宜，若再欲退还地亩不偿原价，则是无籍之徒希图白占，此弊亦不可不虑。……①

（六月庚子）谕军机大臣等：据明兴奏，东省各属灾区，当粮贵食缺之际，贫民迫不及待，即恒业亦作绝产求售，而有力之家，亦未免趁人之急，图贱绝卖，应照豫省之例，一概准令回赎。②

（同年八月再下晓谕）……其实在无力取赎者，先令退还一半，余俟陆续赎回，俾失业者不虑无土可耕，买产者不致无赀可著。……③

（嘉庆十九年九月戊戌）谕内阁：那彦成奏请将因荒贱卖地亩，准照原价回赎，以恤贫民一摺。小民以耕作为业，藉资养赡。直隶大名等府属三十余州县，前因连年荒歉，民间地亩多用贱价出售，较丰年所值减至十倍。本处富户及外来商贾，多利其价贱，广为收买。本年雨水调匀，而失业之民已无可耕之地，流离迁徙，情殊可悯，亟宜官为调剂，以遂民生。著照该督那彦成所请，明定章程，自上年麦收以后，本年麦收以前所卖地亩，准令照价赎取，定以三年为期，俾贫民渐次复业，免致失所。④

从法律适用一致性的原则来看，朝廷的这种立场无疑和雍正八年及乾隆十五年订例的宗旨是背道而驰的。的确，从民间田宅买卖的契约实践来说，很多交易都是在出卖者"为有急用"的情况下发生的。更重要的是，土地的价格确定也主要由当时的"市场"情况决定的，卖者在极端穷苦的处境下出卖田产也是其自愿行为，和一般状况下买卖双方订立的买卖契约并没有本质的不同。不过，当这种行为达到一定的规模并且是如此集中发生的时候，中国传统的道德主义原则就显示出其强大的影响。当然，保护小农经济应有的基本生存能力以维护国家统治的稳定也可以说是统治阶层采取此种立场的本能的具有临时性特征的反应。因为当贱卖等行为发生

---

① 《清实录·高宗实录》卷一二五六，第15—16页。
② 同上书，卷一二五七，第24页。
③ 同上书，卷一二六三，第29页。
④ 同上书，卷二九六，第24页。

的地域规模都很有限时，朝廷的反应可能会很不一致，如：

> （雍正三年二月丙申）户部议覆：云南巡抚杨明时条奏……民间田产，先有吴逆赋重差繁，减价绝卖，今承平垦熟之后，致令原主告找告赎，争控不已，应通饬永禁。……从之。①

同样是减价绝卖，朝廷的立场却是迥然有别。因此，清代国家政权对民间找价与回赎问题的规定缺乏法律规范应有的体系性、一贯性和统一性。正如岸本美绪先生所言，"它们都不具有分工式地网罗大范围的找价回赎纠纷的体系性，但同时新条例并不否认旧条例，给人一种只是应付当时状况的非体系性的排列的印象"。②

而在民间因此而起的纠纷中，地方司法官吏一方面总是在强调国家法律规定的明确性和严肃性，但在判决中却也往往在遵循国家法律和道德情感衡量中寻求某种平衡。在康熙年间出任浙江天台县知县的戴兆佳对此问题的态度可以说是一个典型。他对民间的找价告赎总体上持一种厌恶态度，认为：

> 至于找价一项，现奉宪通行饬令勒石永禁催取……但此一卖不容再赎一价不许再找，乃据他处之契明价足者而言。若在天台则难以一例施行者。天台田土交关有正必有找，有卖契而无捣根（找价收据）不许推收过户……是从前大小一切田土买卖者不分已绝未绝概以不赎不找之法之，在买者坐拥膏腴，固志得而意满，在卖者剜肉无填，呕心无血，能不禺禺然向隅而泣乎。然天台百姓又最贪而黠，若一开断赎断找之门，皆纷纷抱牍前来……讼端蜂起，案牍星繁。③

不过，戴兆佳的态度似乎也处在一种并非一贯的状态，在同卷《一件劝谕买产人户速循天台旧例了根找绝以斩葛藤以清案牍事》中则又云：

---

① 《清实录·世宗实录》卷二九，第11页。
② 载《日本学者考证中国法制史重要成果选译·明清卷》，中国社会科学出版社2003年版，第444页。
③ 戴兆佳：《天台治略》卷6《一件严禁富户揩赎刁民告赎告找事》，官箴书集成本。

> 田产买卖之不许告找告赎乃是定例，但律设大法，理顺人情，事贵因地制宜，难以拘泥成法。

司法官吏的这种态度具有普遍性，如卢崇兴在康熙年间任嘉兴知府时，发布了《一件严禁田房加找以遏刁风以奠民生事》[1]，但在一件因加找而引起的官司中却认同了作为嘉兴府普遍的多次加找的习惯，作出了"屡找有据，吞占无凭"的判定。[2]

在民间的土地买卖中，很多起初是活卖的田产，期限届满时，由于原卖主无力取赎因而已经丧失回赎权利的情况下又要求回赎的情况比较普遍。在因此而引起的纠纷中，审理的地方官吏往往会折中行事。如刑科题本广东永安县的一件案子中的供词就有所反映："……乾隆十八年，小的因母丧乏用，兄弟商议，把父遗公共田种八斗，卖与廖均为业，先得价银四十两，后又找价银二十两。契内原写六年收赎，至期不赎，听从割税管业。及至六年期满，小的弟兄各因家贫，不能取赎。上年，小的积银向赎，廖均不依。到九月内，小的赴前县主控告，蒙准吊契查验，廖均把契呈缴，蒙断令廖均再找给小的银十二两，田给廖均永远管业。"[3] 很显然，按照官方的法律规定，该案中的卖主已经找价一次了，应该已经绝卖，而且在双方约定的回赎期限届满时也没有行使回赎权，卖主已经丧失了对该地的所有权利。但当他后来积累了一定的银两又要求回赎时，主审地方官虽然没有满足他的要求，但也没有训斥其的无理请求，而是判令买主再找价银十二两，从而获得完全的所有权。很显然，在这里，审理官吏既没有完全按照国家的法律规定判案，也没有以双方订立的契约为依据，而是在买卖契约的基础上，考虑到当时地价上涨的幅度（这一点从后文"小的因见近来地价高昂"的供词中看出来），采取了折中的判决。而在买主绝卖产业时，如果出卖价格和当时的时价相比，贱卖的特征十分明显时，卖主要求找价和回赎的时间也是司法官吏会考虑的一个重要因素，在贵州仁怀县的一件案子中，审案官吏就认为"原卖田价虽贱，但已事隔十有余

---

[1] （清）卢崇兴：《守禾日记》，杨一凡、徐立志主编，苏亦工点校《历代判例判牍》第九册，中国社会科学出版社2005年版，第349页。

[2] 同上书，第401页，《一件亲斩土豪事》。

[3] 《清代的土地占有关系和佃农的抗租斗争》，第479页。

年，契内载明绝卖"，所以还是否决了卖主的请求。①

不过，我们也应该看到，如果当纠纷的焦点发生了变化，找价和告赎问题即使是引起纠纷的原因，司法官吏一般不会对买卖双方之间的已经达成或者生效的协议采取主动干预的态度，哪怕这种协议是"不合法"的。如清代徐士林在审断《朱维彤越界冒祖案》②中，原告章钟陞家于康熙十七年买得被告朱维彤祖上田地山场一所，后朱家又先后在康熙四十七年找价一次，康熙五十四年又找价一次。但朱家在雍正六年又在所卖之地上葬坟，两家因此对簿公堂。从这起交易的时间来看，其最后一次找价和买卖契约订立的时间已经相隔37年。不过，在审案中，徐士林对此并未提及，在结案时也没有对原告历越多年多次慷慨应允被告的找价而被告反而企图冒占的行为予以谴责，因为本案的焦点是冒占而非找价。这说明找价行为只要没有成为双方利益冲突的焦点，地方官一般是不会理睬的。但是，如果找价告赎行为已经发展到有了恶劣的情节，甚至出现暴力威胁乃至直接酿成重大命案的话，司法官吏对找价告赎的肇事者科以"不应重律"罪名的处罚。所以在江西粤都的一件案子中，李氏虽然是一个年老的寡妇，但其三番五次的找价行为已经到了泼皮无赖的地步，审案官吏判决"李氏屡因找价肇衅，亦依不应重杖，热审，减一等，杖七十"③。而在广东大埔李心正④、湖南祁阳唐用中⑤等案中，司法官吏都对当事人在"找贴绝卖"和"契卖三十年以上，且契内并无回赎字样"而要求找价告赎的行为予以严厉的斥责，并处以"不应重律"的处罚。

但当田宅买卖中的找价和地方政府的利益发生关联的时候，我们便会看到国家制定法的精神将会让位于地方政府的眼前利益。台湾地区的《公文类纂》为我们提供了这方面的一个生动的例证：乾隆三十五年（1770）施捷登因父亲施质宜生前拖欠台湾县公项未能清缴，被官府追要，他想到其父亲曾在乾隆二十一年（1756）将刘厝庄等十九庄租业杜断绝卖与陈思敬（价银8400元），为此，他请求凤山知县韩宗出面代向陈姓买主要求加找银两，韩知县在检验了原始买卖契约后，认为是杜绝尽

---

① 《清代土地占有关系和佃农抗租斗争》，第554页。
② 陈全仑等主编：《徐公谳词》，第216页。
③ 《清代土地占有关系和佃农抗租斗争》，第329页。
④ 同上书，第375页。
⑤ 同上书，第454页。

卖的契约，并且新业主早已经到官府推收过户了，在民间习惯中也没有找洗的惯例，不过，基于施家是因为"完公无措"，就仍然谕令陈姓买主加找给施捷登400银元。但是，施捷登觉得加找的价银太少，就又申诉到台湾道台。后来台湾道台转令台湾知县王佑弼，让陈思敬再加找价银1050元。这样，在地方官府的支持下，已经将产业绝卖的施捷登在十年之后竟又获得了1450元的找价①。这种为了实现政府利益而无视国家法律规范的严肃性的行为，本身就是对国家法律威信的严重损害。

　　总体上来说，就同清代中央政权对找价回赎问题缺乏明确的具有一致的体系性的规范一样，地方司法官吏在判决由此而引起的纠纷时，也没有一个明确的判案标准，抽象性原则的缺乏导致的是具体事情具体对待的情形。判决的过程表明：他们虽然并非完全没有考虑国家相关的法律规定，但更多的时候，当事人双方的身份关系、经济地位以及因为要求找价回赎所引起的后果的严重性才是影响判决结果的重要因素。司法官吏正是在考虑各种案情具体情况的基础上，努力找到避免以后再次发生纠纷的可能途径。而反过来看，国家法律对绝卖中的找价和回赎所持有的不坚定立场，以致相关的法律规定之间缺乏体系性和一致性，而司法官吏在判案中往往从道德主义的立场出发（这其实也是清代政治的特点），对屡屡要求找价的弱者给予了感情上的照顾，部分地使他们在绝卖产业以后，其找价行为得以满足，这些对于民间找价习惯无疑也具有一定的强化作用。

　　由此可见，在清代中国特有的血缘、地缘社会结构下，田宅买卖中村级市场的存在使得"互酬性的规范和生存的权利"这两个伦理原则得到充分的体现，而清代"熟人社会"的生活语境和实用主义的生存哲学也为这种伦理原则的充分实现提供了良好的内外部条件。不仅如此，中国传统的"民本意识"和"道德政治"也使民间的"生存权利"诉求得到了来自统治阶层的支持。但是，由于对"生存权利"诉求的某种满足往往又会和国家政权为实现税收财富和社会治理的目标发生一些矛盾，因此，在对待民间的经济问题时，是遵循简单的"市场"经济法则还是维护生存权利的道德法则就成为困扰清代统治者的一个难题。正是在此种情况

---

① 《公文类纂》，档案号：4411，转引自陈秋坤《清初屏东平原土地占垦、租佃关系与聚落社会秩序，1690—1770》，载陈秋坤、洪丽完《契约文书与社会生活》，台湾中研院台湾史研究所筹备处2001年版，第38页。

下，我们看到，司法实践中，地方司法官吏往往都对那些不合国家法律的精神或者国家法律没有规定的契约习惯采取认同或者并不主动干预的态度，而最高统治者在买卖交易中土地所有权的转移是否有效的这类最有代表性的问题上，也体现出摇摆不定的态势。这也是导致清代国家法律在田宅买卖问题上出现缺乏系统性、自洽性和统一性的重要原因。

第 六 章

"另类"的交易:"一田两主"下的"田皮"买卖契约

第一节 "一田两主"的内涵

将一块土地形象地分为"田皮"和"田骨"两层,而这两层为不同的人所拥有,这就是中国历史上独特的"一田两主"现象。对于"田皮"和"田骨"的具体内涵,日本学者仁井田陞在定义"一田两主"时做过精彩的描述,所谓"一田两主是一种习惯上的权利关系,就是把一块土地分为上下两层,上面的上地(称为田皮、田面等)与下面的底地(称为田根、田骨等)分别为不同的人所有"①。对于田皮的称谓,全国各地有所不同,从民国初年的习惯调查报告来看,比较多见的名称包括面田、肥灰田、工本田、小买、客田、小卖、佃田、小顶、小业、租田、顶头、小苗、税田等,也有称上地为田骨而底地为田皮的。②

对于"一田两主"的历史源流,杨国桢认为这主要是明代中叶以后中国农村地权分化的结果,而"明中叶以后地权的分化,是从地主层和佃户层两个方向同时展开的,地主层分化为'一田两主',是和明代的赋役制度紧密相关的,而佃户层分化为'一田两主',则是在永佃权的基础上发展来的"③。而仁井田陞则认为一田两主是可以追溯到元代的古老习

---

① [日]仁井田陞:《明清时代的一田两主习惯及其成立》,载《日本学者研究中国史论著选译》第八卷,"法律制度",中华书局1992年版,第411页。
② 也可参见赵晓力所作的简单统计,见《中国近代农村土地交易中的契约、习惯与国家法》,第477页。
③ 杨国桢:《明清土地契约文书研究》,人民出版社1988年版,第100页。

惯，更不用说明代、清初了。① 而"一田两主"的形成，大致来说，包括三个途径：①原土地所有人因各种原因无力开垦地亩，将土地交给佃户开垦或者改良，并许诺其地开成熟田以后，由该佃户永久耕作，并且永不增租夺佃。年代稍久，就会发生佃户将其佃权私自售卖于其他人，田皮也就由此产生；② ②原有土地所有人将土地分为"上下两层"分别出卖，也就是所谓的"皮骨分卖"或者在家产分割时，有不同的人分别得到同一块地的田面、田底，也会促成田底田面的二重所有关系；③ ③原有土地所有人在将土地出租之际，向佃户索取"退价""顶首钱"，也会导致对地主土地权利的分割，形成田皮。④

第二节　官方对"田皮"的立场与清代"田皮"的流行

一地分为"田皮""田骨"，为不同的人所有，常见的后果就是很多"田皮"在几经转手买卖后，依然以原主的名义向"骨"主完租，以致"骨主"有时根本不知道土地为何人所耕种，更有甚者，有的"皮主"在积欠"骨主"地租的情况下，将"田皮"转卖，致使"骨主"讨租无着。嘉庆六年三月福建巡抚李殿图在《陈闽省拖欠钱粮积弊》也说：

> 田根者与业主有分据之势，业主欲转佃，有田根者为之阻隔，不能自行改佃，于是有拖欠田租至七、八年者。⑤

清代各地的地方官员在征收赋税遇到拖欠的时候，地主则将拖欠的原因归结为佃户把持"田皮"，不按时向其交租，致使他们不能完纳国家的

---

① ［日］仁井田陞：《明清时代的一田两主习惯及其成立》，第 422 页。
② 戴炎辉：《中国法制史》，三民书局 1979 年版，第 302 页；杨国桢：《明清土地契约文书研究》，第 93 页；仁井田陞：《明清时代的一田两主习惯及其成立》，第 412 页。
③ 仁井田陞：《明清时代的一田两主习惯及其成立》，第 414 页；戴炎辉：《中国法制史》，第 303 页。
④ 杨国桢：《明清土地契约文书研究》，第 115 页。
⑤ 《李石渠先生治闽政略》，清梅石山房刻本，转引自杨国桢：《明清土地契约文书研究》，第 114 页。

赋税钱粮。因此,"一田两主"在有清一代不仅从来没有得到官方法律的认可,而且被认为是导致民间田宅交易纠纷增加、官方税粮征收无着的罪魁祸首。

各地地方官员均将田皮权的存在视为"恶习",并采取各种措施予以禁革。乾隆年间的《西江政要》明确规定,"严禁佃户私佃","严禁……一田两主"。而从乾隆到道光时期,江苏各级地方官府为了遏制"一田两主"的发展,一直采用各种办法来约束佃户的转佃行为,最常用的方法一是"新招之佃,应令图总、佃户同业主三面写立承揽,勿许自向旧佃私相授受",二是"每亩田面之价,即以每亩租额为定……倘佃户逗刁抗欠,一年全不破白者,许业户将田收回另佃。即照田面之价,抵偿所欠之租"。而《福建省例》和《钱谷掣要》则记载:在雍正八年(1730)、乾隆二十七年(1762)、三十年(1765)、四十九年(1784)、嘉庆六十年(1801),福建布政司及督、抚两院,曾五次"通饬各属","严禁田皮田根之锢弊","如有仍以田皮田根等名色,私相售顶承买,及控争到官者,即按法重究,追价入官,田归业主,另行招佃"。嘉庆年间,福建督、抚两院"奏准","置产之家,务令皮骨兼买,收清粮税。其有诡买田皮,立无完粮串据者,不准管业","如此明白禁革,即将田根私售,势必无人承买,而其弊自可渐绝"①。

乾隆年间的《宁都仁义乡横塘塍茶亭内碑记》也叙述了官方认为"一田两主"所带来的危害,并提出了根除这种现象的措施:

> 特授江西赣州府正堂鲁为咨询利弊事,雍正十年六月二十五日,奉吉南赣道王准布政司王照会内开:
>
> 雍正十年初二日,奉巡抚、都察院谢批本司道会详田山批赁、田皮退脚等款一案,奉署总督院尹批示等因到司移到行府,仰县勒石遍示晓谕在案。今又奉署宁都直隶州正堂加三级,纪录五次,记功六次,甘为恳恩赏示救农活命事案,查乾隆三十三年十二月初六日奉布政司揆批。据本州民人曾顺周具呈,田主于额租之外杂派多项,扰累难堪,恳准赏示严禁缘由一案,奉批宁都州查案示禁,具报抄粘,并

---

① 《福建省例》,"田宅例","禁革田皮田根不许私相买卖佃户若不欠租不许田主额外加增"条,转引自杨国桢《明清土地契约文书研究》,第115页。

发到州，奉此。业经前州查案严禁申覆在案，兹于乾隆三十五年四月初四日，据曾顺周、刘辉腾以勒加陷食，哭恳禁碑，具呈前来。除批示外，查山田批赁，田皮退脚，久奉各大宪勒碑永禁，乃日久禁驰，悉行复勒，殊属不合，再申明严禁，为此，仰州属业佃人等知悉，遵照后开奉宪严禁条款，永行禁革，倘有违犯定行严拿重究须至禁约者。

——田山批赁。田主按赁收，租佃户照批掌耕，彼此藉以为凭，原不可废。但批赁时田主必索佃户批礼银，并创十年一批之说，殊属额外多取。嗣后凡遇易主换佃，方许换立批赁，如主佃仍旧，则将初立批赁永远为照，不许十年一换，其批礼银无论初批、换批，及苛索入学贺礼，帮纳差漕，一概禁革。

——田批退脚。查佃户之出银买耕，犹夫田主之出银买田，上流下接，非自今始，不便禁革。但辗转相承，将退脚银两渐次加增，以使退脚贵于田价，往往蔑视田主抗租私退，讼端由此而起。嗣后顶退时，前佃应协同新佃向田主说明，立赁不许私退，其退脚银两悉照上手退字所载数目收受，不许任意加增。①（下略）

这里的种种措施和官方的思路有颇多相似之处。

然而，不论是清代国家法律的否认，还是地方政策的遏制，都无法阻止"一田两主"在清代的迅猛发展。"甚至在各级官员的判案实践中，也不能依据《省例》《政要》之类的一纸空文，而是要注重'乡规''俗例'及契约文书所确定的地权关系，才能有效地解决民间的地权争端"②。如《长平富垅芋山书院祀田碑记》所载，"先正游文肃公立雪陈门，倡明正学，两朝崇祠至瑟也。不百余年，烝尝所寄，圮𪯪已尽，岁时伏腊。俎豆不修。……今查其田骨一十一箩二斗半，田皮一十五箩，向系张阳得、张经毛收租；又田骨三箩七斗半，向系朱邦行收租。张氏者，令游大礼合族将备原价四十五两取回，在朱氏者，本县捐俸期两代取"。③ 从该碑文可以看出，该县县令以自己的俸禄代为买回游氏宗族的"田骨"，可见该

---

① 《报告录》，第196页。
② 杨国桢：《明清土地契约文书研究》，第114页。
③ 《建阳富垅游氏宗谱》，转引自杨国桢《明清土地契约文书研究》，第103页。

县令已经认可了"田骨"的合法性。乾隆初年,凌焘在任江西按察使时在其公文中也认为"田皮、田骨名色,相沿已久,故属习俗难移"。① 清代田皮的存在从清初的东南地区逐渐蔓延到全国,成为一种十分普遍的现象。

  对于造成这些现象的原因,杨国桢认为这是中国封建社会发展到顶点的结果,是佃农地主地位上升的必然反映,地权分化的趋势不会因为封建政治权力阻挠而停滞。赵晓力则认为这是中国不断增长的人口压力的结果,人口压力的增大和人口密度的增长,使得土地生产要素越来越稀缺,从而产生了一田两主这种分化出更多权利来充分利用劳动力、减少土地要素稀缺性的制度安排,王昉在《中国古代农村土地所有权与使用权关系:制度思想演进的历史考察》② 一书中也认为这是在农业技术相对进步、人地关系非常紧张的情况下的有利选择。笔者认为,除上述因素以外,"一田两主"的充分发展还和土地所承担的封建国家税赋以及中国古代的家产"诸子均分"制存在密切关系。当国家添加在土地上的负担过重,以致地主的收租收益低于经营"田皮"的收益时,地主自然甘愿以保留"田皮"为代价将地——实际上就是"田骨"——卖给他人,甚至是送给他人。而如果一个家庭的土地十分有限,兄弟分家时如果再行分割的话,会影响对该地的正常耕作,那么采取"分割"地权的方式则能起到两全其美的效果。这些因素都促成了清代"一田两主"的广泛流行。"大致说来,自明中叶以后,永佃权和'一田两主'开始流行于东南地区,到了清代和民国时期,则已蔓延全国,在若干地区甚至成为主要的租佃制度和土地制度"③。不仅如此,和土地分割为"田皮""田骨"相似,"一田两主"的情形还扩大到了山林、水塘,形成了"山骨""山皮"④ 以及"水面权"和"水底权"⑤ 等。民国初年的习惯调查报告也证明了这一点。因而,田皮的买卖和一般的土地买卖一样,也成为土地交易中的一种重要

---

  ① 凌焘:《西江视臬纪事》卷二《评议平价禁祠本严霸耕条议》,光绪八年刻本,中国政法大学图书馆藏本。
  ② 王昉:《中国古代农村土地所有权与使用权关系:制度思想演进的历史考察》,复旦大学出版社2005年版,第217页。
  ③ 杨国桢《明清土地契约文书研究》,第91页。
  ④ 《报告录》,第245页。
  ⑤ 《报告录》,第180、183、194、269、276、278页。

类型。

第三节 "田皮"买卖契约的特点

就买卖契约的格式和内容来说，"田皮"买卖契约和一般的土地买卖契约没有太大的分别。不过，一般的"田皮"买卖契约都会在契约中说明所出卖的是"租"（"田骨"）还是"佃"（"田皮"）：

> 清嘉庆十一年（1806）休宁县吴惟大卖佃契①
> 立杜卖佃契人十六都四图吴惟大，今因急用，自愿央中将承祖遗下佃业乙号，坐落土名马颈坳，计佃贰亩贰分，计田大小四丘，凭中出卖与贰十七都贰图朱　名下为业。当日三面议定，时值价银拾九两整。其银当日一并收足，其佃即交买人管业；另发耕种，本家内外人等无得生情异说。未卖之先，并无重复交易及一切不明等情。如有，尽是出卖人理值，不涉买人之事。今恐无凭，立此杜卖佃契，久远存照。

这种田皮使用权的买卖，实际上就是买卖"小租"，出卖田皮权又称"小卖"。张传玺先生在注中也认为卖佃契就是出卖佃耕权（或称"田皮权"）的契约。据张鸿《量沙纪略》记载："自左文襄派委盘升以后，有地粮分卖之举，银课租钱互相买卖者曰'小租'，地产互相买卖者曰'大租'。'小租'有完粮之责，而无管地之权，'小租'纳粮于官甚微，每年向'大租'取偿者每亩二三百文。倘'大租'将地买卖，必须向'小租'过户；'小租'将粮买卖，亦须通知'大租'。"……吴惟大所卖佃契，就是对田皮的'小卖'。同年月吴惟大又立杜卖田租契，与此契实为"一田二契"。田租契即出卖田骨之契，是"大卖"。"大卖"必须起割税粮，"小卖"则无须过户。

也有没有在契约中点明出卖的是"田皮"还是"田骨"的：

---

① 《汇编考释》，第1314页。

清道光二年（1822）曲阜县齐朱氏婶侄卖地契①

立卖约人齐朱氏同侄女张齐氏、侄秉寅，因丧葬无资，凭中说合，将齐王官庄家后东西地二段共七亩正，出卖与孔秋涯名下承粮为业。言定每亩京钱三十五千，共京钱二百四十五千。其钱当日交足，土上土下尽系买主。四至分明，并无违碍。如有，卖主一面全管。恐后无凭，立约存证。

从格式和内容上看，上例契约和一般的土地买卖契约没有任何区别。只是因为其所卖的土地属于官庄所有，因此，我们推断只可能是"田皮"。

从"皮主"和"骨主"各自承担的义务来看，"田皮主"只负有向"田骨主"缴纳地租的义务，而"田骨主"则是国家税粮的承担者。因此，从官方程序上说，"田皮"的买卖不需要履行税粮过割的手续，而"田骨"的买卖则需要履行这一手续。这点我们在下例"田骨"买卖契约中可以看到：

吴惟大卖田租（即田骨）契②

立杜卖田租契人二十六都四图吴惟大，今因急用，自情愿央中将祖遗下田租壹号，坐落土名马颈坳，希新丈幕字四千贰百九十、九十一号，计田大小四丘，计税贰亩贰分整，其田四至自有册载，不及开写，凭中出卖与贰十七都贰图朱敦素名下为业。当日三面议定，时值价银贰拾两整。其银当日一并收足，其田即交买人收租办赋，本家内外人等，毋得生情异说。未卖之先，并无重复交易及一切不明等情。如有，尽是出卖人理值，不涉买人之事。其税在本家吴奇玄户内起割，推入买人户内办纳无辞。恐口无凭，立此杜卖田租契文，久远存照。

由于国家法律从没承认过"田皮"存在的合法性，国家税粮的征收对象是"田骨"主，所以从官方法律的角度来讲，向官方缴纳钱粮的

---

① 孔档 3786·23，转引自杨国祯《明清契约文书研究》，第 203 页。
② 《汇编考释》，第 1314 页。

"骨主"才是国家法律承认的业主。因此,"田皮"买卖和一般的土地买卖（包括"田骨"买卖）最大的差别是"田皮"买卖不需要履行税粮推收的手续。不过有趣的是,虽然由于"田皮"的非法性,"田皮"买卖契约完全在国家法律约束之外,但其在实践中却受到了民间习惯的重重约束。"田骨"买卖虽然受到了国家法律的规制,但却可以在土地市场上完全自由地买卖。这一点为以往研究土地买卖契约的人所忽略。不过却为从事社会学和经济史研究的人所发现。

"田面权按传统习惯进行交易,凡属活卖均有赎回的权利,以及绝卖时同族和邻居习惯上有优先权。这些惯例部分源自传统,即家庭（而非个人）是财产拥有单位;部分基于实际考虑,农家常有必要通过相邻土地进出自己的地块"①。而田骨的买卖则很少受到村庄的社会结构的制约,因而变得十分自由。黄宗智发现,在 20 世纪的江苏松江县华阳桥乡,"已经形成了一个几乎是自由竞争的田地权市场。田地权几乎可以像股票和债券一样买卖,这与谁拥有田面权和谁实际使用土地完全无关"②。费孝通先生 20 世纪 30 年代在江苏吴江县开弦弓村进行调查时也发现,"田底所有权仅仅表明对地租的一种权利,这种所有权可以像买卖债券和股票那样在市场上出售。田底所有权可以属于任何法人,不论是个人、家族或政府。这个所有权可能是私人的,也可能是公共的"。③ 而田面买卖所面临的情况却与此完全不同。其流动的范围一般局限于同族同村,"如果由外村人来挤掉本村人的位置,那么这些外村人不会受到本社区的欢迎。只要是有正当的理由交不起租,村民们是不愿意卡同村人的脖子的……田面所有权一直保留在村民的手中,即使是住在村里的外来户也难以成为田面所有者"。④ 而田底权的情况刚好与此相反。如冯紫岗在 20 世纪 30 年代中期对浙江嘉兴县的调查显示,该县各乡区的大部分土地,其业主不在本乡,除"六区汉南乡外,其他各区不在乡地主之土地均在百分之五十以上,最多如四区泰安乡,竟达百分之七八点五"。⑤ 而 20 世纪 40 年

---

① 黄宗智:《长江三角洲的小农家庭和乡村发展》,中华书局1992年版,第110页。
② 同上。
③ 费孝通:《江村经济》,江苏人民出版社1986年版,第131页。
④ 同上。
⑤ 冯紫岗:《嘉兴县农村调查》,国立浙江大学、嘉兴县政府1936年印行,第35页。转引自张佩国《近代江南乡村地权分配的历史人类学研究》,人民出版社2002年版,第279页。

代的浙江嘉定县薛家棣等村549亩土地中有479亩的田底权为村外的80人所拥有,但田面权长期以来则显得异常稳定。① 这些资料虽然反映的都是民国时期的状况,但考虑到田底、田面的分离并相互独立并存,在清代社会已经十分普遍,可以推知清代的情形也应该与此相差不远。我们在刑科题本中所涉及的因土地而起的纠纷案例中可以发现,绝大多数田主在出卖土地时,往往出卖的都只是田底,而保留了自己永久耕作的权利,也就是田面权。

田面权买卖受到亲族地邻等先买权、上手业主权、活卖、找价、回赎、绝卖、中人等习惯的制约②,而不像田底权的买卖那样自由,首先是缘于耕作实际的考虑。这除了前面提到的黄宗智所说的"农家常有必要通过相邻土地进出自己的地块"之外,更重要的原因是田面交易的普遍性和每次交易小亩数,一次性的大面积田面交易的情况很少见。这是清代华北和南方地区都存在的普遍现象。③ 小块零散的田面显然极不便于耕作和管理,先买权的存在显然有利于防止因自由买卖而导致的田面过度零散以致无法进行正常耕作的地步。而田底权的实质就是收租的权利,自然和实际的耕作没有直接关系。因而拥有者不需考虑其面积大小对耕作与管理的影响。除此之外,人们对于土地所包含的财产观念也对田底和田面的买卖起着重要影响。费孝通在江村调查时,一位村民这样对他说,"地就在那里摆着。你可以天天看到它。强盗不能把它抢走。窃贼不能把它偷走,人死了地还在","传给儿子最好的东西就是地,地是活的家产,钱是会用光的,可地是用不完的"④。很显然,人们眼中的"地"主要侧重于其因可以耕作而带来的长久收益,即田面权,因为田底权已经丧失了在经济价值之外的社会意义。在一田两主条件下,佃户掌握田面权对其生活的意义是田底权所无法比拟的。⑤

从经济学的角度上看,"田面"的重要意义更侧重于其使用价值,而

---

① "满铁"上海事务所调查室:《江苏省松江县农村实态调查报告书》,1940年。转引自张佩国《近代江南乡村地权分配的历史人类学研究》,第281页。
② 赵晓力:《中国近代农村土地交易中的契约、习惯与国家法》,第480页。
③ 罗仑、景甦:《清代山东经营地主研究》,齐鲁书社1985年版;章有义:《明清徽州土地关系研究》,中国社会科学出版社1984年版;赵冈、陈钟毅:《中国土地制度史论》,联经出版事业公司1982年版。
④ 费孝通:《江村经济》,第129—131页。
⑤ 张佩国:《近代江南乡村地权分配的历史人类学研究》,第281页。

"田骨"的意义则多侧重于其交换价值。"田皮"买卖和"田骨"买卖之间所体现出来的差异也可以说正是清代自然经济条件下人们对不同性质的态度的必然反应。因为在此情况下,"人们更多的关心的是物的使用价值,而物的交换价值的存在被虚化了"。[①] 这应该也是清代很多地方出现"金皮银骨"的最重要的原因。

---

① 朱勇主编:《中国民法近代化研究》,中国政法大学出版社2006年版,第242页。

第 七 章

清代田宅"活卖"契约的性质：与典的比较

从理论上说，在买卖交易中，只要买主支付了交易双方约定的价金，买主就取得了标的物的所有权，而卖主也就失去了对标的物的一切权利。在清代社会，这一点在一般的财产交易中是不存在什么问题的。但在以田宅为交易标的物的场合下，双方的权利义务关系却并非如此简单。这是因为，自宋代以来，在民间田宅买卖契约的用语上就开始出现典卖不分的情况，这种情形一直延续到明清时期。① 虽然乾隆十八年规定，"嗣后民间置卖产业，如系典契，务于契内注明回赎字样，如系卖契，亦于契内注明绝卖永不回赎字样。其自乾隆十八年定例以前，典卖契载未明，（追溯同年）如在三十年以内，契无绝卖字样者，听其照例分别找赎。如远在三十年以外，契内虽无绝卖字样，但未注明回赎者，即以绝卖论，概不许找赎。如有混行告争（要求找价回赎）者，均照不应重律治罪"②。其目的在于明确区分典契和卖契，但实际上也为田宅买卖中的"活卖"契的存在留下了余地。因为规定只说"如系卖契，亦于契内注明绝卖永不回赎字样"，"如远在三十年以外，契内虽无绝卖字样，但未注明回赎者，即以绝卖论，概不许找赎"，也就是说，如果是卖契，但是没有注明永不回赎字样的，卖主依然可以向买主要求找价或者回赎，这就是我们所说的"活卖"。就本书讨论的对象来说，它是指交易双方在订立契约时以"卖"（有时甚至还是"绝卖"）立契约，但在卖主支付价金，买主转移了田宅的所有之后却还依然持有一定权利的契约。关于"活卖"的性质，很多学者都认为其就是"典"，因而在研究中国古代的民事法律关系时直接将

---

① 周翔鹤：《清代台湾的地权交易——以典权为中心的一个研究》，《中国社会经济史研究》2001 年第 2 期。

② 《大清律例·户律·典卖田宅》乾隆十八年条例。

"活卖"和"典"互称。不过，仔细对比和"绝卖"契约相对的"典"契和"活卖"契，我们认为正如其用字为"卖"一样，将其归纳于买卖契约的范畴似乎更合适。

第一节　典的基本内涵

典是中国古代社会中的一种十分重要的交易形式，其含义大体上有两种，一是和"当"连用，即我们常说的"典当"，主要用于一般以动产为标的的抵押关系中，二是和田宅等不动产交易有着密切关系的一种交易形式，有时也和"当"通用，并在多数情况下和"卖"存在一定的关系①，这也是学术界存在较多争议的一个方面。本书也是在后一个层面上展开对"典"的讨论。而"活卖"是指在交易契约中以"卖"冠名但却存在回赎约定或者实际发生了找价的交易类型。目前国内外学术界大多数学者认为清代土地交易中的"活卖"（即附回赎期限的"卖"）和典或当是一回事。并在进行中国传统民事法律关系的研究中将其完全等同，不加区别。② 但我们在仔细阅读这两类契约时，却发现二者存在很大的区别。这些差别既体现在官方法律对其成立确认的程序要求上，也体现在契约成立后所发生的"找贴"过程中，并且在权能影响方面也存在着一定的不同。

不过，从典的历史变迁的角度考察，典本身在其发展过程中也发生了很多变化。尤其在清代的契约实践中，典契约所包含的内容十分广泛，既有宋、元时期比较典型的"典"契约，即典权人支付典价，无偿使用收益典物，出典人获得典价，并拥有在约定的典期届满后以原价回赎典物的权利，也有具有鲜明的抵当色彩的典契约，其特征是出典人以典物的收益作担保，从典权人处获得典价，并按照一定的利率向典权人支付典价的利息，在约定的期限内如果不能偿还典价，则由典权人获得典物的收益权，还有和宋元时期的指名质举类似的典契约，其特征是出典人以地契或者房契作抵押，从典权人那里获得典价，并按照约定的利率支付利息，在约定的典契届满后，出典人如果不能清偿典价及利息，典权人将获得典物的所

---

① 参阅孔庆明、胡留元、孙季平等编著《中国民法史》，吉林人民出版社1996年版，第209、377页。

② 孔庆明等在《中国民法史》中的相关论述，张晋藩在《清代民法综论》中的研究以及日本学者寺田浩明等也持相同的观点。

有权，这和现代民法中的抵押担保基本相同。由于"活卖"在外部特征上和典的第一种情形类似，因此，我们这里所说的"典"主要是指第一种情形。

第二节 "典非活卖"：差异性分析

从田宅交易在标的的占有发生转移之后发生的找价和回赎现象来看，"活卖"和"典"似乎是可以等同的，但二者之间也存在细微的差别，而这种差别可能是实质性的。

一 在税赋过割上的差异

典或当和"活卖"之间的差别首先体现在交易后税赋是否要求过割的问题上。一般而言，如果在冠名为"典"或者"当"的契约中，都没有涉及税赋的起推过割等事项，而在写明为"卖"（指带回赎期限的"卖"，不包含真正意义上的绝卖）的契约中则通常都对这个问题作出了说明。现以《汇编考释》和《田藏契约文书粹编》中所收录的契约为主要考察对象，进行一个初步的辨析。

表 7-1　　　　　　　　　"活卖"契约举例

契约名称	编号	回赎约定	税赋推割说明
清雍正元年许阿程卖田红契	972	听从卖主原价取赎	税粮奉新例起推入买主户内
金能五、学先绝卖园地契	1005	五年内取赎	金正茂户内起割
金若涛卖地红契	1008	八月内	金正茂户内起割
程永乾卖地契	1012	听卖人原价取赎	即行推入买主户内
山阴县谭元烽卖田官契	1022	不拘年月远近	即时收受过割
休宁县吴清宇卖地契	1032	五年	即交管业过割入户
休宁汪蔚文叔嫂卖地契	1041	不论年月远近	推入程茂户内办纳粮差

以上是以在《汇编考释》中收录的所有以"卖契"为名的"活卖"契，无一例外，在这些契约中，都出现了关于在卖主和买主之间进行的税赋起推过割的说明。与此形成鲜明对比的是，笔者仔细查阅《汇编考释》中所有收录的以"典"为名的土地交易契约时，基本没有发现关于赋税

起推过割的说明。只有一例以"当"为名的契约中出现了"办纳国课"的字样。① 而我们在"出当"契约中，则可以明显看出并没有进行赋税的推割，如下列契约所示：

清乾隆三年（1738）休宁县金能五等绝卖园地契②

立卖契金能五、学先祖遗园地一片，坐落土名陈村住基，记四号，系良字乙千五百廿四号，计地卅九步；良字乙千五百卅五号，计地廿步；良字乙千五百卅六号，计地十八步八分四厘，良字乙千五百卅七号，计地十四步八分五厘。四号共计地九十贰步二分九厘，共计税四分六厘三毫四丝五忽。先年父叔将地立契出当于

王　名下为业，今因急用，自情愿将该父名下该业一半，共计四十六步三分四厘五毫，该税贰分三厘乙毫七系贰忽五，一并绝卖与

王名下为业。除父叔得过当价外，凭中三面议得加绝卖价银拾两整，当即一面收足。自今卖之后，悉听买人管业无辞。其税在廿七都五图十甲金正茂户内起割，推入买人一甲王承启户内输纳。倘有内外人争拦异言，尽是卖人理直，与买人无涉。今恐无凭，立此卖契存照。

其地言定五年内取赎，如过五年悉听买人收税过户，永远绝卖，不得取赎。再批。

这份契约中的标的原来已经出当给了现在的卖主王承启，现在金能五、金学先要求加价十两将该地"绝卖"给王承启，这也是该契约订立的缘由。契约中说"自今卖之后，悉听买人管业无辞。其税在廿七都五图十甲金正茂户内起割，推入买人一甲王承启户内输纳"，可见当初该地在出当给现卖主时可能并没有进行税赋的起割，否则就没有必要又在契约中重复说明了。而且令人惊讶的是，此契约已经说"凭中三面议得加绝卖价银拾两整"，俨然是一份由当而变为绝卖的契约，但契约的末尾双方又再次约定"其地言定五年内取赎"，其实质就成了一份名为绝卖的"活卖"契。不管怎样，该标的由"当"而变为"卖"，税赋的起割就成为必要的程序了。

---

① 《汇编考释》，第1543页。
② 同上书，第1234页。

我们通过对约定有回赎期限的以"典"冠名的典契和"活卖"契进行简单的比较，就可以看出二者不仅在税赋的过割要求上存在差别，而且在转移业权占有等问题上也是存在不同的：

立典契人王门黄氏，有承祖民田二段，土名下确及上墘，共受种三斗，年载大租及佃租廿拾四石大，内氏应得一半，与三房公交轮。前年祖上将租已典叔上，其租声、退额登载明白。今因欠银费用，托中将佃送就与让伯上，典出佛银拾九员五角。银即日收明，其银约至明年，备契面银一齐取赎，如至期不赎，将听叔前去起耕别召，收租管掌为业。保此田系氏阄分物业，并无别典他人及不明为碍，如有自当，不干银主之事，今欲有凭，立典契为照。①

立典契人王门黄氏，有承祖民田二段，俱坐廿五都，一段土名董铺门口，受种一斗五升，又一段土名上墘，受种一斗五升，共三斗，年载正租及佃租廿拾四石大，受产登载在册内，民应得一半配租拾贰石大，与时亿公同管交轮。今因欠银别置，托中将前分一半送就与夫兄让奇上典出佛番银壹百壹拾大员，银即日收明，其田听兄前去起佃自耕，收租管掌为业。保此田系氏阄分物业，并无别典他人及不明为碍，如有，氏自抵当，不干银主之事。约至壹年对期，备契面银一并取赎，不得刁难。年约粮银一钱时。今欲有凭，立典契为照。

并缴印税古契一纸，再照。②

清雍正元年（1723）休宁县李阿程卖田红契③

二十五都三图立卖契人李阿程，今因缺少钱粮无办，自情愿央中将故夫亲置遗下田一丘，坐落土名老鸦丘，系新丈恭字叁百叁拾柒号，计田税壹亩壹分九厘五毫，计租拾贰咀。其田东至　　，西至　　，南至　　，北至　　。今将前项四至内田立契尽行出卖与西南隅一图程名下为业，当日凭中三面议定时值价九七银拾两整，其银当日随手一

---

① 《闽南契约文书综录》，《中国社会经济史研究》1990年增刊。
② 同上。
③ 《汇编考释》，第1198页。

并收足。其田出卖之后，听从买主管业收苗受税无异。倘有来历不明及重复交易等情，尽是卖人承当，不涉买主之事，其税粮奉新例随即推入买主户内办纳粮差，并无拦（难）异。恐后无凭，立此卖契存照。

其田日后听从卖主原价取收，上手来脚契付买主收执。再批。

在上面所列举的三份契约中，第一、二两份契约均以"典"字冠名，我们可以看到两者最大的区别在于第一份契约中并没有发生典物的占有转移，而是约定"其银约至明年，备契面银一齐取赎，如至期不赎，将听叔前去起耕别召"，而第二份契约中则明确说"银即日收明，其田听兄前去起佃自耕"，典物的占有转移是显而易见的。因此李力认为"清代典物的业权是否转移并不构成典的关系的本质特征"。① 事实上，第一和第二份契约虽然都冠名为典契，但分属前述两种不同的类型，只是第一份典契既没有业权的转移，也没有利息的约定，李力推定可能是由于典价特别低，所以典权人放弃了利息请求以获得业权的期待，或者另外订有他约以为补充。② 当然第一和第二份契约有一个共同点，那就是都没有涉及税赋起推过割方面的内容。事实上，正如笔者在前文言，我们几乎在所有的以"典"字冠名的契约中，都没有看到关于税赋过割的说明。第三份契约就是我们常说典型的"活卖"契，和第二份契约相比较，唯一最大的不同就是有"其税粮奉新例随即推入买主户内办纳粮差"字样的税赋转移的约定。李力也注意到了这一点，所以他说"从清代典契的内容看，在典的关系下不发生纳税义务的推收问题，即不改变纳税的主体"。不过，他可能没有说下一句，那就是在冠名为"卖"字的所有"活卖"契中，税赋的推收问题是一项必不可少的内容。虽然李力已经深刻认识到了学术界以往对"典"和"活卖"混为一谈的错误，不过，在他的文章中，我们依然看到这样的用语，如"在清代，与绝卖相对应的是被称为'活卖'或'典'的行为，通常发生于土地或房产的买卖关系中"，"在官方的法律中绝卖和典或者活卖的区别在于契约中是否明确规定了回赎事宜"。这样的表述，依然会让人觉得典和"活卖"就是"绝卖"的另

---

① 李力：《清代民间土地契约对于典的表达及其意义》，《金陵法律评论》2006 年春节卷，第 114 页。

② 同上。

一端，是一回事。① 而且，李力在论证"找贴——过程性买卖的后续阶段"时，更是直接将"（活）卖"等同于典契，其所用于论证的两份连续性契约如下：

  立卖契人刘文龙，今将惊字号平田一丘，计一亩八分，央中卖与陈名下收租，得受价银七两。每年完租夏麦五斗四升，冬米一石八斗。如有不清，听凭业主自种，立此存照。
  康熙六十年七月　　　日立卖契人　　刘文龙
  凭中伯　　　　之球
  兄　　　文信
  代笔　　　张茂之②

  立找契刘文龙，向有惊字号平田一亩八分，卖与陈名下收租。今因原价轻浅，央中找得银一两整，其田仍照契，业主收租。立此存照。

  雍正七年八月　　　日立找契　　刘文龙
  中　　张芳之　万惺瑞③

  李力教授直接在文章中说，"例7契（即上引第2契）的存在表明例6（即上引第1契）实际上是一个活卖契，即典契"。④
  从清代官方的成文法规定来看，笔者并不认为官方是把典和"活卖"完全等同的。虽然《大清律例》规定"如契未载'绝卖'字样，或注定年限回赎者，并听回赎。若卖主无力回赎，许凭中公估，找贴一次者，另立绝卖契纸。若卖主买主不愿找贴，听其别卖，归还原价"。⑤ 这里所说的未载"绝卖"字样的契，应该是指以"卖"字冠名的契，而不包括直接以"典"冠名的契约，因为在《大清律例》中已经明确说"以价易出，

---

① 李力：《清代民间土地契约对于典的表达及其意义》，第114页。
② 《汇编考释》，第1196页。
③ 同上书，第1213页。
④ 李力：《清代民间土地契约对于典的表达及其意义》，第115页。
⑤ 《大清律例·户律·典买田宅》。

约限回赎者，曰典"，因此对于典可以回赎的属性在法律条文中没有必要重复。而《大清律例》之所以对未载"绝卖"字样的契和注明年限回赎的契作出专门规定，应该是针对当时的社会生活中存在的"卖"的多样性法律回应，因为在《大明律》中规定"盖以田宅质人，而取其财曰典；以田宅与人，而取其财曰卖。典可赎，而卖不可赎"①，但在现实生活中，却存在许多以"卖"字冠名的田宅买卖契约约定了回赎的事宜。因而，清代法律在继承明律的基础上，针对现实生活的情况进行了相应的补充。

二 对契约双方影响的差异

以上我们从契约中所包含的内容方面阐述了典和"活卖"的不同，不仅如此，我们还可以从不同的土地交易类型对契约双方的影响中看出二者的差别，下面这份契约完整地为我们传达了这方面的信息：

> 立卖地契人李刘氏孙小敖，因粮差所逼，自恳中人说合，昔年有将村西南李下头祖遗有井麻地一段，东西畔，计地七分五厘。东至李基业，北至李大兴，西至李家坟，南至李丰业。四至开明，当与李贞行耕种。自觉无力回赎，今遵新章，情愿以原当价元丝银七两作卖价，出卖与李贞行名下永远为业。其银早已交足，并不短欠。有地上粮差随契过割。恐口无凭，立卖地契为据。

契约内容表明，李刘氏、孙小敖先将其地出当给了李贞行，并且已经由李贞行管业耕种了，但她现在"因粮差所逼"，决定将当变为绝卖，以便"粮差随契过割"，以摆脱无法应付粮差的困境。在这份由当而变为绝卖的交易中，她除了过割粮差以外，没有获得任何其他的额外收益。一当一卖的差别在此展露无遗。而其先前所说的"当与李贞行耕种"，就是典的同义语了。

正是由于存在"典"和"卖"的差别，我们才可以理解官方在法律规定中对征收契税所作的说明。《大清律例》规定，"活契典当田房，一概免其纳税。其一切卖契无论是否杜绝，俱令纳税"。② 如果我们认为

---

① 《大明律·户律·田宅》。
② 《大清律例》卷9，《户律·田宅·典买田宅·条例》。

"活卖"和典是相同的交易类型的话，那么就无法理解"其一切卖契无论是否杜绝，俱令纳税"。因为这里所说的卖就是针对两种情况而言的，一是"杜绝"的卖契，一是没有"杜绝"的卖契，也就是我们所说的"活卖"。官方法律所传达的意思显然是不管是杜绝的卖契，还是"活卖"契，都在应该征收契税之列，而典契则是不用缴纳契税的。所以在出典契约中，如果典期届满以后，出典人无力回赎，那么典权人可以通过缴纳契税的方式将典变为绝卖，并由此取得典物的完整所有权。交易双方一般会在契约中将典权人的这项权利在契约中予以特别约定，如嘉庆十三年（1808）宛平县王有宁典房白契[①]所示：

> 立典房字人宛平县民王有宁，有自典房一所，坐落在阜成门内养马营西口内路南，共房十三间。因年深坍塌四间，下剩临街正阳瓦灰梗房五间，院内正阳瓦灰梗房四间，共九间，上下土木相连。今因手乏，凭中说合，情愿将此房典与本县民李　名下为业。言明典价钱贰百五十吊整。其钱当日交足，并无欠少。言定一典八年为满，钱到许赎。如过年期，无力回赎，准其典主李姓税契，不与王姓相干。自典之后，院内认平（任凭）现典主添盖。如有来历不明、重复、亲族人等争竞等情，俱有出典主同中保人一面承管。恐后无凭，立字存照。

三　回赎权能强弱的差异

我们再从在"典"和"活卖"中存在的"找贴"现象看看两者之间是否完全等同。由于几乎所有的学者在讨论"找贴"的问题时都没有区分是"典"交易中"找贴"还是"活卖"交易中的"找贴"，当然这本身就是因为大家都认为"典"和"活卖"根本就是一回事，所以自然没有区分的必要了。不过，笔者在仔细阅读两种交易中的"找贴"契约时，发现二者之间存在一个被以往的研究者忽视的现象，那就是，在笔者看到的所有的原始契约以"卖"字冠名的"活卖""找贴"契约中，都没有发现在订立"找贴"契约时对标的的回赎期限和回赎价格问题再做出任何约定。这当然和我们看到的有关"找贴"契多为"杜绝找契"不无关

---

① 《汇编考释》，第1520页。

系，但就我们目前所能看到的就同一桩"活卖"交易存在多次"找贴"所立的契约中，在其中的任何一份"找贴"契中都没有发现相关的内容。前述刘文龙和陈姓买主之间所发生的一笔土地"活卖"交易，在前两份契约之后还有一份"找贴"契，现增补如下：

清乾隆十四年（1749）武进县刘文龙卖田租再找契①

又立找契刘文龙，向有惊字号平田一亩八分，卖与陈名下为业，原价清轻浅，找过一次，仍未敷足，今再央中向找银七两，前后共银十五两。自找之后，田虽原主承种，如有租息不清，听凭业主收回自耕。恐后无凭，立此存照。

乾隆十四年二月　日　立找契　刘文龙
中　　王元　陈瑞章
代笔　　元襄

这笔交易发生于康熙六十年，很显然从能见到的"找贴"契约来看，整个交易至少持续了近三十年，第一次找贴离原始交易近八年，第二次找贴则是在第一次找贴二十年以后了，但其中任何一次都没有只言片语谈及回赎事宜。这种情况在标的物甚至已经被转（活）卖"的情况下依然如此，如康熙二十二年（1683）南安州苏世茂卖田交易中。② 我们再来看几张典型的以"典"冠名的原始交易的找贴契约：

立出典物契人张硕轩缘有自己分授台门内东边北来小天井间壁第一小间平屋一间，又第二平屋一间。于五年间已出典与　春霖堂兄处为业，得过典屋价钱四拾五千文。今因缺用，仍浼中又加典得九八大钱五拾千文。当日言明，以后只准备价取赎，不准加典。恐后无凭，立此加典屋存照。（押）

---

① 《汇编考释》，第1250页。
② 详细情况参看该契约以及所附的两份找约契，《汇编考释》，第1165—1168页。

第七章　清代田宅"活卖"契约的性质：与典的比较

清乾隆四十三年（1778）山阴县张恒一出戬湖田找约①

立找契恒一，缘有淡字八百四十四、八百四十五号湖田四亩贰分五厘，出戬于大成会为业，得过正价钱陆十千文正，又找得钱四拾贰千文正，九九六串。其田仍不据年月远近，原价回赎。恐后无凭，立此找契存照。

再批：对月回赎会上收花。并照。

清道光二十七年（1847）宛平县胡大绝典字据②

立绝典字人胡大，因手乏无钱，十八年十月廿日将本身自种地三段共九亩半，同中说合，情愿典与王姓名下耕种。一典五年为期，典价清钱八十七吊正。廿二年八月十二日又找典价清钱七吊，共计九十四吊正。五年期过，手乏无力还钱赎地，仍同中人说合重典清钱九十五吊正。廿七年九月廿六日立字，前后典价王姓共交清钱一百八十九吊正，八年以内钱到许赎。今同中人说合，情愿找价　王姓永远为业，任凭税契挖井盖房安葬。两相情愿，各无反悔。言名地价清钱贰百七十五吊正。其钱笔下交足，并无欠少。亦无亲族人等争竞，有立字说合中保等人一面承管。恐口无凭，立绝典字据永远为证。

道光十八年廿、廿七年九月廿六　日典字贰张跟随

从张硕轩出典契约中我们看到，在出典人找贴之后（此契约中称之为"加典"）却再次申明"以后只准备价取赎"，这在所有的以"卖"冠名的原始交易的找贴契约中都是很难看到的。在张恒一出戬（同典）湖田找约中，出典人还以再批的方式强调了其回赎权。而在大兴县胡大出典字据则是一份由典而变为绝卖的契约，从契约中我们可以看出出典人胡大先后加典三次，在第一次加典贴后，约定五年的回赎期限没有改变，而在第二次加典后则又约定回赎期限为八年，可见在每一次加典契约中，对回赎期限的约定都是一项重要的内容。通过对以"典"冠名和以"（活）卖"冠名情况下找贴契约的对比考察，我们可以明显地感受到，在以"典"冠名的交易中，回赎权要比以"卖"冠名的"活卖"交易中的回

---

① 详细情况参看该契约以及所附的两份找约契，《汇编考释》，第1511页。
② 《汇编考释》，第1529页。

赎权强大得多。

对于这种情况的出现，笔者以为，如果我们在明清时代的法律语境中去考察"典"的话，就可以得到一个初步的解释。如前所述，明清法律对"典"的本质性的定义是"盖以田宅质人，而取其财曰典"①，其中最关键的字眼就是一个"质"字。从清代的契约实践来看，虽然典契约的内容多样，有转移业权没有利息请求的，因而使典权具有更多的用益物权特征的，也有不转移业权而要求出典人支付典价利息的，但它们都多少具有一定的担保色彩。由于中国传统社会中，"无论是在法律制度还是在社会观念中，中国古代均不存在动产和不动产的区分"。② 因此，我们也就可以理解为什么在以"典"冠名的契约中，业权的转移并不构成"典"的本质要件，因为我们今天民法中所说的质或者当甚至典和抵押在中国传统社会并没有什么两样。所以我们在有的出典契约中会发现干脆把加典直接称为"续借"的，例举契约如下：

  清宣统二年（1910）宛平县屈星垣倒房白字据③

  立倒字人屈宅，今典得孟宅住房一所，座落在西直门内曹公观后中街路东门内，北房三间，南房三间，西房壹间，共记（计）房七间。典价市平足银贰百两正，银房两清。言明贰年后银到许赎。倘八年后不赎，此倒字作废，准许典主遵例税契。各家情愿，各无反悔。恐后无凭，立倒字存照。外有红白契纸叁套跟遂（随）。

          宣统贰年七月 立倒字人屈星垣（押）
            中保人 隆喜（押）   德耀享
  腊月初十日续借银伍十两正。仍同原中保人。

这例典契约，从内容上看属于我们在前文所说的典权具有典型的用益物权特征的典契，但出典人在出典契约订立五个多月后，又从典权人处加典价银50两，而他则称这次加典为"续借"，可见即使属于前文所说的第一种情况的典契，出典人依然觉得它具有担保的功能。

---

① 《大明律·户律·田宅》。
② 李力：《清代民法语境中"业"的表达及其意义》，第131页。
③ 《汇编考释》，第1542页。

但在以"卖"冠名的交易中就不同了，我们在所有的附有回赎约定的"卖"契中都能看到关于业权转移的说明，明确说明是绝卖的就更不用说了。至此，我们可以说，在明清时期以"典"冠名的交易中，原业主并没有转移对典物的所有权，因此，即使在已经要求典权人加典（也可以说是找贴）以后，他还依然在加典契约中强调他对典物所拥有的回赎权。而在以"卖"冠名的交易中，包括我们所说的附有回赎期限的"活卖"，由于出卖者已经转移了标的的所有权，所以"活卖"的权能对原业主来说要比出典人小得多，他之所以还能保有对标的的回赎权，是由于买主支付的买价要远远低于市场价，作为一种平衡，就赋予了卖主一定限度内的回赎权。而当卖主一旦要求找贴时，在一般情况下就意味着卖主已经开始放弃对回赎权的保有了，而买主也将获得无负担的完整所有权。这大概就是为什么我们在所有的卖契找贴中都看不到关于回赎说明的主要原因。所以，笔者认为，李力教授所说的"典与活卖——过程性的买卖关系"[①] 应该是"活卖——过程性的买卖关系"，而他所说的"找贴——过程性买卖的后续阶段"也不能一概而论了，因为在"典"交易中，即使是找帖（更准确地说应该是"加典"），对出典人的回赎权也没有影响，所以这种交易应该不具有买卖的属性。

四 初始价格比之间的差异

最后，我们再通过"典"和"活卖"时的初始价格和初始价格在交易变为绝卖时的总价之间的关系比较"典"和"活卖"存在的差异。笔者将《汇编考释》中冠名为"卖"的"活卖"契交易的价格情况进行了详细的整理后，列表7-2：

表7-2 "活卖"契交易价格

契约标号	"活卖"价格	找贴价格（次数）	是否绝卖	总价	"活卖"价格比重
944	48 两	5 钱、3 钱	不清		
986	7 两	1 两、7 两	不清		
1047	110 两	70.15 两	是	180.15 两	61%

---

① 李力：《清代民间土地契约对于典的表达及其意义》，第113页。

续表

契约标号	"活卖"价格	找贴价格（次数）	是否绝卖	总价	"活卖"价格比重
1048	60 两	49.23 两	是	109.23 两	55%
1098	252 千文	126 千文	是	378 千文	67%
1107	1700 千文	1088 千文	是	2788 千文	61%
1120	560 千文	240 千文	是	800 千文	70%
1135	35 千文	19 千文	是	54 千文	65%
1143	60 两	35 两	是	95 两	63%
1168	70 两	62 两	是	132 两	53%
1186	15 两	12 两	是	27 两	56%

我们再来看看在以"典"冠名的契约中的价格情况（见表7—3）：

表 7 - 3　　　　　　　　　　"典"契交易价格

契约编号	典价	加典价额	是否变为绝卖	总价	典价比重
1239	102 千文	9.12 千文	否	因契文云"得过正、找 102 千文"，故典价不明	
1237	60 千文	42 千文	否	不明	
1257	300 千文	337.92	是	637.92 千文	47%
1254	87 吊	7 吊、9 吊、86 吊	是	275 吊	32%
1260	45 千文	15 千文	否	不明	

从这两张表中我们可以看出，对于"活卖"时价格，确实如有的学者所说的大致相当于卖（绝卖）价的一半①，而且从上列的表格统计，"活卖"价平均的份额是远远超过卖价的一半的，达61%以上，但这个价格不是典价，而是"活卖"价。而典价从能完全确定绝卖价格总额的契约来看，则不足一半，第1254号契约中的典价只有最后绝卖价的三分之一。当然，由于资料的缘故，我们能纳入明确统计的典价份额的契约不是

---

① ［日］寺田浩明：《权利与冤抑》，第 198 页。

太多。但我们就编号1237、1260的契约和"卖"契作一对比就感受到，在以"卖"字冠名的契约中，找贴数额接近原"活卖"价时，原业主基本就完全丧失了回赎权，即已经由"活卖"变为绝卖了。但1237、1260契约中的原业主虽然其加典的价已接近于典价，但却丝毫没有对他们的回赎权造成任何影响。因此，我们可以从典价和"活卖"价格的角度看出二者的差异，由于"活卖"时的价格一般都超过了绝卖价的一半，而典价不足一半，甚至更低，因而在以"卖"字冠名的交易中，卖主对回赎权的保有能力是比较弱的，找贴的发生往往意味着他们对这一权利的放弃，而以"典"冠名的交易中，出典人对回赎权的保有能力要比前者强得多，因而加典一般不会对回赎权构成威胁。

对于典和活卖的区别，尤其是体现在回赎权期待实现的可能性上，官方也有着和民间实践相一致的认识，乾隆朝《山东宪规》中说"活当产业，例不投税，将钱粮漕米，按则覆定数目，填写契内，令当主照数目自行赴柜，仍用原户名投纳执票为凭"，以省推收过割之烦，并免胥役勒索之弊"。① 可见，在官方看来，之所以不要求出典的地亩过割粮差，就是因为一般来讲，它们回赎的可能性是很大的，因此如果在订立典契后将税粮从业主名下过割到典主名下，而在其回赎时又要过割回去，为了"以省推收过割之烦，并免胥役勒索之弊"，就让典主以业主的名义投纳税赋就好了。如果说典和"活卖"等同的话，我们就难以理解为什么在民间的契约实践中，很多附有回赎期限的卖契为什么不直接用典契呢？这样不是可以省去过割赋税以及减少被衙役书吏敲诈勒索的机会吗？笔者以为，其答案只可能是对买者而言，由于卖契要到官府缴纳契税和过割税粮，因此从法律要件上说，他已经获得了该产业完整的所有权，只是他付给卖主的价格要比市场价低，因而让卖主保留回赎权是他以低价获得完整所有权的一点风险。对卖主而言，在清代社会，走到出卖赖以为生的田宅这一步的人往往意味着他们已经到了山穷水尽的地步了，保留回赎权更多的是带有一定的象征性的意味。因为完全放弃对自己田土的一切权利，毕竟不是光彩的事情，所以他愿意以略低的价格为代价换得一点尊严和希望。买主对此应该是了然于胸的，所以他宁愿冒这点

---

① 《乾隆朝山东宪规等六种》，载杨一凡、田涛等主编《中国珍稀法律典籍续编》第七册，黑龙江人民出版社2002年版，第133页。

风险。

的确，如果我们就契约的形式和内容来看，许多冠名为"（活）卖"的契约和冠名为"典"的契约几乎完全一样，而在官方法律用语当中也往往是"典卖"并用，这点我们在《大清律例》的律文及其条例中很容易看到，正因为如此，有学者甚至认为清代民事法律中的"典"和"卖"本来就是混淆不分的。对这种看法，笔者认为有商榷的余地。首先，就法律用语而言，由于中国古代社会的法律理论一直比较缺乏，因而虽然对法律概念的严格界定在刑法方面还有一些值得称道的建树，如晋代的张斐《晋律集注》中对有关"戏杀""误杀"等概念的精确解析，但在民事法律方面却没能建立自己严格的法律概念体系。而汉语语言应有的灵活性尤其是偏义复词的大量使用在法律用语中也一样存在，以"典卖"而论，就是汉语中典型的偏义复词，它有时可能是指"典"，有时则可能是指"卖"，但我们不能因此而断定"典"和"卖"就是一回事。对于清代民事行为中"典"和"卖"之间的区别，司法官吏的判语应该可以给我们提供一个比较明确的答案。在《徐公谳词》中有一件审理盗葬诬告的案件，判语中说"及禀该县又称，田系出典。或典或卖，先后又自相矛盾"[①]。该案中原告杨赏先说其田是卖给被告，后来又说是典给被告，因而审理该案的官吏认为一会儿说卖一会儿说典，前后自相矛盾。可见，至少在清代的司法官吏看来，典和卖是根本不能混为一谈的。

五　结论：作为"卖"的"活卖"

综上所述，我们认为，清代民法语言中的"典"和"卖"是两种性质不同的交易，而这里的"卖"不仅仅是指"绝卖"，同样包括我们所说的"活卖"在内。从官方的法律程序来看，典不要求缴纳契税，而"绝卖"也好，"活卖"也好，都要求缴纳契税。就民间的契约实践来看，典不以转移业权为本质要件，而卖（包括"活卖"）都要求转移业权。而且大体上看，典价在最后绝卖的总价中所占的份额要比"活卖"价少得多。正因为有这种差别，才造成同样是"找贴"，但对原业主来说，所具有的意义是不一样的。所以，从交易性质来说，"活卖"应该和"绝卖"归为一类，而不应该和"典"归为一类，更不用说把它们完全等同了。

[①] 陈全仑等主编：《徐公谳词》，第541页。

然而，我们也应该注意到，故存在清代的契约实践中，有时在"活卖"和"绝卖"之间也不存在明确的界限，正如我们在很多契约中看到的那样，许多契约上本来明确写明是杜绝卖契的，在卖主又以各种理由在事后要求找价的情况。在"活卖"或者"出典"后的找契中，也有卖主在找价契约中声明"永不再找"却依然发生一找再找的情形。因此，对于典、活卖、绝卖三种在清代土地所有权转移中产生重大影响的交易形式之间，从民间的契约实践来看，很难画出泾渭分明的界限。如果我们想对这三种交易方式作出区分的话，以所有权是否转移为标准的话，似乎很难如愿。因为从清代的土地交易实践来说，由于中国民间的土地交易是在一种几乎完全不受限制的状态下进行的①，但是我们却很难看到在西方社会那种"所有权就是全面排斥他人干涉而行使自己对物的权利"的情形。因此，从契约文本的内容来分析，笔者以为回赎权行使的可能性以及找贴对回赎权行使的影响大致可以作为衡量三者之间差别的一个标准。将清代土地所有权放在一个从卖主向买主动态转移的可能性中考察，由低到高依次是：绝卖—活卖—典，它们之间的差别和联系也就如在书中的排列距离相似。笔者之所以觉得我们应该以一种动态的目光来看清代社会土地所有权的转移，是因为我们可以看到，在清代的土地买卖交易中，如果我们结合国家法律和契约内容来看，本来应该是一锤定音的绝卖交易，有时候也会因为卖主事隔多年后要求找价而买主无力再找，索性又让卖主回赎的情形。

---

① ［日］滋贺秀三等编：《明清时期的民事审判和民间契约》，第 301 页。

第 八 章

清代奴婢和子女买卖契约

第一节 奴婢买卖契约的源流概述

在中国古代社会，自秦汉以来就一直合法地存在着雇佣市场和奴婢市场。① 被纳入市场的奴婢没有独立的人身地位，其是按人头计算的。其人身也属于购买者，永远供其驱使使用。从官方法律的角度来看，至迟在魏晋南北朝的时候，国家法律开始要求奴婢买卖必须订立书面契约。《隋书·食货志》记载："晋自过江，凡货卖奴婢、牛马、田宅，有文券，率钱一万，输估四百入官，卖者三百，买者一百。无文券者，随物所勘，亦百分收四，名为散估。历宋、齐、梁、陈，如此以为常。"唐代法律也规定，"凡卖买奴婢牛马，用本部本司公验。以立券"②，《唐律疏议》则对奴婢的买卖契约相关问题规定得更为具体，"诸买奴婢、马牛驼骡驴，已过价，不立市券，过三十日；卖者，减一等。立券之后，有旧病者二日内听悔，无病欺者市如法，违者笞四十"③。《唐大诏令集》卷五《改元天复敕》还记载了唐代奴婢买卖的法定程序。宋代法律也基本继承了唐代有关奴婢买卖契约的规定。④

历史发展至明代，关于奴婢等贱民的身份问题成为国家法律的重要组成部分。"清朝继承了明朝的良贱律，并将贱民的概念正式法律化。贱民

---

① 赵冈：《中国传统农村的地权分配》，新星出版社2006年版，第8页。
② 《唐六典》卷二十，中华书局1975年点校本，第421页。
③ 刘俊文：《唐律疏议笺解》卷二十六"买奴婢牛马不立券"条，中华书局1996年版，第1807页。
④ 郑显文：《中国古代关于商品买卖的法律文书研究》，《中国经济史研究》2003年第2期。

的范围虽仍以奴婢为主，同时也包括一些特定的社会成员。"①《大清会典》载："奴仆及倡优隶卒为贱"；"凡衙门应役之人……其皂吏、马快、步快、小马、禁卒、门子、弓兵、仵作、粮差及巡捕营番役，皆为贱役。长随亦与奴仆同"②。虽然被法律列为贱民的人的法律地位和社会地位都十分低下，但除奴婢之外，其他贱民多是因其所从事的工作多为人所不屑，因而社会评价低下，在一般情况下，他们还是具有一定的独立人格的。但奴婢的情形则大不相同，他们"律比畜产"，是所有权的客体，完全听凭主人的任意驱使和随意处置。因而，奴婢的买卖市场在有清一代也几乎一直存在，他们和牲畜一样在集市上供人任意挑选买卖。而在民间，私人之间的奴婢买卖也从来没有中断过。这种情形一直到清末宣统元年（1909），清廷颁布新刑律，规定"凡从前旗下家奴，不论系赏给、投充及红契、白契所买，是否数辈出力，概听赎身，放出为民。……其未经放出及无力赎身者，概以雇工人论"③。这才在国家法律的层面上否定了奴婢买卖的合法性。不过，在实际的社会生活中，人们由于生活所迫，私下出卖子女为奴仆的现象在民国时期也多有所见。我们由此也可以看出，一项法律制度的颁布并不能完全改变一些为现行法律所不允许的社会现象，它还和社会经济的发展等其他要素息息相关。

第二节　奴婢买卖契约概念的"定型化"

在中国古代契约的发展史上，具有约定权利义务或者记载交易相关事项的具有契约色彩的概念很多，早期的很多契约概念在明清时期已经很少使用了，如质剂、傅别、券、合同等。到明清以后，常见的契约概念主要包括契、约、字（或字据）、书等。最后，另一个值得我们注意的是，从契约的形式来看，奴婢买卖契约文书在称谓上也和其他的契约文书有所不同。就买卖契约而言，从我们所能看到的文本来说，包括以下几种称谓："契""约""书""字""据"，也有个别以"契约"二字连称的。王旭通过对《田藏契约文书》的考察，总结了各类不同称

---

① 张晋藩：《清代民法综论》，中国政法大学出版社1998年版，第60页。
② 《光绪大清会典》卷一七，中国政法大学图书馆藏本。
③ 《大清现行刑律》卷五《户律》，中国政法大学图书馆藏本。

谓的文书的应用范围的侧重点。概而言之，明清的以"契"名之的文书有两个特点：一是交易方式涉及广泛，有卖、买、赠、典、换、转典、借、出俵、当，二是交易所涉及对象为土地、房屋、山、院、树、园、银、树，从这两个特点可以看出明、清之际围绕着不动产而展开的交易文书有着统称为"契"的倾向。而在契约实践中，"约"的适用也很广泛，包括经管土地、和解，租土地、典田、析产、过继、卖地，比较"契"文书而言，体现出的不是一种统一的倾向。"字"与"据"则是一种凭证文书，使用于民间继嗣、择嗣、休妻、折股和祖产经理这类事务，是民间为保证而出具的凭证。"书"契约则适用于家庭内部关系，如婚姻、析产、立继和遗书等。①

但我们通过对清代的买卖契约的考察发现，在买卖交易中"契""约""字""据"等都有使用，可见清代契约文书并没有出现以交易的性质属性为区分的称谓统一化的迹象。不过，在买卖交易中，以一般畜产和土地房屋为标的的时候，"契"文书的数量的确几乎有一统天下的趋势，仅有很少数的"约"文书出现。但"书"的适用范围显然不仅仅局限于家庭内部关系，而是普遍适用于奴婢买卖交易。由于《田藏契约文书》中基本没有奴婢买卖契约，这可能是导致研究者的结论出现失误的主要原因。

关于奴婢买卖文书的称谓，我们从《汇编考释》中可以进行一个初步总结。该书共收录从明清到民国初年的人身买卖契约12份，其中称之为"契"的有2份，即《道光二十六年歙县江长发转卖婢女文契》②《民国十八年元城县张文善自卖为人子契》③；称之为"书"的共5份，即《明嘉靖三十年徽州胡音十卖儿婚书》④《明万历三十七年徽州洪三元卖身婚书》⑤《明崇祯八年休宁县方长儒卖使婢婚书》⑥《康熙四十五年休宁县

---

① 王旭：《中国传统契约文书的概念考察》，《上海政法学院学报》（法治论丛）2006年第4期。
② 《汇编考释》，第1367页。
③ 同上书，第1659页。
④ 同上书，第823页。
⑤ 同上书，第929页。
⑥ 同上书，第983页。

项国正卖女婚书》①《康熙四十九年徽州俞遇体卖义男文书》②《雍正十一年休宁县汪松如卖仆人文书》③；称之为"字据"的1份，即《民国二十七年天津市刘景岐卖子字据》④，另外还有2份称之为"帖"⑤，这在其他任何地方任何场合都没有出现，估计应是地方独有的语言习惯。虽然因为目前所能看到的奴婢买卖契约数量十分有限，我们不能对奴婢买卖契约所使用的概念进行一个比较充分的分析，但至少从有限的契约文本来看，虽然奴婢在法律地位上的确等同于一般财产，但又毕竟不是一般财产，让奴婢在契约上签署姓名虽然不能说明奴婢的身份有什么质的变化，但起码说明在清代人们的观念中，奴婢绝不是完全作为财产存在的"物"。因此，用于奴婢买卖的契约出现了和其他如田宅、畜产等概念分离的趋势，并有了统一使用和涉及家庭内容的婚姻、析产、立继、遗书等相同的"书"的概念的现象，这在一定程度上体现了清代人们对于奴婢作为"人"的意识，可以说这应该也是中国传统伦理道德在奴婢买卖契约形式上的显现。

第三节　奴婢买卖契约的形式特点：重在担保

奴婢虽然在法律上只是一项十分重要的财产，但他们显然和任何其他财产都有着显著的差别。法律虽然剥夺了他们作为人的主体资格，但他们毕竟是活生生的人。具有很大的主观能动性和不稳定性。病患、逃离甚至各种意外都有可能随时发生，这些都有可能在买卖双方之间产生不可避免的纠纷，也有可能随时使买主遭受财产上的损失。同时，不合法的奴仆买卖，不仅会使买主财产受损，还有可能遭受皮肉之苦甚至是牢狱之灾。因此，奴仆买卖的契约签署有时甚至比土地房屋等重要财产的买卖契约的签署显得更为庄重。从下列买卖仆人文书中，我们可以了解到典型的奴仆买卖契约的基本内容和格式，并可以看出它和土地房屋

---

① 《汇编考释》，第1180页。
② 同上书，第1181页。
③ 同上书，第1216页。
④ 同上书，第1664页。
⑤ 这两份契约分别是《民国三十二年番禺县陈氏卖子送帖》（《汇编考释》，第1667页）、《民国三十八年新会县黄笑珍卖侄女送帖》（《汇编考释》，第1672页）。这两份契约都是广州附近地区的，具有语言上的同质性。

买卖契约的显著不同之处。

清雍正十一年（1733）休宁县汪松如卖仆人文书①

四都三图立卖文书人汪松如，本家一仆名唤登科，系湖广人氏。年命上首原文书注明。因仆长大未有婚配，自情愿凭媒说合，卖与同都十图汪名下为仆，当日得受身价银六两整。其银当日是身一并收足，其仆随即过门，听从汪家更名使唤，任从婚配。并无来历不明及内外人生情异说。如有偷窃逃走等情，尽是承当。倘有风烛不常，各安天命。今无凭，立此转卖文书，永远存照。

雍正十一年六月　　日　立卖文书人　　汪松如（押）

包媒　　程孔友（押）

凭中　　黄鲁言（押）

黄圣传（押）

媒钱三钱五分，又程孔友过手四钱，共计柒钱零五分。

付还黄岳父九五兑九六银七两。

酒水在外未算。

附一：

雍正十一年（1733）休宁县包媒程孔友为汪松如卖仆立包字②

立包字程孔友，今因四都三图汪姓仆人登科，是身为媒，卖与同都十图汪名下使唤。其仆如有来历不明及偷窃逃走等情，是身承当。包寻送还，无得异说。立此包字存照。

雍正十一年六月　　日　　立包字程孔友（押）

此仆汪姓先卖与黄姓，将满一月，因各事不合，后央媒仍着原主出笔卖与吾家，而黄姓有汪姓文书存据未缴，候缴后再批。

附二：

雍正十二年（1734）休宁县汪氏卖仆人进禄

---

① 《汇编考释》，第1216页。
② 同上书，第1217页。

逃走写给巢县知县禀状①

雍正十二年二月二十四日进禄逃走。三月一日巢县朱公存案抄白：

具禀人跪禀，为恳恩赏案以杜后患事：身去岁用价银六两买仆人名唤进六（即前契所言登科所改名——原编者注），本属湖广人氏。服用未及一载，目下潜逃。随未拐带，身惧仆飘荡在外，恐入匪类，一经陷累，身难展辩。合叩预情，伏乞宪天太老爷殿准赏案，永杜祸害。沾恩上禀。

和土地房屋的买卖一样，奴仆的买卖契约也普遍以单契为主，由卖主写立契约后，交给买主收执，作为证明其拥有合法性的依据。值得注意的是，在奴仆买卖交易中的说和人，在契约中一般很少像土地买卖契约中那样称之为"中人""中见""说和""经纪"等，而是多以"包媒""凭媒"等名称出现，这倒和中国古代婚姻缔结中的说和人的称呼相似。

如前所述，和一般买卖契约不同，由于买卖奴仆具有很大的风险性，稍有不慎就有可能给买主带来皮肉之苦甚至是牢狱之灾，《大清律例·刑律·贼盗下·略人略卖人》条例：盛京、乌喇等处居住之人，买人仍照例用印行买外，若不详询来历，混买人者，系另户，连妻子发江宁、杭州披甲；系家人，止将本人发往江宁、杭州给穷披甲之人为奴。此条例虽然是针对盛京、乌喇等地的旗人购买奴仆婢女而言的，但清代法律本身就带有比较浓厚的保护旗人特权的色彩，因此，这则条例肯定同样适用于一般民人购买奴仆婢女的情况，而且对于非旗人而言，违反这些规定，遭受的处罚可能更加严厉。同时，清代法律对于违法奴仆婢女交易中的卖主，也制定了严格的处罚条款：

《大清律例·户律·户役·收留迷失子女》：凡收留人家迷失子女，不送官司，而卖为奴婢者，杖一百、徒三年；为妻妾子孙者，杖九十、徒二年半。若得迷失奴婢而卖者，各减良人罪一等。

若收留在逃子女而卖为奴婢者，杖九十、徒二年半；为妻妾子孙者，杖八十、徒二年。若得在逃奴婢而卖者，各减良人罪一等。

---

① 《汇编考释》，第1218页。

因此，奴仆婢女的买卖是一件十分严肃的事，买主对奴婢来历合法性的重视自然也是情理之中的事。不仅如此，买来的奴婢还可能随时逃走甚至做出一些对主人不利的事情，因此买主不但要求卖主对奴婢来历的合法性提供足够的担保，而且还要对其买入以后可能遇到的因奴婢自身的行为带来的风险提供保证。因此，对于奴婢的买卖显得格外慎重，卖主在买卖契约中所作出的担保显然还不足以让买主放心，因此还要求第三人专门作保，并且在原契约之外由保人专门订立以担保内容为主的契约文书，以明确担保人的责任。但是，从后来的情形可以看出，事实上保人所说的"其仆如有来历不明及偷窃逃走等情，是身承当。包寻送还，无得异说"，以保人的个人力量也很难实现，所以在奴婢逃走后，卖主只有求助于官府了。

不过有趣的是，我们看到买主在恳请官府悬赏追拿逃走的奴仆时，总强调奴婢逃走可能对社会治安所带来的恶劣影响，而不怎么说自己所受到的经济损失问题，甚至一个字也没有说保人及卖主的责任问题。这里，买主可能也觉得去和卖主和保人纠缠也于事无补，更重要的是，国家法律也对奴婢的权利义务（当然主要是义务）有严格的规定。《大清律例》卷二十八《刑律·斗殴》下《条例》规定："凡民人家奴生奴仆、印契所买奴仆，并雍正十三年以前白契所买及投靠养育年久，或婢女招配生有子息者，具系家奴，世世子孙永远服役，婚配俱由家长，仍造册报官存案。其婢女招配并投靠及所买奴婢，俱写立文契报明。本地方官钤盖印信。如有干犯家长及家长杀伤奴仆，验明官册印契，照奴仆本律治罪。至奴仆不遵约束，傲慢顽梗，酗酒生事者，照满洲家人吃酒行凶例，面上刺字，流二千里，交与地方官，令其永远当苦差。有背主逃匿者，照满洲家人逃走例，折责四十板，面上刺字，交与本主，仍行存案。容留窝藏者，照窝藏逃人例治罪。"这条规定同时也说明了在奴婢买卖交易中"红契"（印契）与"白契"的区别，亦即红契所买的奴婢永远为奴，不能赎身，而白契所买的奴婢（雍正十三年以前所买的）可以赎身成为普通民人。

在民间的奴仆买卖契约实践中，除了卖主、凭媒、中见等要求在契约末尾签字或者画押外，我们还可以看到很多契约末尾还有作为买卖的客体——奴婢的签字或者画押的：

道光二十四年闽清县江清辉卖婢契①

保养成人

立缴卖断婢女身契江清辉，自己凭媒价买有婢女名唤云鸾，年方十五岁，身中并无暗疾。兹今托媒将此婢女转缴与侯邑廿三都汤院地方郑处为婢。三面言议，卖断出身价钱七十八千文正。其钱即日随契收足，其婢女听郑家改名使唤，长成之日，亦听择媒收份。自卖之后，不得以父母兄弟藉亲往来，永断葛藤。但此婢女系辉自己凭媒价买，非是拐带私逃，亦未曾重张典当他人财物，以及来由不清等情。如有来历不明，其身价钱听从郑家收回，辉自己出头抵挡，与郑毫无干涉。倘有风水不虞，听天由命。两家允愿，各无反悔。今欲有凭，立缴卖断身契乙纸，又缴到利益卖身契乙纸，付纸为照。

道光二十六年四月吉日　　立缴卖断契　　江清辉　（花押）

　　　　　　　　　　　　　从命婢　女云鸾　（花押）

　　　　　　　　　　　　　保认媒人　　林陈氏　（花押）

　　　　　　　　　　　　　代笔　　　　祝长成　（花押）

此奴婢买卖契约文书有两点值得注意：一是和田宅等产业绝卖情形相似，这则奴婢买卖契约也被冠以"断卖"用语，不过，我们迄今还没有发现因买卖奴婢而要求找价的，这应该只是田宅等不动产契约格式移用其他买卖契约的结果；而第二点引人注意的就是在这则奴婢买卖契约中，除了媒人、保人、代书等的画押署名外，奴婢本人也在契约的末尾签字画押。这并非仅仅是个案，我们在嘉庆十三年吴志泰卖婢契和道光二十四年刘利益卖婢契中②都能看到。由此可见，奴婢虽然在理论上讲是主人的财产，但其毕竟是有生命的个体，具有一定的主观能动性，要求其在契约上签字画押，虽然不能说是对其人格的承认，但对买主来讲，应该具有一定的意义。因为它起码是该奴婢对甘心为新主人役使的一种表达。还要说明的是，虽然在奴仆买卖交易中没有要求找价的，但也有在契约中约定回赎事宜的。明末的这份契约应该也能说明清代奴婢买

---

① 福建师范大学历史系：《明清福建经济契约文书选辑》，第796页。
② 同上。

卖中的相似情形：

> 休宁县一都二图立卖婚书人①
> 　　方长儒，今有使婢旺俚，家下人多，不用，自愿凭中将使婢旺俚出卖与同乡　　　程　名下乳女。三面言定时值财礼纹银二十二两正，其人、银当即两相交付明白。倘日后家人积贵回来，将原礼三年满取续（赎）。如若不回，三年之外听凭配人，无得异说。所有婢女月仂，来正领回，无得阻碍。倘有风烛不常，天之命也。今恐无凭，立此婚书永远存照。
> 　　外主母画字银一两。又批。刘德甫（押）
> 　　　　　　　崇祯八年十月二十日　　同母　吴氏（押）
> 　　　　　　　　　　　　　　　立卖婚书人　方长儒（押）
> 　　　　　　　　　　　　　　　凭中人　　　程明吾（押）
> 　　　　　　　　　　　　　　　　　　　　　刘德甫（押）

对于奴仆婢女等人口买卖的程序，我们从官方的一些法律规定中可以看出一些轮廓：

> 《大清律例·刑律·贼盗下·略人略卖人》条例：凡外省民人有买贵州穷民子女者，令报明地方官用印准买，但一人不许买至四五人，带往外省仍令各州、县约立官媒。凡买卖男妇人口，凭官媒询明来历，定价立契，开载姓名、住址、男女、年庚，送官钤印。该地方官豫给循环印薄，将经手买卖之人登薄，按月缴换稽查。倘契中无官媒花押，及数过三人者，即究其略卖之罪。——倘官媒通同棍徒兴贩，及不送官印契者，俱照例治罪。

从这则条例我们可以看出，官方法律对人口买卖制定了比较完整的程序，即在买卖之前首先要通过官方的牙媒确认其来历的合法性，以防止卖主拐卖他人走失的子女或者奴仆婢女以及其他不符合买卖要求的人口，然后由买卖双方订立买卖契约，契约的主要内容包括所卖奴婢的价格、姓

---

① 《汇编考释》，第983页。

名、性别、年龄等内容,契约订立完毕之后,必须到官衙加盖钤印,不加盖官印的人口买卖不受官方的法律保护,而且买卖双方还要被追究法律责任。同时,如果要将买来的奴婢转手卖掉,买卖双方要再次到官衙登记,否则要治以"略人"之罪。不仅如此,官方还对特定地区尤其是人口卖出地区的买卖数量作出了限定,即一个买主一次买得奴婢的数量不能超过三人。如果买主要将所买的奴婢带离购买所在地,也要办理严格的通关登记等手续,《户部则例》规定,"带回原籍他处者,官给明填注男女姓名年貌,关讯验实放行。如地方官不行查明……查参议处。无印契印明而官讯贿纵出境者,兵役计赃定罪,该官员并分别参处"①。而且将所买奴婢带到其他州县后,"仍令各州、县约立官媒",进行登记。

对于奴婢买卖的相关要件及其细节等问题,我们通过下一案例可以进行更加具体的分析:

> 核看得合肥县民万子霞告太湖县陆方朝等,拐略伊子万友章即万二夫妇五口,辱卖与曹方尊家为仆一案。
>
> 缘万二于康熙五十八年,萍寄于桐邑之棕阳镇朱天云店内,为人舂米佣趁,年已二十三岁,见监生程周勋家婢女三丫头,青年未偶,眼底留连,已非一日。适周勋亦欲为婢招配,藉其力作,见万二人颇殷勤,偶托妻舅王勤止探访。勤止言之与汪斐伦、朱天云二人,转致万二,适获所愿,遂绝投身之计,说明止系单身,并无父母兄弟。周勋恐其来历不明,需人承管,万二因托已故之苏文若代写文契,投身汪斐伦名下,天云书立承管,斐伦出笔立契,卖与周勋为仆,载明身价银六两。此时周勋出银四两四钱五分,文若、天云各分得一两,斐伦得银二钱五分,万二得银一两七钱五分,仍余银一两一钱五分,留存万二需用。遂于是年九月十五日,入门服役。周勋先将婢女伴儿,为万二配,万二以非意中之人,且憎其陋,两不相安,周勋旋将伴儿收回另卖。至腊月二十七日,仍以三丫头配之,万二初衷得遂,可以安身。讵狼子野心,既以得妇,即思背主。于康熙六十年正月,挈妻潜逃,当被周勋追获,呈县责惩。雍正元年,周勋遣嫁伊女,以万二夫妇随嫁张姓。未及,又拐张姓之驴脱逃,致张姓将三丫头送还周

---

① 《户部则例》卷三,《户口三》。

勋。周勋以万二复逃，势难根寻，遂将三丫头卖与霍山县朱萧臣家。万二访知，控准霍邑。霍令仍断周勋还价赎回，令万二完聚服役。由是愈益恣肆，不服使令。周勋情不得已，凭弟殿勋立契，将万二夫妇子女，卖于陆方朝之父陆来章为仆，得银四十四两，殿勋代笔，得银一两。后来章病中，见万二跋扈，难以约束。雍正四年，嘱侄陆鸣皋等说合，原价立契，转卖与曹振公名下，分与伊子曹方尊使唤。六载于兹，并无异说。万二突于雍正九年冬底，又私自逃出。雍正十年正月，即有万子霞称系万二之父，率其党羽，来至太邑，绳栓方朝，拉至曹家，欲强挟万二夫妇子女同归。方尊不甘，赴县控告。子霞遂于二月十二日，以违律略良情词，耸准前宪案下，奉批卑府确查，即分提一干犯证亲审。

续据原告万子霞及桐邑之程周勋、汪斐伦等，自行投到，又据太邑批解陆方朝等到案，仍有证犯程殿勋等未齐。时值卑府护理宪篆，刻日公出江宁，又当东作方兴，先犯未便久羁，比即押发怀宁县，檄饬确审，妥拟去后。

兹据该县审属前情，拟议详覆前来，卑府覆加查核。万二卖身周勋，年已二十三岁，非同幼稚，又复屡次拐逃，狡黠非常，更非愚懦可比，设非眼热程姓婢女，周勋焉能略买？且周勋既有双婢，不难招觅村夫为之配偶，何至人财两赔，反作智取术驭之事？况父既现在，而契称父母双亡，此岂旁人所能代为捏造？盖浪子水性，贪得新妇，竟忘生父。虽万二立投契与汪斐伦，斐伦立卖契与周勋，不无委屈假借，但万二恐亲事不谐，浼斐伦为撮合山。周勋恐来历不明，靠斐伦为泰山石，辗转立契，事虽迂曲，而究之万二之情愿投卖是实，周勋之出价招配是真。不但周勋、斐伦供吐如绘，即万二所供，亦若合符节，则万二为周勋招买之仆人，毫无疑义。况契载投卖，并无十年限满之议。即或当日果有此说，亦应图报，称"年满乞恩"。何伉俪既谐，三年之内，拐逃叠见？嗣经霍令审断，仍不悔艾，负固已甚！是当年之涎婢投身，早已蓄谋骗拐，非周勋诱万二，乃万二愚周勋耳。周勋以价买招配之仆，尾大不掉，转卖与陆，陆不能驾驭，又复以原价转卖与曹，不得谓良，又何云略？且万二果外贸折本，父子天性，何至畏惧远避？桐合二邑，相距仅二百余里，即当日背亲成局，而事历十有余载，潜逃再三，讦讼邻封，昭彰耳目，父子至亲，何至竟无音问? 即县讯陈丫头, "伊父曾否说有父亲?" 据供 "丈夫有话, 也不对小妇人说" 等语。世岂有结缡十余年, 竟不话计翁姑之理? 是万子霞是否万二亲父, 尚在暧昧。即果父子情真, 而万二夫妻子女五口, 受曹姓六年豢养, 恩亦不薄。子霞欲为伊子脱壳, 亦当善为说词, 夫何肆横不已, 又敢幻结蜃楼, 公然上告? 刁恶殊甚。更可恶者, 子霞告词捏称万二为周勋赘婿, 县审之时, 万二又假捏周勋喜书出质, 将所招之婢, 称为主女, 易主为岳, 易仆为婿, 捏写礼银十六两, 几欲颠倒人伦, 则亦何往不可肆诈? 且程周勋身系监生, 何至手立喜书, 反将自己姓名, 程讹为陈, 勋讹为顺? 诡计造假, 明系万二旧冬潜逃, 与子霞通同串谋, 外援内应, 巧构讼局。批阅至此, 令人发指。

　　万二县拟重杖, 未足蔽辜, 仍请枷号两个月, 以儆恶仆。万子霞亦应重杖三十板, 惩其刁横。至程周勋招配之时, 买仆虽真, 立契失实。万二背父卖身, 应予宽典, 准其赎身。但曹方尊用价买仆, 中道背叛, 该县断令减价一半, 取赎, 殊非情理。程周勋因万二节次潜逃, 不服使令, 始行转卖, 且十年放回之议, 原未见之笔墨。该县责其背义, 断令代出身价一半, 亦未允协。况万二父子, 刁诈非常, 若遽令子霞领回, 势必抗价延案, 致令曹姓人财两空。万二夫妻子女, 应仍交曹方尊服役, 俟万子霞备出原价四十五两, 给还曹方尊收领, 赎回万二夫妻子女完聚。汪斐伦虽因万二情愿投身, 曲成其事, 但不查来历, 伪为卖主, 又分得身价银二钱五分, 应予一杖, 追银充公。承管之朱天云, 获日令结。代笔之苏文若已故。余俱无干, 均毋庸议。①

　　从该案来看, 首先, 就买卖奴婢的主体来说, 既可以是家长或者主人, 民人也可以将自己出卖与别人为奴婢。该案中, 万二因为看中了程周勋家的婢女, 所以想自卖到程家作奴仆, 以此获配程家婢女。但这种自卖权显然不是没有限制的, 从万二当初被汪斐伦立契卖给程周勋时的自我说明 "并无父母兄弟" 及后来万二之父万子霞控告程周勋略买良人的说词来看, 其前提是他已经没有尊长了, 否则他的自卖行为也是无效的。但如

---

① 陈全仑等主编:《徐公谳词》, 第112—113页。

前所述，所买之人的来历是否合法对买主关系十分重大，所以"周勋恐其来历不明，需人承管"，于是万二就投身到汪斐伦名下，以汪为主人，在朱天云立契作担保的情况下以汪斐伦的名义将万二卖给程周勋为奴。由此才完成这笔交易。第二，从这则案例中，我们还可以看出，买主对所买的奴婢拥有近乎对物一样的权利，奴仆不但要为主家服役，而且还可以被主家作为物品送给他人。本案中，由于万二不守本分，程周勋遂在其女出嫁时将他夫妇二人当作随嫁物品送给了张家。第三，对于主人来说，他不但拥有对奴婢的所有权，而且还拥有对奴婢所生子女的所有权，所有在该案中，程周勋可以"凭弟殿勋立契，将万二夫妇子女，卖于陆方朝之父陆来章为仆"。相对于买主所拥有的权利，卖主则在大多数情况下，几乎要为所卖奴婢承担出卖之后所有的风险，这种责任几乎是无限的，我们从下列契约中便可以清楚地看出来：

道光二十六年（1846）歙县江长发转卖婢女契①

　　立转卖婢女身文契人歙邑北乡十七都四图琶塘村人江长发，今因钱粮无措，自情愿将身买绩邑林溪汪星吉之孙女名唤荣娣，年方十三，于道光十四年八月三十日辰时建生。今央凭媒出卖与黟邑
　　胡　名下为婢。三面言定得受身价洋银叁拾伍两正。其洋银当日是身亲手收足，其婢女即送过门，听从更名呼唤使用。未卖之先，并无许字他人，亦非继女养媳。自卖之后，此女长养成人，听从东人婚配。身家不得私自择许，亦不得引诱潜逃，以及偷窃衣物等情。若有此情坐，身即行寻交归偿。倘有风烛不常，各安天命。或有不合使用，即听另卖。抑若逃出疏虞，不干东人之事。此女倘有时行疾病，闻信即到，领回调养。所给饭食医药，不争多寡。病愈自行送来，绝不逗留在家。今欲有凭，立此卖身文契存照。

　　这里，卖主江长发的责任包括对所卖婢女来历合法的担保，对出卖之后该婢女在新主人家的行为也由卖主承担，即"身家不得私自择许，亦不得引诱潜逃，以及偷窃衣物等情。若有此情坐，身即行寻交归偿"，除此之外，卖主甚至依然还要对所卖婢女可能生发的疾病负责，即有为已经

---

① 《汇编考释》，第1367页。

出卖的婢女看病请医的义务。向前述卖仆人契约一样，在正契以外，卖主还要以自己的名义或者连带他人共同为买主写立一份承担责任的保证书：

  立包字人歙邑江长发、同媒人王百弟、王黑塔，缘身将亲买婢女一名，名唤荣娣，年方十三岁。今因钱两无措，央媒卖与
  胡　　名下为婢。尤恐隔邑，人性不定，私自窃物潜逃。如有逃走等情坐，身及媒人等找寻送门。倘若不获，甘赔身价无辞。恐口无凭，立此包字存据。
  道光廿六年十月　　　日　　　　　立包字人江长发（押）
  媒人　王百弟（押）
  代笔包人　王黑塔（押）
  江长发系潜口之下伊村，杏花三月茂盛，观者云集，极热闹。伊村与绩邑林溪隔山卅里之遥，向有亲眷熟悉。此婢父母双亡，仅存祖父汪星吉。今系祖父出卖与伊，听从转售也。

这里，媒人和代笔人都成了卖主的保证人。

第四节 "凸显"的母亲：以子女为标的的买卖契约的主体特点

在清代社会，不仅奴婢可以买卖，贫民因困苦难以度日，也往往将自己的子女作为标的物出卖，而国家法律对此也是许可的。《户部则例》卷四《户口四》规定："各省遇有灾侵，地方贫民卖鬻子女者，允许本地民户、过往客商及并未驰驿官员认买。"但有一点应引起我们注意的是，和田宅买卖契约不同的是，当出卖的对象是自己的儿女时，出卖行为人往往是其母或者是父母连署，如：

  清康熙四十五年（1706）休宁县项国正卖女婚书[①]
  立议墨婚书人项国正，今因家下日食艰难无得取办，同妻商议，自情愿将亲生次女名唤凤弟，系庚辰年四月十二日辰时诞生，央媒出

---

① 《汇编考释》，第1180页。

继与往宅名下为女,当日得受财礼银五两整。自过门之后,听从改名养育。长成人,一听汪宅议婚遣嫁,不涉项姓之事,亦不许项姓往来。倘有风烛不常,各安天命。今恐无凭,立此婚书永远存照。

  康熙四十五年四月初二日 立婚书
  同妻吴氏 项国正(押)
  凭媒美德伯婆 中秋姑

如前所述,在父家长型的家庭中,尤其是当作为家长的父亲还在世的时候,其妻子一般是很少参与家产的处分的。我们在其他类型的买卖契约中经常能看到父子共同署名的情况,母子共同署名的情况也不少见,但夫妻同署的情况似乎主要存在于以子女为出卖对象的契约中。更有甚者,在父家长还健在的时候,有时也以母亲的名义出卖子女。在清末民初国家法已经宣告奴婢制度终结后,民间以子女为标的的人身买卖依然"合法"存在,这种情形甚至持续到民国建立后二三十年《中华民国民律草案》已经颁行后。①

  民国三十二年(1943)潘(番)禺县陈氏卖子送帖(白契)②
  立送帖人潘(番)禺县桂田乡黄大有妻陈氏,非常时期,百物新贵,难以度日胡(糊)口,自到连平县贵东圩,自养亲生子名叫亚岳,年方六岁,自愿托介绍罗元富送与大坑罗奕贤为孙子。当日经由介绍人三面言明,由大坑村罗奕贤办回旅行费米饭衣物等通用国币千百文正。即日钱交字付,亲接明白。两家心允,并无逼勒。如有日后亲房到来,另生枝节,来历不明,系由介绍在场,送主代不收钱人料理明白,不干饱养人之事。如有山高水底(低),各安天命,立写送帖壹纸,交与罗奕贤收执为据。

  介绍人
  在场人
  民国卅贰年五月初三日代书 轩福兴

---

① 在宣统元年颁行的《大清现行刑律》中规定"凡从前旗下家奴,不论系赏给、投充及红契、白契所买,是否数辈出力,概听赎身,放出为民。……其未经放出及无力赎身者,概以雇工人论"。这就从法律上废除了在中国盛行几千年的奴婢制度。
② 《汇编考释》,第1667页。

当然，父亲作为出卖子女行为人的情况也不是没有：

道光二十二年（1842）徽州钱邦贵卖亲生女文契①

立绝卖亲生女文契人钱邦贵，今因衣食不周，难以度日，情愿将亲生女名领儿，行庚年十四岁，十月初六日申时生，自投引牙，情愿出卖与　朱奶奶　名下为婢。当日请凭引牙说合，卖得价九七大钱贰万文整。当日其钱契下交清，无欠分文。此女未卖之先，并未许配人家。既卖之后，听凭买主取名唤（换）姓，早晚使唤。日后长大成人，听其买主择配。此系两愿，非逼成交。并无反悔，永无异说。如有来历不明，以及走失拐逃，并一切等情，俱系出笔人壹面承当。倘若天年不测，各安天命。恐后无凭，立此绝卖亲生女文契永远存证。

道光二十二年十一月初六日立绝卖亲生女文契人钱邦贵（押）

见卖人　陈嵩元（押）

引领人　曹学山（押）

引领人　抗有金（押）

引领人　袁冷氏（押）

官牙人（李堂正戳记）

不过，在该契约中，我们无法得知其出卖人的妻子是否还在世。就大多数契约来看，以自己的亲生子女或者有很近的血缘关系的晚辈子女为出卖对象的契约中，出卖方以女性家长为多。在男性家长和其妻共同商议的情况下，也以女性家长为主要的契约订立人，男性家长仅仅是附署而已，如民国三十八年（1949）新会县黄笑珍卖侄女一事就是例证：

立明送叔伯堂侄女帖人新会县梁门黄笑珍，缘因前沦陷时期，叔伯堂侄女名叫黄彩盛，其父母与胞兄沦陷被饿早丧，留下其女黄彩盛，年幼落难流来，适遇认识，乃系叔伯堂侄女，是以怜悯收留，在家中抚养多年。近因米粮饥馑，难以供给，是以与夫君梁贤宽商量，愿将叔伯堂侄女送与人为育女。今得乾雾乡梁门龙效婆介绍梁永业

---

① 《汇编考释》，第1359页。

堂，求他收容，愿将带来叔伯堂侄女一口，姓黄名彩盛转送为育女。蒙他允肯，并送回郇劳抚养米饭谷玖石正。自后黄彩盛在永业堂家中抚养，任从改名使唤，长大则婚，不得索补索赎。若有山高水低，各安天命，不得借端生事。此系梁门黄笑珍与堂侄女乃是自愿，并无诱拐不轨（规）行为。如有来历不明，此系梁贤宽、黄笑珍负完全责任，不干梁永业堂之事。特立送帖一纸，交与梁永堂收执为据。

计开：

一、实送到叔伯堂侄女黄彩盛年方七岁，三月初三戌时。

一、实接到梁永堂送回郇劳抚养谷玖石正。

见送介绍人梁门龙笑婆（指模）

民国叁拾捌年　五月初叁日送叔伯堂侄女人乾雾乡梁门黄笑珍（指模）

夫□梁贤宽①

契约中明确说"近因米粮饥馑，难以供给，是以与夫君梁贤宽商量，愿将叔伯堂侄女送与人为育女"，可见其夫是健在的，而且也完全知情，但该契约的开头却是"立明送叔伯堂侄帖人新会县梁门黄笑珍"。即是夫妇共同商议，但却由妻作为订立契约的主要责任人，其夫梁贤宽只是在契约的末尾附署，而且在契约上按下指模的也是黄笑珍。之所以出现这种情况，其主要原因恐怕并不在于女性在家庭中的地位的提高，她们获得了和其夫平等甚至超过其夫的处置家庭财产的权力。而是因为一则子女毕竟不同于一般的买卖标的，尤其是作为母亲，对子女的感情往往更加深厚，这应该是人之常情，因而以母亲的名义或者起码要求母亲也在买卖契约上签名，那么单纯地从交易的安全性和稳定性上来讲，应该更能让买受人放心；另外，对于一个家庭来说，如果说出卖祖宗遗留下来的房屋田产就已经是一件让家长丢面子的事，那么沦落到卖儿鬻女的地步则更是让人无地自容。斯普林格尔在谈到中国人的"面子"的作用和意义时说，"可以把'脸面'看成是人们一贯关心自己在中人舆论中得到好评，且始终想是自己有良好的自我感觉，并为此而在个人扮演的一切社会角色上，都尽其所

---

① 《汇编考释》，第 1672—1673 页。

能求得最佳（也就是按社会规范与价值来说的最佳）表现"。① 很显然，这种追求"有面子"的最佳不仅仅体现在人们对自己有可能招致道德谴责的行为的约束上，而且也体现在他们尽量去避免让别人看不起的行为上，哪怕这种行为并不涉及道德问题，但对一家之长来说，也的确是一件没有尊严的事情。这应该是在以自己的子女或者晚辈亲属为标的的买卖契约中，作为家长的男性往往倾向于隐退于契约之后的主要原因。这种情形不仅在民国时期存在，在清代更加典型的"熟人"社会中更可能如此。

---

① ［英］斯普林格尔：《清代法制导论》，中国政法大学出版社2000年版，第123页。

第九章

清代的畜产买卖契约

第一节 国家成文法对畜产买卖契约的形式要求

国家政权要求民间在牛、马等财产买卖的时候订立契约，最迟应该自东晋时期已经开始，宋代洪迈曾说，"晋自过江，凡货卖奴婢马牛田宅，有文券，率钱一万，输估四百入官，卖者三百，买者一百。无文券者，随物所堪，亦百分收四，名为散估"。① 唐代法律规定，奴隶、牛马骆驼、骡驴等买卖，在买卖完毕之后，至迟应在三天之内向所辖市署、市司提出申报，请求制作市券，官府在接受申报后审查买卖的合法性。宋代的法律也要求一旦交易结束，需要办理发给印契（红契）的手续。② 从实质上来看，上述所说的契券和买卖契约并无不同，不过其主要作用是官方以此为依据收取交易税，同时它也是确认买卖交易有效的凭证。但不同于田宅等买卖契约的是，由于畜产等的买卖一般都是在集市上进行的，因此，契券是在主管市场的市司的主导下现场制作的。对于清代牛马等畜产的买卖是否需要订立契约的问题，有学者认为"自宋朝以后，封闭式的市制被打破，对于动产买卖的诸多限制也随之逐步被废除，至明清时，动产买卖已无严格的制度，只需私人立契即可"，而奴婢被视为和牛马一样的财产，情况也大抵如此。③ 但这个判断似乎并不准确。

---

① 洪迈：《容斋随笔》"续笔"卷一《田宅契券取直》，上海古籍出版社1996年版，第221页。
② ［日］仁井田陞：《中国买卖法的沿革》，载［日］寺田浩明主编《中国法制史考证》丙编第1卷，中国社会科学出版社2003年版，第34页。
③ 郭建：《中国财产法史稿》，中国政法大学出版社2005年版，第232页。

《大清律例·户律·课程》"匿税"条规定：

> 凡客商匿税不纳课程者，笞五十，物货一半入官。于入官物内，以十分为率，三分付告人充赏；务官、攒拦自获者，不赏。入门不吊引，同匿税法。（注释：商匠入关门，必先取官置号单，备开货物，凭供吊引，照货起税。）
>
> 若买头匹不税契者，罪亦如之，仍于买主名下，追征价钱一半入官。

从律文来看，显然是将"头匹"（指牛马等畜产）等的买卖和一般的货物区别对待的，并且要求牛马等畜产的买卖必须订立契约，并缴纳契税，否则，不但会受到笞五十的处罚，而且还要"仍于买主名下，追征价钱一半入官"。而对于马匹，官方法律还禁止民间自由买卖，《大清律例·户律·课程》"匿税"条例文规定，"屯庄居住旗人卖马者，俱令在屯庄所隶之州、县上税，方准发卖。其民间马匹或卖与旗人，或卖与驿站，或兵民互相买卖，俱报地方官上税存案。如不上税、不存案，而私自买卖者，依律治罪，追价一半入官"。由于马匹不仅仅是简单的商品，还具有一定的军事意义，因而清代法律对其买卖实施了严格的控制政策。虽然出于征税的需要，清代官方的法律对买卖牛马等畜产的立契是有硬性要求的，但这主要是为了将畜产买卖契约作为征收契税的凭证，对于契约的订立规范以及契约双方的权利义务关系的安排则一般放任不理。

第二节　民间畜产买卖契约的程序和一般内容

和清代的民间田宅买卖契约场景不同，畜产买卖一般是在集市上进行的。不过，和唐宋时代由市司主导订立契约的情况不同，清代的畜产买卖契约应该是继承了元明以来的做法，即将主导畜产买卖契约订立的功能转移给了市场上的职业牙人。由于职业牙人必须向官方申领执照，并向官府缴纳帖税，因此具有半官方的色彩。和其他诸如奴婢、田宅买卖契约不同的是，畜产买卖契约中很少看到各种中见人、代书人等角色的出现。这说明原来由证人、保人担负的各种民事责任已经转移给了职业化的牙人。①这在元代的法律中就有了明确规定，元仁宗延祐五年（1318），刑部议定"诸人赴市货卖牛马驼骡驴只，须问来历明白"，"若有赃主（原主），认得实当"，则由官方给付买主原价，经手牙人不但要负责向原卖主追回价金，还要被处"杖断二十七下"②。而元代以来的畜产买卖契约也证实了这一点：

> 辽东城里住人王某，今为要钱使用，遂将自己原买到赤色骟马一匹，年五岁，左腿有印记，凭京城牙家，羊市角头街北住坐张三作中人，卖与山东济南府客人李五，永远为主。两言议定，时值价钱白银十二两，其银立契之日，一并交足，外没欠少。如马好歹，买主自见。如马来历不明，卖主一面承当。成交以后，各不许番悔。如先悔的，罚官银五两，予不悔之人，使用无词。恐后无凭，故立此文契为用者。
>
> 　某　年　月　日　　　　　　　立契人　王　某　押
> 　牙　人　张　某　押③

明代以来的家畜买卖契约与此基本相同，明代的日用杂书《五车拔锦》中有当时这类买卖契约的通用样式，

买　牛　契

> ◇处◇人，有家栏◇色牛一头，见年已（几）岁。今来要得银两用度，托得◇人为牙，将前项牛◇样，卖与◇人耕田。得时价银若干，其银当立契之日交足。所卖耕牛自家栏所养生只。倘若来历不明，系◇自认知当，不涉买主之事。恐后无凭，立文为照。

---

① 郑显文：《中国古代关于商品买卖契约的法律文书研究》，《中国经济史研究》2003 年第 2 期。
② 黄时鉴辑点校：《元代法律资料辑存》第 197 页，转引自郑文第 61 页。
③ 《老乞大谚解》，转引自仁井田陞《中国买卖法的沿革》，载《日本学者考证中国法制史重要成果选译·通代先秦秦汉卷》，中国社会科学出版社 2003 年版，第 58 页。

买 马 契

◇处◇人，有梯己◇色骟马一匹，见年几岁。今来要得银两用度，托得◇人为牙，将上项马匹，卖与◇处◇人为主，得时值价银若干。其银随此交足，其马好歹，买主自见。如有来处不明，卖主自管知当，不涉买主之事。恐后无凭，故立马契为照①。

鉴于明清法律所具有的继承性和民间交易习惯的连续性，清代的情形应与此相去不远。从上述契约来看，家畜的买卖契约一般于标的物和价金交付的现场制作而成的。由于交易是即时完成的，而且卖主对家畜本身可能存在的隐性瑕疵（如病患等）的风险要么没有（如上契所言"其马好歹，买主自见"），要么时间很短，因此对交易完成后契约的保管不可能很重视。这应该是我们在明清以来所发现的大量契约中很少见到家畜买卖契约的一个重要原因。

由于官方对牛马等重要畜产买卖契约的规定完全是从征税和军事物资控制的目的出发的，清代的官方法律虽然要求交易双方订立契约，但对其格式及内容没有做出任何限定。如前所述，对于标的物的权利瑕疵的担保责任已经由牙人承担了，而家畜可能存在的病患等隐性瑕疵的担保责任则有双方自行约定了。虽然在明清时期的家畜买卖契约范本中，有"其马（又云其牛）好歹，买主自见"的说法，即由买主负担所有风险。②但在民间交易习惯中，大部分地方都形成了约定俗成的卖主风险负担的期限。如在山西解县，"凡买卖牲畜，于成交后即行过槽，但须卖主承保三日，若无病发，方能交价割税"，在华北的大部分地方，根据不同的家畜和家畜的不同情形，卖主都有5—20天的风险承保期。③

综合来看，虽然清代的法律对于畜产等的买卖契约的格式和内容没有任何规定，但明清以来成熟的田宅契约样式也同样延伸到了这类

---

① 明万历年间《天下四民利用便观五车拔锦》，转引自仁井田陞《中国买卖法沿革》，载寺田浩明编《中国法制史考证》丙编第1卷，中国社会科学出版社2003年版，第30—31页。
② 同上书，第53页。
③ 《报告录》，第382页。

买卖契约上。其基本内容一般包括卖主姓名、出卖事由、标的物的来历、价金的数量及交付过程、权利瑕疵担保等内容。和田宅买卖契约相比，牛马等家畜买卖契约要简单得多，涉及交易方以外的人也很少，一般只有牙人。而对标的物交付后的瑕疵担保，也大多形成了比较固定的符合此类交易特点的担保期限确定的习惯，但一般并不一定都体现在契约内容之中。

第十章

清代的其他财产买卖契约

第一节 国家法对买卖标的的种类限制

在中国古代社会，一般的财产买卖大多采取即时以物或者付款的即时交易方式，交易双方"一手交钱，一手交货"，买卖交易即告完成。除此之外，也有一些赊卖和预付交易的形式。但不管买卖交易属哪种方式，国家法律都没有规定所要采取的法律形式，属于不要式行为。虽然近年来，在甘肃敦煌、宁夏的居延等地方发现了一些和土地买卖契约在形式和内容上都十分相似的汉代衣物买卖契约，但据学者考证，这主要是因为衣物在当时是价值较高的财产的缘故。① 到清代以后，这种情况基本上已经不存在了。

由于一般财产的买卖和国家政权没有任何直接的关系，因而国家法律对其是否采取契约形式放任不理，但由于很多物品是禁止或者限制民间私人拥有的，因此这些物品也就成为禁止或者限制买卖的对象。这种情况在清代社会也是如此。

清代法律限制买卖的对象首先是那些具有或者可能具有军事意义的物品。禁止或限制民间军事物品的买卖在中国古代社会具有悠久的历史。汉代法律就规定"有挟毒矢若堇毒、粹，及和为堇毒者，皆弃市"②。《唐律疏议》也规定，"诸私有禁兵器者徒一年半"，疏议云"私有兵器，谓甲、弩、矛、矟、具装等……其旌旗、幡帜及仪仗，并私家不得辄有，违者从

---

① ［日］仁井田陞：《中国买卖法的沿革》，载［日］寺田浩明主编《中国法制史考证》丙编第1卷，中国社会科学出版社2003年版，第1—5页。
② 张家山二四七号墓竹简整理小组：《张家山汉墓竹简》，文物出版社2001年版，第10页。

'不应为重'杖八十"①。不准私有，自然更不允许在民间自由流通。至明清以来，限制的范围更为规范。清代法律规定：

> 其军民之家（私蓄铜器），除镜子、军器及寺观庵院钟磬铙钹外，其余应有废铜，并听赴官卖。——若私相买卖及收匿在家不赴官者，笞四十。②
>
> 凡军人出征，获得（敌人）马匹，须要尽数报官。若私下货卖（与常人）者，杖一百。军官（私）卖者，罪同，罢职。买者，笞四十。马匹价钱，并入官。（若出征）军官军人买者，勿论。（卖者，追价入官，仍科罪）。
>
> 条例：凡披甲随围，将肥官马偷卖，到家交瘦马者，照窃盗例治罪③
>
> 凡军人（将自己）关给衣甲、刀枪、旗帜、一应军器，私下货卖（与常人）者，杖一百，发边远充军。军官私卖者，罪同，罢职，（附近）充军。买者，笞四十。（其间有）应禁（军器）（民间不宜私有而买者），以私有论。——（所买）军器，（不论应禁与否，及所得）价钱并入官。官军买者，勿论。（卖者，仍坐罪，追价入官。）④
>
> 凡将马牛、军需铁货、（未成军器）铜钱、缎匹、绸绢、丝绢、丝帛私出外境货卖，及下海者，杖一百。⑤

上述物品有的禁止私相买卖，只允许卖给官方，如各类废弃金属，有的则只允许以官兵为买主，如马匹、各类军器等。

受到国家法律严格限制买卖的第二类物品是那些属于皇家专用的"御用"物品。这类物品禁止民间私自制造、拥有和流通。自商周以来，用于祭祀田地神灵、皇族祖先的各类物品就禁止民间拥有。后代法律不断扩大了这类物品的范围，各种天文观测仪器、玄象器物等禁止民间私有和

---

① 刘俊文：《唐律疏议笺解》，中华书局1996年版，第1217页。
② 《大清律例·户律·仓库上·钱法》。
③ 《大清律例·兵律·军政·私卖战马》。
④ 《大清律例·兵律·军政·私卖军器》。
⑤ 《大清律例·兵律·关津·私出外境及违禁下海》。

买卖。类似的法律一直延续到明清时期。《大清律例·礼律·仪制》"收藏禁书"条:"凡私家收藏天象器物(如璇玑、玉衡、浑天仪之类)图谶、(图像谶纬)应禁之书,及(绘画)历代帝王图像、金玉符玺等物(不首官)者,杖一百。并于犯人名下追银一十两,给付告人充赏。"除此之外,"民间织造违禁龙凤文紵、丝、纱、罗货卖者"①,也会受到杖一百的惩罚,而"贩参之贩,所贩不满五百两者",会被处徒刑三年②。"所贩之参至五百两以上者,照偷刨人参五百两以上绞监候例"③。也就是说,那些带有皇家特征和为皇家所独用的物品都是禁止民间买卖的。

第三类受到买卖限制的是一些在我们今天看来对于社会风化有所损害或者会带来严重社会问题的"黄赌毒"物品。这类物品主要包括各种赌具、鸦片和淫秽书籍等。清代法律规定,对于"地方保甲知造卖赌具之人,不首报者"处以杖一百的惩罚④,而"民人贩卖纸牌骰子,为从者"则会被判徒刑三年⑤,为首者受到的处罚自然会更重。鸦片之害在清末几乎成为一个威胁到清政府生死存亡的问题,但早在乾隆五年,法律就明文禁止兴贩鸦片和开设鸦片烟馆,对"兴贩鸦片烟及私开鸦片烟馆之船户、地保、邻佑人等"处以三年徒刑⑥。明清以来,在民间社会广为流传的色欲小说也被法律列为禁书,禁止民间买卖,"淫词小说买看者"会被杖一百⑦。但很显然,相对于其他受到买卖限制的物品来说,色欲小说等书籍买卖的法律干预是很无力的。所以"色欲小说在清代屡屡列为禁书,虽禁而其流传仍滥,实是天高皇帝远,民间刊刻售卖者,不绝于途。"⑧ 这点我们从明末到清流传下来的众多文学作品中也可以明显看出来,"情欲小说之普遍流行民间,官方禁制只是徒劳"。

古代社会最迟至汉代以来就长期对盐、铁、酒、茶等日用必需品实行专卖政策,因此这些物品自然也不准私人私自生产、买卖。至明清时期,

---

① 《大清律例·总类·杖一百·工律》。
② 《大清律例·总类·徒三年·刑例》。
③ 《大清律续纂条例》卷二《刑律》。
④ 《大清律例·总类·杖一百·刑律》。
⑤ 《大清律例·总类·徒三年·刑律》。
⑥ 《大清律例·总类·徒三年·兵律》。
⑦ 《大清律例·总类·杖一百·刑律》。
⑧ 王尔敏:《明清时代庶民的文化生活》,岳麓书社2002年版,第147—170页。

专卖的范围有所缩小，主要对盐和茶实行专卖。① 前人对此论述颇多，故本文对此提及而过。

从种类上来看，和历代封建王朝一样，清代国家法律对一般财产买卖的限制主要是基于政治的和军事的目的。除了国家的专卖产品外，其他的物资和人们生活的关系并不是太大。而且国家也把违犯这类规定的行为定性为严重的刑事犯罪而给予严惩。因此，这些规范得到了较好的遵守，我们现在也绝少发现关于上述违禁品进行买卖交易的任何资料。

第二节　民间的契约实践

虽然清代国家法律对一般财产买卖没有任何契约方面的要求。但从契约实践来看，人们是否就其买卖交易订立契约和标的物的价值以及交易可能持续的时间长短有着密切的关系。如在沿江沿海地区，船是具有重要价值的生产生活用具，因而在交易时一般会订立契约，其格式及用语和田宅等买卖契约十分相似，典型契约如下：

> 立尽卖契孝仁里人林公道，有祖父遗下溪北澳渡船壹只，九分应一分，前年出典本兄公馨，契价银拾五两正。今因缺用，自愿托中将溪北澳渡船九分应一分立契尽卖与公众捌分为业。三面议定，实值时价九五色广，星银壹拾叁两正，合前典赎回银壹拾五两正，并嘉庆捌年渡船壹只被公道漂流损失，公议赔银贰拾两正。其银即日同中交足，其渡船应分一分即听公众赎回管掌自便。此船系是自己应分物业，与别房叔兄弟侄诸人无干。在先不曾典挂他人财物。保无交加不明等事。如有此色（事），系是公道支当，不干公众之事。今欲有凭，立尽卖契为照者。
>
> 本日实收契面银两交关足讫。
>
> 　道光六年贰月　　日　　　　　　立尽卖契人林公道　　（花押）②

而在以林业经营为主的山区，树木具有重要的经济价值，因而木材的

---

① 郭建：《中国财产法史稿》，中国政法大学出版社 2005 年版，第 45 页。
② 福建师范大学历史系《福建经济契约文书选辑》，第 777 页。

买卖也多有契约留下，如在贵州的锦屏等地方就有大量的清代林木买卖契约被发现①。除此之外，如果交易持续的时间比较长或者存在交付等风险的话，双方订立契约的可能性也比较大。其情形如下列契约所示：

> 立承揽买树文字人某某，今央中说合，承买某某名下某树几株，言明价钱若干，先交钱一半，下短之钱伐树后一并清交。若伐树时被人拦阻不能砍伐，惟卖主是问，管包一切花费；倘或伐树将人房屋损毁，买主管为补修，不与卖主相干。此系两家情愿，各无异说。恐口无凭，特立承揽字据为证②。

而在民间的买卖交易习惯中，如果是现货交易，一般很少订立契约，而如果是期货交易的话，则大都会订立契约，如在上海的交易习惯中，"查棉花交易，凡系期货，必定合同，以资信守；如系现货，一方交银，一方交货，只凭栈单，不定合同"③，丝厂下脚、丝头等货，也是"如售现货，不立成单，而定期交货买卖，需立方单为证，并由买主预付定银"④。虽然这里所说的合同已经带有更多的现代民法的色彩而和中国传统的契约存在很大区别，但其发生的场景并未有本质的变化。

由于国家法律对于除田宅、奴婢、畜产等以外的财产买卖并没有订立书面契约的要求，因此在民间的契约实践中，简便易行的口头契约就成为一种比较常见的契约形式。当然，我们必须要强调的是，中国古代契约发展史上的口头契约和西方民法史上的口头契约具有很大的差异。在罗马法的历史上，口头契约是要式契约的一种，是一种必须履行法定的方式才能得到法律保护的一种契约形式。口头契约中最重要的一种是要式口约，它是双方当事人用特定的语言经问、答相符而订立的契约，要约者是债权人，承诺者是债务人。⑤ 但在中国古代的契约史上，并没有经历过类似于罗马法中的要式契约、要物契约和诺成契约等阶段。因而，在中国法律史

---

① 梁聪：《清代清水江下游村寨社会的契约规范与秩序》，第89页。
② 《报告录》，第394页。
③ 张家镇、孟森等编纂、王志华校校：《中国商事习惯与商事立法理由书》，中国政法大学出版社2003年版，第519页。
④ 同上。
⑤ 周枏：《罗马法原论》商务印书馆1994年版，第715—718页。

上，口头契约主要是就契约的订立方式而言的，是一种和书面契约相对应的契约形式。

由于史料的原因，对于清代的口头契约我们无法进行具体的探讨。但可以推测，由于口头契约的方便与简易，其在当时的社会生活中应该是大量存在的。当然，口头契约最大的缺陷就是一旦发生纠纷，就会出现取证比较困难的问题，契约双方可能会对契约订立的依据、契约中约定的权利义务等内容各执一词，让人无法辨明真相。因此，口头契约更多的是在买卖双方比较熟悉、对彼此的信用比较了解的情况下使用的。如在上海的靛青买卖中，"对于素熟之客家，及有信用之客人，均凭口头说合，一言为定。否则亦订立契约，作为凭证者，大都视其人之能否信任为转移耳"，这一习惯也存在于棉花、丝蚕、烟叶等各类货物买卖中[1]。

口头契约的使用，一方面和商品经济的发达程度以及人们的信用意识强弱有密切关系外；不过，作为另一极，在经济文化水平比较落后的地区，人们也可能更倾向于使用口头契约。民国初年进行民事习惯调查时发现，在奉天省的台安、通化、怀德等县，民间雇佣关系的形成均系口头契约，"雇佣、雇主意气相投，雇用觅妥承保，与佣主晤面，一经意思表示，口头契约即行成立。嗣后雇佣无论有何等行为，承保人亦负其责"[2]。而在黑龙江的胪滨县"若蒙人买卖，纯系口头契约"[3]，察哈尔商都等县，"民间交易，率多口头契约。买卖牲畜，恒有言明半年后始行交钱，或分期递交，数月后始行交清者，均无字据"[4]。基于买卖交易的口头契约应该和雇佣契约多有相似之处。

而在很多少数民族居住的地区，一般财产买卖自不必说，即使国家法律要求必须订立书面契约的土地房屋买卖，也多不采取书面契约的形式。如甘肃循化等县，"番民居多，买卖田宅，按照番规，惟以宰羊、诵经为凭，并不书立契约"[5]。这里买卖交易的成立还带有浓厚的仪式化的色彩，这除了和这些地区人们的宗教信仰因素有关外，还体现出在田宅很少流通的情况下人们对田宅买卖行为极端的重视，并以宗教信仰为约束来保证交

---

[1] 《中国商事习惯与商事立法理由书》，第518、519、521页等。
[2] 《报告录》，第359页。
[3] 同上书，第89页。
[4] 同上书，第604页。
[5] 《报告录》，第591页。

易中双方的诚信从而使交易顺利完成。这种情形和古罗马法上的要式契约的发生也多有相似之处,"因为古代罗马人习惯于宗教仪式,对缔结契约也不厌其烦,只求可靠和踏实","这是因为当时经济不发达,经济活动多在部落内部进行,交易很少,是自给自足的自然经济","严格注重形式适应了古代经济文化发展的状况,是具有一定的合理性的"①。这种解释对清代为数不少的民族地区的买卖契约不采用汉族文化区常见的契约形式而以其他方法替代的情形也可以说是完全适用的。

同时,由于清朝统治者并没有将适用于广大汉族地区的法律法规不加区分地统一适用而强行推行到各少数民族地区,而是在尊重各地区民事习惯的基础上制定了一系列的民族特别法,如《理藩院则例》《回疆则例》《西宁青海成例》等。这些针对民族地区制定的法律法规虽然以行政法规为主要内容,但也涉及经济宗教等方面。在有清一代制定民族法律法规时,一直都秉持"因地制宜""因时制宜"的民族立法政策②,因此我们可以想见上述通行于民族地区的具有自身特点的买卖契约方法也是基本被认可的。

由于口头契约的自身特点,因此可以预料,在契约发生变更或者纠纷时,证人的作用是最关键的,除了强调信用因素以外,证人在口头契约中的意义比书面契约更为重大。在民间的交易习惯中,"如系口头预约,只须证人确凿,买方逾期不履行(价银交付)",则卖方的标的交付义务"依照习惯亦当然消灭"③。而在买卖交易过程具有仪式化色彩的少数民族地区,非书面的买卖契约的有效性保证更多的来自其宗教意识和神灵敬畏。

---

① 周枏《罗马法原论》,第715—716页。
② 关于清代民族立法的情况以及民族立法的宗旨可详参刘广安:《清代民族立法研究》,中国政法大学出版社1993年版。
③ 《中国商事习惯与商事立法理由书》,第528页。

第十一章

余论：变化尚未真正发生

——清末修律背景下的买卖契约

中国社会自鸦片战争以来，整个社会陷入重重矛盾之中，清王朝的统治政权也处在风雨飘摇几欲崩溃的边缘。自然经济的逐步解体和资本主义商品经济的渐次发展、传统观念的转变和西方法学思想的引入都成为清末法律变革的重要内部动因。① 而处理日益增多的中外纠纷和期望收回治外法权的现实需要则成为清末修律的最直接外部动因。在此情形之下，清朝统治者发出了"世有万古不变之常经，无一成罔变之治法"，"法令不更，锢习不破，欲求振作，须议更张"的上谕，由此拉开了清末变法修律的序幕。② 光绪二十八年（1902），清廷正式委派沈家本、伍廷芳筹划制定新律事宜。光绪三十二年（1907）四月，当时的清廷民政部速定民律。随后，清廷以沈家本、俞廉三、英瑞为修订法律大臣，后沈家本又奏请聘用日本法学博士松冈义正等协助起草包括大清民律草案在内的各部法律。还要特别值得提出的是，在修订民律草案之前，在修订法律馆的主持下还遴选馆员分赴各地调查民俗习惯，作为修订民律草案的重要参考。虽然由于种种原因，新民律草案民俗习惯调查的结果并无明显的吸收，但这种制定民法典的态度是让人敬佩的，其思路也是值得我们今天在制定民法典时好好反思的。《大清民律草案》初稿于宣统二年（1910）十二月完成，后又逐条添附按说，说明立法理由，于宣统三年（1911）九月初五日正式

---

① 李倩：《民国时期契约制度研究》，北京大学出版社2005年版，第49—57页；张晋藩：《清代民法综论》，中国政法大学出版社1998年版，第239—248页。

② 张晋藩：《清代民法综论》，中国政法大学出版社1998年版，第241页。

编纂完成。① 可惜还没来得及正式颁布施行，清政府就旋告覆灭。

《大清民律草案》虽然没有正式实施，但它却是中国民法史上具有划时代意义的历史转变。它彻底改变了中国传统的律令敕例集成式的大一统法律形式，采用甚至可以说是照搬了西方所有法律概念和法律体系，这也自然使其蕴涵着西方民法所表达的自由、公平、正义等民法理念，其对欧陆先进的民法制度的吸收也为中国民法的近代化和现代化奠定了基础。

契约是民法中最重要的概念也是最重要的内容之一，而买卖契约则又可以说是契约的核心内容之一。因此，借鉴西方最先进之立法经验的《大清民律草案》的内容自然涵盖了买卖契约所涉及的各种要素，它们广泛地分布在总则、债权、物权等各编中。在此，我们只结合前文论述的相关内容对《大清民律草案》（以下简称《草案》）中的内容作一简单的对比分析。

第一，在契约主体的适格问题上，草案以行为能力作为契约主体适格的标准，这和清代旧法律以个人身份为主要的契约主体适格标准显然是天壤之别。《草案》第7条规定，"有行为能力人始，有因法律行为取得权利，或担负义务之能力"，"达于成年兼有识别力者，有行为能力，但妻不在此限"（第9条），"满二十岁者为成年人"（第10条）。这是草案所贯彻的个人主义本位和中国传统法律以家族为本位形成鲜明对比的典型体现。但是，如上所述第9条及第26—30条将妻子作为限制行为能力人加以规定，又充分体现了男尊女卑、夫为妻纲的传统影响。②

第二，在宣统元年颁行的《大清现行刑律》中规定"凡从前旗下家奴，不论系赏给、投充及红契、白契所买，是否数辈出力，概听赎身，放出为民。……其未经放出及无力赎身者，概以雇工人论"③。这就从法律上废除了在中国盛行几千年的奴婢制度。自然也就宣告了奴婢买卖为非法。这无疑对传统买卖契约产生了重大影响。同时，《大清民律草案》也引进了西方天赋人权的思想，规定"权利能力于出生完全时为始"（第5条）、"权利能力及行为能力不得抛弃"（第49条）、"自由不得抛弃"

---

① 杨立新点校：《大清民律草案民国民律草案》之《中国两次民律草案的编修及其历史意义——〈大清民律草案、民国民律草案〉点校说明》，吉林人民出版社2002年版，第5—7页。
② 张晋藩：《清代民法综论》，中国政法大学出版社1998年版，第255页。
③ 《大清现行刑律》卷五，《户役》。

（第50条）以及对人格权的种种保护，这在法律上也当然否定了一切人身买卖，包括父母对子女人身的买卖。

第三，《大清民律草案》正式在法律上视契约为最重要的法律行为，"契约，古来最重要之法律行为……"，"由二人以上之意思表示合一，而成之法律行为也"。① 并在债权、物权当中对买卖契约的成立、生效、解除、撤销等作出了详尽的规定。这就确认了契约一经成立，在当事人之间便有了相当于法律的效力，当事人可以按照自己的意志而设定权利义务关系，这也是西方契约自由原则的内涵，而中国长久以来的"官有政法，民从私契"的说法起码从契约内容来说与此是基本趋同的，在前文的论述中已经有所提及，即使是司法官吏在审理案件时也只是主要关注契约的真伪，而对契约的内容一般很少主动干预。

第四，《大清民律草案》采取了西方民法中严格的物权法定主义。即以转移物权为目的的买卖而言，"依法律行为而有不动产物权之得、丧及变更者，非经登记，不生效力"（第979条），"动产物权之让与，非经交付动产，不生效力"（第980条）。就清代最重要的田宅买卖而言，这显然否定了民间"白契"在转移所有权上的物权效力。② 不动产物权登记的根本目的在于保护不动产物权的"动态安全"，即交易第三人也就是整个交易秩序的安全。从当时的社会需要来看，这一点并不具有紧迫性。因为在整个清代社会甚至直至民初，中国社会经济依然是自然经济占据着绝对的主导地位，这种经济形态决定了社会更注重的是对不动产物权安全"静态的保护"。更为重要的是，在不动产物权尤其是所有权变动还相对比较缓慢的时候，清代民间已经以自己的方式满足了对"动态安全"保护的需要。这包括以一系列老契所组成的交易链条的证明、以广泛的第三方群体所组成的担保以及各具地方特色的交易"公示"等，而当这种保护偶尔出现运行故障时，官方所大力倡导的非讼解决方式也将官方的干预排除在外，这就使民间得以完成故障的自我修复。从官方的立场来看，正如民国时期的大多数法学家所说的那样，"实施新法（指《大清民律草案》）以前，所应准备的事项极多，举其

---

① 《大清民律草案》第201条按语，转引自李倩《民国时期契约制度研究》，第58页。
② 根据现代民法理论，不动产买卖契约在出卖人和买受人之间的债的关系是依然有效的，它标志着买受人获得的是对人属性的债权，而经过登记之后，则意味着物权行为的完成，买受人获得了对世性的物权。

著者，如土地登记不行，则物权法之规定直同虚设"①，可见他们也认为清代所实行的黄册、鱼鳞册以及税契和税粮过割制度是不能和物权登记制度同日而语的。在此情形之下，新法即使能够颁行，能否真正在实践中执行则显然大有疑问。

最后，在清代民事活动包括买卖交易中广泛存在的习惯问题，《大清民律草案》体现出其不成熟甚至是矛盾性。由于和买卖契约密切相关的总则、物权、债权三编为日本法学士松冈义正所起草，编制大体以日本明治二十九年（1896）民法为蓝本，同时参考了德国和瑞士的民法，律文贯穿了世界民法的基本精神，也吸收世界各国成熟民法的普遍理论，赋予了习惯（法）较高的法律地位，"民事，本律所未规定者，依习惯法；无习惯法者，依法理"（草案第1条），但其对中国旧有的习惯却基本没有采纳。② 如在中国普遍流行的如先卖权、老佃（相当于田皮）等习惯都未置一词。因此，就与买卖契约关系直接的草案前三编来说，民初以来的学者总体上都认为该法案"不足以应时势之需求"，对中国社会固有的民事习惯和习惯法采取了漠视的态度，与当时社会的发展程度也不适应。③ 整个法典与当时的社会生活存在很大的距离，难以被社会接受。

黄宗智也认为"清朝倾覆后几乎整整二十年，其经过修订的旧法典的民事部分也一直被新民国保留下来援用为正式民法，这一常被忽略的事实强调了旧律例中所含的民事内容，虽然它本身一直自我表达为极少考虑'细事'的刑法"，"这些民事条例能继续使用也表明即使在帝制结束之后，它们也仍切合20世纪中国的社会条件"。④ 因为全新且极不相同的新法典（指《大清民律草案》——笔者注）还未经试用，而经过修订的旧法典则考虑到中国的现实，"允许有一段过渡时期也许更行得通"⑤。而修订后的法典（指的是1910年颁行的《大清现行刑律》）的主要变化在于对一系列的旧式刑罚的废除以及满汉同罪易罚等内容，在民事方面除了不

---

① 江庸：《五十年来中国之法制》，转引自李卫东《民初民法中的民事习惯与习惯法——观念、文本和实践》，中国社会科学出版社2005年版，第186—187页。
② 李卫东：《民初民法中的民事习惯与习惯法——观念、文本和实践》，第180页。
③ 同上书，第186—187页。
④ 黄宗智：《法典、习俗与实践：清代与民国的比较》，上海书店2003年版，第15页。
⑤ 同上书，第19—20页。

再使用与六部相对应的章节标题外,其他变化并不显著。的确,从当时的社会现实来说,民初的民事法律不以全新的"先进"的甚至激进的《大清民事草案》为依托显然是一种务实的选择。从本书所考察的买卖契约来看,即使是在西方法律思想全面涌入中国的时候,清末民初的社会现实并没有发生显著的改变。民初进行民事习惯调查时所发现的在订立买卖契约中所普遍流行的长久的各种习惯、以子女为标的的人身买卖的现实存在,即使是民初的契约文本也几乎和整个清代社会其他时期的契约文本毫无二致。我们在此仅据一例以说明之。

陕西国税厅筹备处契纸[①]

立契出卖民地文字人张××,因为不便,今将自己祖业民地一段,南北畛计地四亩正,其地东止张益,西止壕畔,南止小路,北止大道,四止分明,情愿出卖于张井名下,永远为业。同中言明,卖价清钱二十八串文正,当日钱地两清,并不欠少,地内差粮照数过割输纳。若有本族人等争论者,有福仓一面承当。恐后无凭,立契为证。

中见人　　张×　　　　李××　　张×
中华民国二年十一月九日验换

如果不是该契约上所标明的时间提示,我们完全看不出它和清代的契约之间有什么不同。

通过近年来涌现的对清末民初中国法律现代化初期的丰硕研究成果[②],我们看到和传统社会国家法对民间契约秩序尤其是其中的契约习惯所采取的不主动干预的思路不同,"从民初法律观念和实践的角度看,(近代)国家表现出强烈的控制社会的主观愿望和行动倾向"[③]。体现在法

[①] 杨立新点校:《大清民律草案民国民律草案》之附录《清代及民国法律文书选》,吉林人民出版社2002年版,第428页。

[②] 与此直接相关主要著作包括朱勇《中国法制通史》(近代部分)第9卷,法律出版社1999年版;张生《民国初期民法的近代化》,中国政法大学出版社2002年版;何勤华、李秀清《外国法与中国法——20世纪中国移植外国法反思》,中国政法大学出版社2001年版;何勤华主编《法的移植与法的本土化》,法律出版社2001年版;李卫东《民初民法中的民事习惯与习惯法》,中国社会科学出版社2005年版。

[③] 李卫东《民初民法中的民事习惯与习惯法》,第264页。

制建设上,就是力图将民间的交易秩序积极整合进国家法的框架之中。在这个过程中,民初舍弃激进的(就前三编来说)《大清民律草案》而以修订后的旧律典为基本准据,是深知民间既有秩序的巨大惯性及其在幅员广阔的中国社会的复杂性绝非一纸立法就能见效的务实之举,采取以大理院判决例的方式对民间秩序中的习惯加以甄别并渐次使其与国家法相融合的策略无疑是较为明智的。

不过,回到本书所论的时段来看,就和买卖契约直接关联的民事秩序来说,这个过程刚刚开始拉开序幕,实质的进程还没有开始。这也是我们看到清末无论是买卖契约的文本还是整个契约秩序都无法感受时代气息的原因所在。

结　语

　　契约文书的使用在中国有着悠久的历史，明清以来的社会更是处处可见契约文书的广泛存在，在举凡买卖、借贷、租赁、合伙、抵押、分家、立嗣乃至互换房地等社会经济活动中，人们都倾向于以契约的形式作为确立双方权利义务的证据。而其中最常见的就是买卖契约了。从某种程度上说，由于买卖契约不仅关涉到民间的经济生活秩序，而且由于其在清代国家的财政税收中具有重要的地位，因此，买卖契约是我们考察清代国家法和民间交易习惯之间关系的最佳结合点。虽然"官有政法，民从私契"的说法在中国古代社会由来已久，但我们显然不能对此作太过表面化的想当然式的理解。"民从私契"之语，从国家法的角度上说，乃只是国家法对民间契约的内容不作干预，任由交易双方自行约定，有点"内容自治"的意味，但仅仅是内容。而事实上我们也看到，其实就是契约的形式和具体内容也往往和国家法有着或显或隐的联系。如果我们再将目光投向整个契约的订立过程，那么国家法的影响将得到更为全面的展现。而清代民间交易秩序的形成正是以此为基本途径和主要背景的。

　　从总体上看，清代国家政权对民间买卖契约的法律规范还是相当重视的。对民间重要财产的买卖，从买卖交易契约所要采取的形式，到买卖契约订立的主客体及其交易的程序，都有相当详细的法律规定。这些法律规范除了诉诸地方官吏司法实践外，最重要的途径应该是通过官经纪——牙行和牙人——来推行。不过，由于其法律规范的最终目的仍然停留在维护国家政治稳定和税收收入的最大化的层次上，而没有着眼于以法律手段建立有效的财产流通秩序，因而，其关于买卖双方的具体权利义务的法律规定几乎付之阙如。而以刑罚手段处分买卖交易中的违法行为依然是其力图维持民间买卖交易正常进行的最主要的途径。在这种情况下，买卖双方自然都竭力私下完成交易，尽量避免国家权力的介入所带来的损失和麻烦。体现在买卖交易实践中，就是极其重视交易第三方的重要作用。以致给我们留下一个深刻的印象，即中国古代的买卖交易似乎并不仅仅是交易双方的事，而是一个卖方—买方—中间第三人的三方契约。① 而且，国家法律处罚的严厉程度以及交易风险存在的可能性也和第三方担保形式的复杂性存在一定的正相关关系。通过对奴婢买卖契约的分析我们就发现，其交易价格一般并不高，但其担保形式却比田宅买卖交易来得更为正式和复杂，作为担保人的第三方不仅要在买卖契约上签字画押，而且往往还要单独另外订立一份担保文书。这显然是买主在面临比较大的风险时所能采取的最经济最有效的自我保护措施。而在牛马等畜产买卖交易中，国家法律只问缴纳契税与否，其他事项均不过问，因而交易担保一般仅及牙人为足，相关的风险承担问题也只是在契约中简单提及，有时甚至并不体现在契约文字中，而是按照当地的一些通行习惯处理。当然，在田宅买卖交易的情景中，我们才能对清代民间契约实践对国家法律的反应以及国家法律和民间契约习惯的相互关系有进一步深入的了解。

　　日本著名学者岸本美绪在介绍美国经济学家斯各特的研究成果时，引述了斯各特在《农民的伦理经济》开头的一句话，"这项研究的主题是农民的政治行动和反抗的基础，其出发点在于把生活在农村的人们的处境比喻为'就像一个男子不得不长久地站在深至脖颈的水中，即使只是小小的风浪也可能使他溺死'的的描述"。并认为"水淹至颈"的比喻可以用来形容中国传统社会。② 那么，在这种"水淹至颈"的生存状态之下，人们是通过一种什么样的方式来抵御可能发生的风浪呢？在发生了风浪之后，他们又是通过什么样的途径来尽量避免遭受灭顶之灾的呢？通过对清代田宅买卖契约的考察，我们似乎能够得到一些启示。斯各特在分析东南亚的农村社会的时候，把"互酬性的规范与生存的权利"这两个伦理原则作为构成农村社会"小传统"的真正要素来加以分析。③ 从斯各特的这一思路出发，我们可以说，清代买卖契约的秩序尤其是事关农民生存的田宅买卖秩序的确具有色彩强烈的"生存权利"诉求意识。在清代的中国，

---

① 李倩：《民国时期契约制度研究》，北京大学出版社2005年版，第33页。

② ［日］岸本美绪：《伦理经济论与中国社会研究》，载《明清时期的民事审判和民间契约》，第346—347页。

③ 同上书，第331页。

这种意识不仅体现在以契约为主要的承载方式而建立的所谓"小传统"上，而且它还在很大程度上对统治者的角色及其法律的制度和实施起着重要的影响。

从我们对清代田宅买卖契约中所涉及的绝卖、活卖形式的考察来看，任何一种交易形式都没有在绝对的意义上断绝买卖双方的权利义务关系，相反，双方还以土地交易为纽带，在很多时候被绑在了一起，使他们站在了"一条船上"。正是由于无论绝卖也好，还是活卖和典也好，土地所有权的变动虽然遵循着由原业主向新业主的方向运行趋势，但这种运行往往显得那么持久，以致于双方会由此而将彼此的生活联系在了一起。对于卖主而言，当他在经济上走投无路的时候，他获得了某种意义上的"求助对象"，而对于买主而言，当他觉得对卖主的"援助"还可以接受的时候，卖主的找价请求就可以得到实现，而当他觉得已经到了不能接受的时候，他可以选择要求卖主赎回该地。清代乡村生活的语境，交易中中保等有"面子"的人物的斡旋，亲族周围其他人基于同情弱者的劝说，都是助成这种交易秩序能够运行下去的重要因素。由此，清代的农民不仅生活在以血缘、地缘为特征的共同体之中，而且以土地为核心的交易还会使原本关系并不密切的彼此变得如此"亲近"，虽然有时这种"亲近"让其中的一方觉得厌恶。

站在清代国家法律的角度审视清代的民间契约秩序，为我们所普遍熟悉的"官有政法，民从私契"的说法并不能理解为国家法律对民间契约行为的完全放任不理，从国家法的立场来说，"民从私契"乃是着眼于契约的具体内容而言，但就契约的订立程序而言，国家实际上则是力图使契约活动"从官之政法"的。我们可以看到，对清代的国家政权来说，出于征税和管理的需要，国家法律一直在朝着尽快清除买卖双方之间"斩不断"的关系的方向努力，并力图将民间的契约实践活动置于国家视野范围之内。但是，由于清代国家法律关注的核心是维护国家的税收制度，契税的缴纳程序也好，税粮的过割程序也好，并不是具有严格法律意义的产权转移登记，因此也就不能起到在程序上宣告买卖交易终结，买卖双方的权利义务关系完全消失的作用。更为极端的是，如在田宅交易的找帖环节，由于有的地方官员过度地关注于国家税收的实现和地方政府财富的增加，当交易当事人的找帖行为和地方政府产生瓜葛的时候，即使那些完全背离国家法律规定的找帖行为也会因为官方力量的介入而得以实现。这无疑使国家法律的严肃性在实践中大打折扣，对民间的交易习惯也会起到无形的加固。在此状况之下，清代民间的买卖契约尤其是田宅买卖契约自然要比官方设想的程序复杂得多，交易的持续时间也远远超出人的想象。清代社会所保有的浓厚的血缘、地缘特征，最重要的土地房屋交易的"村级市场"，以及前述"互酬性的规范和生存权利"的伦理法则，成为影响清代契约秩序的关键性因素。更普遍的是，在司法实践中，地方司法官吏往往都对那些不合国家法律的精神或者国家法律没有规定的契约习惯采取认同或者并不主动干预的态度。事实上，就是最高统治者在买卖交易中土地所有权的转移是否有效的这类最有代表性的问题上，也体现出摇摆不定的态势。这在如何处理农民因受天灾绝卖土地之后是否能够回赎的问题上表现得尤为明显。在遵循经济法则还是生存权利的道德法则之间，虽然精英阶层还存在一些不同的认识倾向，但后者显然具有主流意识的味道。而这是和中国长久以来的"民本意识"和"道德政治"息息相关的。这种判断标准的模糊性也无异为民间习惯的生存留下了巨大的空间。

田宅买卖中的先买权问题，是彰显国家法律和民间习惯之间相互关系的又一个重要方面。清代社会先买权的普遍存在，不仅没有因为官方法律的废除而有所削弱，相反，先买权所涉及的群体还进一步得到扩充，不仅自唐宋以来就一直存在的亲族、房邻、地邻、典权人、承佃人等的先买权，而且还延伸到原业主、甚至原业主的宗亲等群体。这正充分说明，只有当法律符合人们习以为常的习俗和惯例时，才是行之有效的，而违背习俗和惯例的结果，必然是效力低下的，直至"提供保障的强制权力往往终于不再强制实行这种法的规则"。① 法律与习俗发生冲突，战败的往往是法律。结合清代民间买卖契约的实践，我们能够看出，清代国家法律本身所具有的内在缺陷也是其实际效果差强人意的重要原因，其中最突出的就是国家法的非系统性和非自洽性。这种非系统性和非自洽性的表现是全方位的，在纵向上，就是在时间上具有继起关系的法律缺乏逻辑性，有时甚至还多有矛盾之处；在横向上，不同类型的国家法之间也多有龃龉之处；在层级上，地方法规和中央法律法规也往往存在一些差别；而在司法领域，不同程度的偏离甚至违反国家法判决的情形更是普遍存在。而通过对清代国家赋税的征收方式和先买权的扩大之间的关系的考察，我们还看

---

① ［德］马克斯·韦伯：《经济与社会》，林荣远译，商务印书馆1997年版，第370页。

到清代的国家法和其他相关政策也缺乏必要的协调性。在此情形之下，国家的权利运作过程还往往能够催生一些新的民间交易相关习惯，尤其是在国家和社会的利益存在博弈的情形下。一桩交易多张契纸，以"归并约""老典约"等替代田宅买卖契约，"四至"的模糊性，契约内容的片面性，以及在税粮过割中出现的种种民间习惯，可以说都使国家和民间社会的利益博弈息息相关。垦仆·亚伦在评论梅因的《古代法》时，认为"毫无疑问，早期的判决，不论是国王的或是祭司的，不论是纯粹世俗的或是幻想为神灵所启示的，在确定习惯的形式、范围以及方向上，确有很大的影响"①。当清代国家法律对买卖契约中相关习惯作出否定的时候，有时却伴随着其在司法实践和行政运作中的无形支撑，此时我们就能看到法律条文的无力和国家行政司法实践对交易习惯强力影响所形成的鲜明对比。而当国家法律的立足点在于规范民间契约中的各种利益分配时而非索取利益时，国家的各种法律和行政规定一般都会在民间得到认同，或者会演化和与此相类似的地方习惯，如对中费的相关规定便是一个典型的例子。

不过，对于国家法律和民间契约秩序的关系的认识，我们也不能仅仅停留在刺激—反应的层面上。以最重要的田宅买卖契约来说，中国古代社会自明代以来就确立了土地的所有权登记制度，"明代黄册以人户为母，田土为子，备载各地户主姓名、乡贯、役籍以及户下的人丁事产：田塘、山地、房屋、畜产，并且规定，财产的买卖和产权的转移等须登录在册，再配以鱼鳞图册，'土地之讼质焉'"。② 这些制度也为清代所继承。然而，这种所有权登记制度的出发点及其目的并不是保护民事权利，而是在于维系国家的税收制度。③ 产权转移的有效并不以官方的登记为充分要件，有权处分财产的卖主写给买主的契约文书才是最重要的产权持有证明。同时，由于借助于国家登记公示所带来的交易成本大幅度提高的风险，民间以自己的方式满足了田宅产权转移所必需的"公示"。先问过程中所起到的宣示功能，广泛的第三方参与人所起到的担保和"公示"效果，以及一些简单直白、形式多样的民间"公示"，由老契所组成的交易链条的强有力的证明，都为产权的顺利转移提供了有效的保证。原始契据的民间自

---

① ［英］梅因：《古代法·导言》，沈景一译，商务印书馆1959年版，第15页。
② 张晋藩主编：《中国民法通史》，福建人民出版社2003年版，第827页。
③ 朱勇主编：《中国的民法近代化》，中国政法大学出版社2006年版，第237页。

我获得更说明了国家产权登记制度的权威性在民间的缺失。而标的存在他物权时的民间交易规则和现代民法的几近雷同也充分说明了清代民间"自生"契约秩序的可能性和合理性。可见,在国家法不能为民间交易提供高效而成本低廉的秩序保障时,民间完全可能以自己的方式寻找到解决问题的途径。而当民间交易发生纠纷而又缺乏国家权威的介入时,清代国家所大力倡导的田土纠纷的"非诉讼"解决也了却了当事人的后顾之忧。

在国家法的背景之下,将清代的买卖契约文本放到民间的习惯之中,通过展现完整的、动态的清代买卖契约风貌和运行秩序。我们看到,在对官方法律的反馈中,民间自生了一系列重新安排契约双方权利和义务的习惯行为。从现象上看,这些习惯更多的只是一些"事实",而不是"规范"。但是,"在'事实'和'规范'之间,'实然'与'应然'之间,应该也不是二元对立的截然二分的。事实意义的'事情',久而久之会形成习惯,而有其规范人心的作用,变成规范意义的'人情',这就是耶利奈克所谓的'事实所具有的规范力';相反地,规范意义的'人情',久而久之会产生具体事实上的影响,变成事实意义的'事情',这就是瑞宾德所谓的'规范所具有的事实力'"。① 理解了这一点对于深化我们对中国传统民事法秩序的认识具有重要意义。

从清代买卖契约自身的发展特点来看,由于缺乏抽象的所有权主体,因而每个人是否具有独立的契约主体资格和其家庭结构及其身份存在密切的关系。如果说清代国家法规定了一个普遍的抽象的契约主体的话,那就是"家长",而这显然是以维护家族制度和尽量减少田宅产权移转为出发点的和最终目的的法律制度。但社会生活的复杂化,尤其是清代社会所出现的土地产权的高频率移转大大突破了国家法的限制,使契约主体呈现出丰富多彩的状况。而清代民间契约格式的固定化、内容的"形式化"及其"不对称性"一方面反映了中国传统契约发展到清代社会以后所展现出十分成熟的一面,另一方面我们也看到这种内容"形式化"和"不对称性"也同样和国家法的干预之间有着或明或暗的联系。契约格式的固定化自明代以来就已基本形成,这从明代坊间广泛流传的日用杂书中关于各类契约的契式就足见其一斑。就清代田宅买卖契约内容的形式化而言,

---

① 林端:《韦伯论中国传统法律——韦伯比较社会学的批判》,台湾三民书局2003年版,第89页。

我们在前文的论述中可以看到，从契约中买卖双方的姓名的签署方式，到契约中"物"的界定以及"权"的来源等方面的内容在很大程度上都只是一种形式化的语言，而并没有多大的实际意义。相应地，官方在办理产权转移程序和进行有关的田宅买卖诉讼时，主要关注的是契约是否具有书面形式、是否是双方的"合意"以及契约的履行是否诚信地进行，而契约内容是否客观上公平合理则不在其考虑范围之内。而这也不能否定清代契约主体的双方在经济上的平等性，因为我们在清代几乎所有的契约中都能看到"此系二比情愿，并无逼勒等情"的话语。即使从现代民法理论看来，"对特定商品究应付多数价金，始称公平合理，涉及因素甚多，欠缺明确的判断标准，现行民法基本上采取主观等值原则，即当事人主观上愿以此给付换取对待给付，即为已足，客观上是否相当，在所不问"[①]。而在标的物的界定的"模糊性"以及契约中买卖双方信息的"不对称性"上，我们再次看到了在国家法的影响刺激之下民间的规避和自我保护。

  总而言之，通过对国家法背景之下的买卖契约的考察，我们可以发现清代国家法对民间契约干预的简单化和民间契约样态复杂化的鲜明对比。究其原因在于清代国家对民间契约的规制呈现出强烈的"公法化"特征，其对民间契约规制的出发点主要是着眼于契税征收的最大化、税粮对象的稳定化和交易纠纷的最少化；而民间在交易的自始至终则贯穿着交易成本的最小化——以避税行为的普遍性以及避税手段的多样化为突出代表，交易本身的"人情化"和道德化——交易（主要是田宅交易）的结束往往可能代表着新的人际关系的产生，交易有效性（或说安全性）的保障最大化——层次设保、老契的重视、交易第三方的尽量引入等。从清代民间契约秩序的生成来看，由于国家法自身的非系统性以及因道德主义的政治所带来的不可避免的矛盾性使其在规范民间的契约时不仅难以奏效甚至往往得到相反的结果。公共服务的缺乏（如登记和公证等）所造成的"红契"权威性的丧失，使得白契完全具有了"红契"的一切功能，而官方所倡导的也是民间所乐从的"田土细事"纠纷的非诉讼解决都为民间契约秩序的"自我提供"提供了良好的外部环境。从清代买卖契约的所有环节来看，清代民间这种秩序的"自我提供"能力是不容怀疑的，不仅如此，即使站在现代民法立法的角度，清代民间契约中的有些秩序安排也

---

  ① 王泽鉴：《债法原理》，中国政法大学出版社 2000 年版，第 75 页。

可与其比肩,如关于存在权利负担的标的物的买卖契约就是典型。只是中国古代缺乏对民事经验的总结,没能将其上升到理论的高度,从而创立自己的民事法概念和理论。

结合当下中国正在酝酿的民法典制定的现实来看,通过对清代国家法背景之下的买卖契约考察,一方面我们可以看到国家法本身所应该具有的逻辑上的一致性、系统性及其定位的适当性对其实际法律效果所具有的决定性意义。这在当下新法迭出的背景下具有的警示意义也是不言而喻的。以《物权法》中关于不动产物权变动中登记的性质为例来说,在进行相应的司法解释时,将其定性为行政行为还是民事行为存在很大争议,而不同的定性很有可能在实践中产生重大影响。审视一下清代的田宅买卖交易中国家法的立场及其实践效果肯定对我们有所启示。而清代国家法对民间交易习惯的姿态及其干预效果,也会让我们看到在制定国家法律时了解并对习惯采取恰当的处理,对保证国家法预期效力的重要性和改变民间习惯所必需的系统性。

参考文献

一 基本史料及各类资料汇编类

《张家山汉墓竹简》,文物出版社 2001 年版。
《新唐书》,中华书局 1975 年版。
《唐六典》,程仲夫点校,中华书局 1992 年版。
《唐律疏议笺解》,刘俊文点校注解,中华书局 1996 年版。
《宋会要辑稿》,中华书局 1957 年版。
洪迈:《容斋随笔》,上海古籍出版社 1996 年版。
黄时鉴辑点校:《元代法律资料辑存》,浙江古籍出版社 1988 年版。
《大明律》,怀效锋点校,法律出版社 1999 年版。
《光绪大清会典》,中国政法大学图书馆典藏。
《大清现行刑律》,修订法律馆宣统元年(1906),中国政法大学图书馆古旧书库藏。
《户部则例》,国家图书馆古籍库。
《清史稿》,中华书局缩印本 1997 年版。
《大清会典事例》,中国政法大学图书馆典藏。
吴坛:《大清律例通考》,马建石、杨育棠校注本,中国政法大学出版社 1992 年版。
《大清律例》,田涛、郑秦点校本,法律出版社 1999 年版。
《大清宣统新法令》,商务印书馆,宣统二年本。
杨立新点校:《大清民律草案民国民律草案》,吉林人民出版社 2002 年版。
《清实录》,中华书局 1985 年版。
《皇朝续文献通考》卷 4,1915 年本。

《乾隆朝朱批录副奏折》，中国第一历史档案馆藏。

《大清律例汇辑便览》，湖北谳文局，同治十一年本。

席裕富、沈师徐：《皇朝政典类纂》卷94，台北文海出版社1982年。

曹仁虎：《皇朝文献通考》卷31，浙江书局，光绪八年印。

贺长龄辑：《皇朝经世文编》，（台北）文海出版社1972年版。

《清经世文编》，中华书局2001年版。

《湖南省例成案》，国家图书馆古籍库。

《上海县续志》，中国方志丛书，华中地方第14号，据1928年本影印。

中国社会科学院历史研究室点校：《名公书判清明集》，中华书局1987年版。

《乾隆朝山东宪规等六种》，载杨一凡、田涛等主编《中国珍稀法律典籍续编》第七册，黑龙江人民出版社2002年版。

袁守定：《听讼·南北民风不同》，载徐栋编《牧令书》卷十七，道光二十八年刊本。

万维翰：《幕学举要·总论》卷3，浙江书局光绪十八年刊本。

戴兆佳：《天台治略》，官箴书集成本。

樊增祥：《樊山政书》，中国政法大学图书馆藏。

卢崇兴：《守禾日记》，官箴书集成本。

汪辉祖：《汪龙庄遗书·病榻梦痕录》卷下，辽宁教育出版社万有文库本。

郭成伟等点校：《明清公牍秘本五种》，中国政法大学出版社1999年版。

陈全仑等主编：《徐公谳词——清代名吏徐士林判案手记》，齐鲁书社2002年版。

杨一凡、王旭编：《古代榜文告示汇存》，社会科学文献出版社2006年版。

陕西省紫阳县档案馆藏清代档案第21卷。

《清代巴县档案汇编》乾隆卷，档案出版社1991年版。

张传玺等主编：《中国历代契约汇编考释》，北京大学出版社1995年版。

中国人民大学清史研究所等编：《康雍乾时期城乡人民反抗斗争史料》，中华书局1979年版。

中国第一历史档案馆、中国社会科学院历史研究所合编：《清代土地占有关系与佃农抗租斗争》，中华书局出版社1988年版。

章有义：《明清及近代农业史论集》附录之契约选编，人民出版社1984年版。

罗洪洋：《贵州锦屏林契选编》，载谢辉、陈金钊主编《民间法》第四卷，山东人民出版社2006年版。

台湾银行经济研究室：台湾历史文献丛刊《台湾私法物权编》（下），台湾文献委员会印行1994年。

田涛、郑秦、宋格文等编：《田藏契约文书粹编》，中华书局2001年版。

福建师范大学历史系：《福建经济契约文书选辑》，人民出版社1997年版。

《闽南契约文书综录》，《中国社会经济史研究》1990年增刊。

杜文通：《沧州土地文书辑存》，《中国社会经济史研究》1987年第6期，1988年第1、2、3、4期。

曲阜师范大学历史系主编：《曲阜孔府档案史料选编》第三编第四册，齐鲁书社1988年版。

《清代台湾大租调查书》第二章汉大租第三节典卖字，台湾文献丛刊本第一五二种。

曲阜师范大学历史系编：《曲阜孔府档案史料选编》，第三编第六册，齐鲁书社1988年版。

山东大学历史系编：《孔府档案选编》，中华书局1982年版。

中国社会科学院历史研究所：《徽州千年契约文书·清民国编》，花山文艺出版社1999年版。

法政学社编：《中国民事习惯大全》，台北进学书局1969年影印本。

前中华民国司法行政部编、胡旭晟等点校：《中国民事习惯调查报告录》，中国政法大学出版社2005年版。

张家镇、孟森等编纂、王志华编校：《中国商事习惯与商事立法理由书》，中国政法大学出版社2003年版。

二 著作类

张晋藩：《清代民法综论》，中国政法大学出版社1998年版。

张晋藩：《中国民法通史》，福建人民出版社2003年版。

瞿同祖：《瞿同祖法学论著集》，中国政法大学出版社2004年版。

刘广安：《中华法系再认识》，法律出版社2002年版。

刘广安：《清代民族立法研究》，中国政法大学出版社1993年版。

朱勇：《中国法律的艰辛历程》，黑龙江人民出版社2002年版。

朱勇：《中国法制通史》（近代部分）第9卷，法律出版社1999年版。

叶孝信主编：《中国法制史》，复旦大学出版社2002年版。

李志敏主编：《中国民法史》，法律出版社1988年版。

叶孝信等主编：《中国民法史》，上海人民出版社1993年版。

郭建：《中国财产法史稿》，中国政法大学出版社2005年版。

戴炎辉：《中国法制史》，三民书局1979年版。

潘维和：《中国民事法史》，汉林出版社1982年版。

孔庆明、胡留元、孙季平等编著：《中国民法史》，吉林人民出版社1996年版。

朱勇主编：《中国的民法近代化》，中国政法大学出版社2006年版。

李倩：《民国时期契约制度研究》，北京大学出版社2005年版。

马俊驹、余延满：《民法原论》，法律出版社2005年版。

周枏：《罗马法原论》，商务印书馆1994年版。

史尚宽：《物权法论》，中国政法大学出版社2000年版。

刘家安：《买卖的法律结构——以所有权移转问题为中心》，中国政法大学出版社2003年版。

王泰升：《台湾法律史概论》，元照出版公司2004年版。

［德］马克斯·韦伯：《经济与社会》，林荣远译，商务印书馆1997年版。

［英］梅因：《古代法》，沈景一译，商务印书馆1959年版。

林端：《韦伯论中国传统法律——韦伯比较社会学的批判》，台湾三民书局2003年版。

王泽鉴：《债法原理》，中国政法大学出版社2000年版。

杨国桢：《明清土地契约文书研究》，人民出版社1988年版。

张传玺：《秦汉问题研究》（增订本），北京大学出版社1995年版。

刘云生：《中国古代契约法》，西南政法大学出版社2000年版。

宓公干：《典当论》，商务印书馆1936年版。

周远廉：《清代租佃制研究》，辽宁教育出版社1986年版。

梁治平：《清代习惯法：社会与国家》，中国政法大学出版社1996年版。

黄宗智：《法典、习俗与司法实践：清代与民国的比较》，上海书店出版社2003年版。

黄宗智：《清代的法律、社会与文化：民法的表达与实践》，上海书店 2007 年版。

［英］斯普林克尔：《清代法制导论：从社会角度加以分析》，中国政法大学出版社 2000 年版。

邓建鹏：《财产权利的贫困》，法律出版社 2006 年版。

刘泽华：《中国的王权主义》，上海人民出版社 2000 年版。

［日］滋贺秀三：《中国家族法原理》，法律出版社 2003 年版。

王尔敏：《明清时代庶民的文化生活》，岳麓书社 2002 年版。

赵冈：《中国传统农村的地权分配》，新星出版社 2006 年版。

蒋兆成：《明清杭嘉湖社会经济研究》，浙江大学出版社 2002 年版。

陈登原：《中国田赋史》，商务印书馆 1998 年版。

田涛、许传玺、王宏治：《黄岩诉讼档案及调查报告》，法律出版社 2004 年版。

李文治：《明清时代封建土地关系的松懈》，中国社会科学出版社 1993 年版。

章有义：《明清徽州土地关系研究》，中国社会科学出版社 1984 年版。

周远廉、谢肇华：《清代租佃制研究》，辽宁人民出版社 1986 年版。

赵秀玲：《中国乡里制度》，社会科学文献出版社 1998 年版。

［美］E.博登海默：《法理学法律哲学与法律方法》，邓正来译，中国政法大学出版社 2004 年版。

尹伊君：《社会变迁的法律解释》，商务印书馆 2003 年版。

杜赞奇：《文化、权力与国家：1900—1942 年的华北农村》，江苏人民出版社 2003 年版。

黄宗智：《长江三角洲的小农家庭与乡村发展》，中华书局 1992 年版。

韩秀桃：《明清徽州的民间纠纷及其解决》，安徽大学出版社 2004 年版。

陈登原：《中国田赋史》，商务印书馆 1998 年版。

李卫东：《民初民法中的民事习惯与习惯法——观念、文本和实践》，中国社会科学出版社 2005 年版。

张生：《民国初期民法的近代化》，中国政法大学出版社 2002 年版。

何勤华、李秀清：《外国法与中国法——20 世纪中国移植外国法反思》，中国政法大学出版社 2001 年版。

何勤华主编:《法的移植与法的本土化》,法律出版社 2001 年版。

池田温:《中国古代租佃契》,日本东京大学出版会 1979 年版,龚泽铣节译本,中华书局 1984 年版。

三 论文类

[日] 岸本美绪:《东京大学东洋文化研究所契约文书研究会的 30 年》,《史学月刊》2005 年第 12 期。

[日] 岸本美绪:《明清契约文书》,载《明清时期的民事审判和民间契约》,法律出版社 1998 年版。

俞江:《契约与合同之辩》,《中国社会科学》2006 年第 3 期。

首届中国法律史年会秘书组:《中国法律史学会首届年会简报七》,1983 年 8 月 17 日印发。

霍存福、王宏庆:《吐鲁番回鹘文买卖契约分析》,《当代法学》,2004 年第 1 期。

赵晓耕、刘涛:《论"典"》,《法学家》2004 年第 4 期。

霍存福:《唐代不动产买卖程序考述》,载杨一凡总主编《中国法制史考证》甲编·第五卷·历代法制考·宋辽金元法制考,中国社会科学出版社 2003 年版。

[日] 加藤繁:《唐代不动产的"质"》,《中国经济史考证》卷一,华世出版社 1981 年版。

苏亦工:《发现中国的普通法——清代借贷契约的成立》,《法学研究》1997 年第 4 期。

郭建、姚少杰:《倚当、抵当考》,载杨一凡总主编《中国法制史考证》甲编·第五卷·历代法制考·宋辽金元法制考,中国社会科学出版社 2003 年版。

刘斌:《敦煌七十四件买卖、借贷契约考述》,《中国古代法律文献研究》第一辑,巴蜀书社 1999 年版。

[日] 仁井田陞:《中国买卖法的沿革》,杨一凡总主编:《中国法制史考证》丙编·第四卷·日本学者考证中国法制史重要成果选译·通代先秦秦汉卷,中国社会科学出版社 2003 年版。

李祝环:《中国传统民事契约成立的要件》,《政法论坛》1997 年第 6 期。

李祝环：《中国传统民事契约中的中人现象》，《法学研究》1997年第6期。

吕志兴：《中国古代不动产优先购买权制度研究》，《现代法学》2000年第1期。

王德庆：《清代土地买卖中的陋规习惯——以陕南地区为例》，《历史档案》2006年第3期。

卞利：《清前期土地税契制度和投税过割办法研究》，《安徽史学》1995年第2期。

霍存福：《唐代不动产买卖程序考述》，载杨一凡总主编《中国法制史考证》甲编·第五卷·历代法制考·宋辽金元法制考，中国社会科学出版社2003年版。

戴建国：《宋代的田宅交易投税凭由和官印田宅契》，《中国史研究》2001年第3期。

[日]岸本美绪：《明清时代的"找价回赎"问题》，载杨一凡总主编《中国法制史考证》丙编·第四卷·日本学者考证中国法制史重要成果选译·明清卷，中国社会科学出版社2003年版。

贺卫方：《"契约"与"合同"的辨析》，《法学研究》1992年第2期。

王志强：《试析晚清至民初房地交易契约的概念——民事习惯地区性差异的初步研究》，载《北大法律评论》第4卷第1辑，法律出版社2001年版。

宋格文：《天人之间：汉代的契约与国家》，载高道蕴等编《美国学者论中国法律传统》，中国政法大学出版社1994年版。

[日]寺田浩明：《关于清代土地法秩序"惯例"的结构》，载刘俊文主编，《日本中青年学者论中国史》宋元明清卷，上海古籍出版社1995年版。

赵晓力：《中国近代农村土地交易中的契约、习惯与国家法》，《北大法律评论》第一卷第二辑，法律出版社1999年版。

[日]岸本美绪：《妻可卖否？——明清时代的卖妻、典妻习俗》，载陈秋坤、洪丽完主编《契约文书与社会生活》，"中研院"台湾史研究所筹备处民国90年版。

李力：《清代民法语境中的"业"的表达及其意义》，《历史研究》2005年第4期。

［日］仁井田陞：《明清时代的一田两主习惯及其成立》，《日本学者研究中国史论著选译》第八卷，"法律制度"，中华书局1992年版。

李力：《清代语境中"业"的表达及其意义》，《历史研究》2005年第4期。

［日］寺田浩明：《权利与冤抑——清代的听讼和民众的民事法秩序》，载滋贺秀三等《明清时期的民事审批和民间契约》，王亚新、梁治平编，法律出版社1998年版。

阿风：《明清时期徽州妇女在土地买卖中的权利和地位》，《历史研究》2000年第1期。

高世瑜：《说"三从"：中国传统社会妇女家庭地位漫议》，《光明日报》1995年11月20日。

郑显文：《中国古代关于商品买卖契约的法律文书研究》，《中国经济史研究》2003年第2期。

王旭：《中国传统契约文书的概念考察》，《上海政法学院学报》（法治论丛）2006年第4期。

赵云旗：《中国土地买卖起源问题再思考》，《学术月刊》1999年第1期。

周远廉：《清代前期的土地买卖》，《社会科学辑刊》1984年第6期。

何珍如：《明清时期土地买卖中的税契问题》，《中国历史博物馆馆刊》，总第8期。

孙清玲：《略论清代的税契问题》，《福建师范大学学报》2003年第6期。

金亮、杨大春：《中国古代契税制度探析》，《江西社会科学》2004年第11期。

卞利：《清代的江西契尾初探》，《江西师范大学学报》1988年第1期。

陈铿：《中国不动产交易找价问题》，《福建论坛》（人文社会科学版）1987年第5期。

程延军、杜海英：《中国古代契约法律制度初探》，《内蒙古大学学报》（人文社会科学版）2006年第1期。

吕志兴：《我国古代居间制度及其借鉴》，《现代法学》2002年第6期。

周翔鹤：《清代台湾的地权交易——以典权为中心的一个研究》，《中国社会经济史研究》2001年第2期。

李力:《清代民间土地契约对于典的表达及其意义》,《金陵法律评论》2006年春节卷。

吕志兴:《中国不动产优先购买权制度研究》,《现代法学》2002年第2期。

何柏生:《神秘数字的法文化蕴含》,《政法论坛》2005年第4期。

周翔鹤:《清代台湾土地文书札记二题》,《台湾研究集刊》2001年第4期。

王明东:《清代彝族地区的土地买卖、典当和租佃分析》,《云南民族学院学报》(哲学社会科学版)2002年第5期。

魏天安:《从模糊到清晰:中国古代土地产权制度之变迁》,《中国农史》2003年第4期。

张小也:《清代的坟山争讼——以徐士林〈守皖谳词〉为中心》,《清华大学学报》(哲学社会科学版)2006年第4期。

拉蒙·H.迈耶斯:《晚清中华帝国的习惯法、市场和资源交易》,载盛洪主编《现代制度经济学》,北京大学出版社2003年版。

李力:《清代民法中"业"的表达及其意义》,《历史研究》2005年第4期。

刘研:《关于中国传统社会土地权属的再思考》,《安徽史学》2005年第1期。

徐忠明:《小事闹大与大事化小》,《法制与社会发展》2004年第6期。

陈秋坤:《清初屏东平原土地占垦、租佃关系与聚落社会秩序,1690—1770》,载陈秋坤、洪丽完《契约文书与社会生活》,台湾中央研究院台湾史研究所筹备处2001年版。

四 学位论文

李力: 《清代民间契约中的法律》,博士学位论文,中国人民大学,2003年。

梁聪:《清代清水江下游村寨社会的契约规范与秩序》,博士学位论文,西南政法大学,2007年。

罗海山:《传统中国的契约、法律与社会》,博士学位论文,吉林大学,2005年。

胡谦:《清代民事纠纷的民间调处研究》,博士学位论文,中国政法大学,

2007 年。

罗洪洋：《清代黔东南锦屏人工林业中财产关系的法律分析》，博士学位论文，云南大学，2003 年。

王德庆：《契约、习惯与社会秩序》，硕士学位论文，陕西师范大学，2003 年。

王成伟：《中国古代土地关系变动的考察》，硕士学位论文，吉林大学，2006 年。

后 记

在这本小书即将付梓之际，我亦感慨万千……如果父亲的在天之灵能够看到我的一点儿小小的成就，一定会欣喜万分，虽然他一字不识！如果没有父亲在那经常青黄不接的岁月里，以砸锅卖铁的决心支持我读书，我是不可能走出贫困的大山的。虽然父亲离开我已经十五年了，我却经常在想，如果父亲现在能够和我在一起度过一天的幸福日子，他也会在梦里发出笑声。这也是我终身的遗憾。

当然，如果没有一路上众多老师和朋友的鼓励和帮助，我不可能从一个一贫如洗的农民家庭走上大学的三尺讲台。特别是博士阶段的指导老师刘广安教授。刘老师是我学术生涯的引路人，老师不仅在学术上经常给我不厌其烦的点拨，而且也为我树立了为人为学的典范。

我也在此感谢我的妻子陈守英女士。在我家徒四壁，一无所有的时候，义无反顾地嫁给我，和我一起度过艰难的岁月。为了支持我做点自己喜欢的学术研究，她在自己忙碌的工作之余，不仅几乎承担了全部教育孩子的工作，还分担了大部分家务。我也特别感谢聪明乖巧的儿子，他的早慧让我自豪，他的聪颖也常常使我在心力交瘁时，疲劳顿消。

这本小书能够顺利出版，也要特别感谢中国社会科学出版社的吴丽平编辑。她耐心和细致的专业精神让我深受感动，她不仅修订了书稿中的诸多错漏，而且给我提出了很多建设性的意见和建议。

最后，我也要特别感谢我工作的韩山师范学院的各级领导和政法学院的诸位同事。没有你们的关心和支持，没有你们的理解和帮助，也不可能有这本小书的最终付梓。